教师教育系列教材

班级管理
(第3版)

张作岭　宋立华　主编

清华大学出版社
北京

内 容 简 介

本书是针对我国师范院校在师资培养中缺乏班级管理教育及其教材的现状，为建设"全面推进高素质教育的高质量的教师队伍"的需要而编写的。

本书密切结合教师教育专业实际，突出学术性、实用性，为广大师范生提供班级管理的理论与实践方面的知识。本书主要内容包括班级管理中的学生和班主任、班级管理目标与内容、班级管理的原则与方法、班级组织建设、班级日常管理、班级活动管理、班级文化管理、班级突发事件的管理、班级管理过程中的家校合作模式、班级管理的评价等。本书具有新颖的体系结构、求实的教学内容和丰富的教学资源。

本书是师范院校教师教育系列教材之一，主要面向师范类本科生，也可作为基础教育阶段教师的进修用书。

本书封面贴有清华大学出版社防伪标签，无标签者不得销售。
版权所有，侵权必究。举报: 010-62782989, beiqinquan@tup.tsinghua.edu.cn。

图书在版编目(CIP)数据

班级管理/张作岭，宋立华主编. —3版. —北京: 清华大学出版社，2019(2025.1重印)
(教师教育系列教材)
ISBN 978-7-302-53528-7

Ⅰ. ①班… Ⅱ. ①张… ②宋… Ⅲ. ①班级—学校管理—师资培训—教材 Ⅳ. ①G424.21

中国版本图书馆 CIP 数据核字(2019)第 173491 号

责任编辑: 陈冬梅
装帧设计: 刘孝琼
责任校对: 李玉茹
责任印制: 曹婉颖

出版发行: 清华大学出版社
网　　址: https://www.tup.com.cn, https://www.wqxuetang.com
地　　址: 北京清华大学学研大厦 A 座　　邮　编: 100084
社 总 机: 010-83470000　　邮　购: 010-62786544
投稿与读者服务: 010-62776969, c-service@tup.tsinghua.edu.cn
质量反馈: 010-62772015, zhiliang@tup.tsinghua.edu.cn
课件下载: https://www.tup.com.cn, 010-62791865

印 装 者: 三河市东方印刷有限公司
经　　销: 全国新华书店
开　　本: 185mm×260mm　　印　张: 17　　字　数: 413 千字
版　　次: 2010年8月第1版　2019年9月第3版　　印　次: 2025年1月第20次印刷
定　　价: 49.80 元

产品编号: 083551-01

前　言

随着基础教育课程改革的深入发展，学校教育发生了巨大的变化。相应地，高等师范院校培养方案也进行了调整。本书是针对以往我国师范院校在师资培养中缺乏班级管理教育及其教材的现状，为建设"全面推进高素质教育的高质量的教师队伍"的需要而编写的。本书是在以我国基础教育课程改革为契机，以科学发展观为指导，深入调查与研究新时期中小学班级管理的特点与规律的基础上形成的。本书的编写力求以"面向现代化，面向世界，面向未来"为指导思想，反映当代社会经济、文化和科技发展的趋势，体现基础教育新课程改革的理念，紧密结合高等院校教师教育专业教学改革的发展趋势和实施素质教育的要求，注重提高教师的综合能力，努力构建科学的教材体系。

本书是"教师教育系列教材"之一，主要面向师范类本科生或基础教育阶段的教师。全书共有10章，分为绪论、班级管理中的学生和班主任、班级管理目标与内容、班级管理的原则与方法、班级组织建设、班级日常管理、班级活动管理、班级文化管理、班级突发事件的管理、班级管理过程中的家校合作模式、班级管理的评价。每章后均附有生动鲜活、发人深思的班级管理案例。本书的特点主要是具有新颖的体系结构、求实的教学内容和丰富的教学资源。

本书由吉林师范大学教育科学学院教师集体编写，张作岭、宋立华任主编。具体编写分工如下：绪论，张作岭、王野；第一章，宋立华；第二章，马军；第三章，纪国和、王传明；第四章，李卓；第五章，李朝辉；第六章，宋立华、姜秋；第七章，王丽娟；第八章，龚冬梅；第九章，王志彦；第十章，李虹。全书由张作岭、宋立华统稿。

在本书的编写过程中，我们借鉴了许多论文和兄弟院校教材中的观点与材料，在此向有关作者致以诚挚的谢意。

由于时间紧迫，水平有限，书中疏漏之处在所难免，期望广大读者提出宝贵意见，以便日后不断修正。

编　者

目　　录

绪论 1
　第一节　班级简介 3
　　一、班级的定义 4
　　二、班级的构成 6
　　三、班级的特点 7
　　四、班级的发展历程 8
　第二节　班级管理简介 11
　　一、班级管理的内涵 11
　　二、班级管理的功能 13
　　三、班级管理的产生与发展 15
　第三节　怎样学习班级管理课程 17
　　一、学习班级管理课程的意义 17
　　二、学习班级管理课程的方法 17
　本章小结 19
　思考与练习 19

第一章　班级管理中的学生和班主任 22
　第一节　班级管理中的学生 23
　　一、班级管理中学生的地位 24
　　二、班级管理中学生的本质属性 27
　　三、班级管理中学生的身心发展特点 29
　第二节　班级管理中的班主任 30
　　一、班主任的作用 30
　　二、班主任的职责 33
　　三、班主任的能力素质要求 34
　　四、班主任的专业发展 37
　本章小结 40
　思考与练习 40

第二章　班级管理目标与内容 42
　第一节　班级管理目标 44
　　一、班级管理目标的内涵和特点 44
　　二、班级管理目标的类型 45
　　三、班级管理目标的制定 47
　第二节　班级管理的内容 51
　　一、班级的组织建设 52
　　二、班级的日常管理 53
　　三、班级的活动管理 55
　　四、班级教育力量的管理 56
　本章小结 57
　思考与练习 57

第三章　班级管理的原则与方法 59
　第一节　班级管理的原则 61
　　一、方向性原则 62
　　二、全面管理原则 64
　　三、自主参与原则 65
　　四、教管结合原则 68
　　五、全员激励原则 68
　　六、平行管理原则 69
　第二节　班级管理的方法 72
　　一、制度管理方法 72
　　二、民主管理方法 73
　　三、自主管理方法 74
　　四、目标管理方法 76
　　五、情感沟通方法 80
　本章小结 82
　思考与练习 82

第四章　班级组织建设 84
　第一节　班级组织建设概述 86
　　一、班级组织建设的意义 86
　　二、班级组织建设的基本要素 87
　　三、班级组织建设的一般过程 88
　第二节　班级组织结构的建设 89
　　一、班级组织目标建设 89
　　二、班级组织机构建设 92
　　三、班级组织规范建设 95

第三节 班集体建设 98
　一、班集体的概念 98
　二、班集体的功能 99
　三、良好班集体形成的标志 100
　四、班集体建设的途径与方法 103
本章小结 107
思考与练习 107

第五章　班级日常管理 110

第一节 班级环境管理 112
　一、班级制度环境管理 112
　二、班级物质环境管理 113
第二节 学生的管理与指导 117
　一、生活管理与指导 117
　二、个人生活指导 120
　三、学习指导 121
　四、健康指导 122
第三节 学生的评价 125
　一、班级日常管理中的奖励与惩罚 126
　二、班级日常管理中的操行评定 130
本章小结 132
思考与练习 133

第六章　班级活动管理 136

第一节 班级活动管理概述 138
　一、班级活动的意义 139
　二、班级活动的特点 140
　三、班级活动的类型 142
第二节 班级活动的组织 143
　一、组织班级活动的原则 143
　二、组织班级活动的阶段 145
第三节 各类班级活动的设计与实施 147
　一、班级晨会活动 147
　二、班级例会活动 148
　三、班级主题班会 150
　四、班级文体活动 152
　五、班级科技活动 152
本章小结 154

思考与练习 154

第七章　班级文化管理 157

第一节 班级文化管理概述 159
　一、班级文化的内涵 160
　二、班级文化管理内涵与特点 161
　三、班级生命周期 162
　四、班级文化管理功能 163
第二节 班级文化管理的原则与方法 165
　一、班级文化管理的原则 165
　二、班级文化管理的方法 168
第三节 当前班级文化管理中存在的问题与应对策略 172
　一、当前班级文化管理中存在的主要问题 172
　二、优化班级文化管理的应对策略 174
本章小结 176
思考与练习 177

第八章　班级突发事件的管理 180

第一节 班级常见的突发事件和形成原因 182
　一、班级常见的突发事件 182
　二、突发事件形成的原因 185
第二节 班级突发事件的处理和善后 191
　一、处理突发事件的原则 191
　二、处理突发事件的方法和艺术 196
　三、突发事件的善后教育 199
本章小结 202
思考与练习 203

第九章　班级管理过程中的家校合作模式 205

第一节 家校合作概述 206
　一、家校合作的重要性 206
　二、家校合作中的权利与义务 207
　三、当代国外家校合作的研究 208
　四、我国家校合作的现状及存在的问题 209

第二节　家长工作管理 211
　　一、家长工作管理的一般原则 212
　　二、家长工作管理的具体要求 213
第三节　建立有效的家校合作模式 214
　　一、国外家校合作的研究与实践 214
　　二、我国家校合作的基本策略 216
　　三、我国家校合作模式的实践
　　　　与探索 219
本章小结 228
思考与练习 229

第十章　班级管理的评价 231

第一节　班级管理评价概述 238
　　一、班级管理评价的含义 238
　　二、班级管理评价的功能 239
　　三、班级管理评价的类型 240
第二节　班级管理评价的内容和指标
　　　　体系 240
　　一、班级管理评价的内容 241
　　二、班级管理评价的指标体系 245
第三节　班级管理评价的实施 254
　　一、班级管理评价实施的原则 254
　　二、班级管理评价实施的方法 255
　　三、班级管理评价实施的程序 256
本章小结 261
思考与练习 261

班级管理既是一门科学，更是一门艺术。最有效的班级管理应该是管理的科学与爱的艺术的完美结合。提高班级管理效益，实现班级管理的科学性与艺术性的统一，是新时代班级管理工作追求的理想目标。

——题记

绪　　论

本章学习大纲

➢ 班级是学校为实现一定的教育目的，把处于一定年龄阶段、文化程度大体相同的学生按一定的人数规模建立起来的基层教育组织。
➢ 班级管理是班级管理者按照教育管理规律的要求，采用一定的方法组织班级教育活动，实现教育目标的过程。
➢ 班级管理具有社会化功能和个性化功能。
➢ 学习班级管理这门课程要做到理论与实际相结合、研究与学习相结合，并注意与其他相关学科的关系。

核心概念

班级(class)；班级组织(class organization)；管理(management)；班级管理(class management)；班级管理课程(class management course)

班级自主管理的尝试[①]

这个班是由刚刚步入初中的新同学组成的，新的班级刚刚建立，班里的每一件事情都需要教师自己做，时间表的编制、班里功能区的划分、个人工作区的设计，还要自己边看书边制作出更适合学生的各种程序，自己订立适合学生学习的主题，准备教案等。刚开始

---

① 卢云虎．班级自主管理的尝试．http://blog.sina.com.cn/yqxxdykt．

上课，有的学生上课走神，有的坐不住，有的搞小动作……学生要适应新的环境、新的课程、新的老师、新的教育教学方式，确实需要一定的时间。这就要求班主任应该先从宏观管理入手，把班级管理科学地划分为几个阶段，逐步向学生自主管理过渡。

一、理论学习阶段

阅读相关管理方面的书籍，如王金战的《英才是怎样造就的》、魏书生的《班主任体会》以及魏书生关于班级管理的专题报告，在分享他们成长的经历和成功教育经验的同时，学习他们的教育理念和管理的思想及方法，尽早实现班级自主管理。班级自主管理必须遵循以下两个原则。

（一）民主、客观

学生自主管理的班集体，应该是让全体学生参与管理，参与全面管理，参与全过程管理，即无论班级的大小事情都让学生参与决策、参与行动、参与评价，从而体现他们在班集体中的主人翁地位。做到充分调动全体学生关心集体、热爱集体、建设集体，为班级建设献计献策。学生的自主管理能从事情的本身出发，更多地考虑学生的心理特点和心理需求等方面的情况，更符合学生的客观实际，更容易被学生所接受，具有鲜明的针对性。

（二）公开、公正

公开是实现民主教育的重要条件和手段。班级管理既要有透明度，更要体现师生间、学生间的平等关系，还要赋予学生了解权和知情权，这样才能充分调动学生参与班级管理的积极性和主动性，建设好班集体。其中实施和推进班务公开是班级民主管理的必要举措。例如班规的制定和具体细则，学生的奖励和惩处，学生干部的产生、分工和更换，操行的评定和评语，三好学生和优秀学生干部的评选等，都应公开、透明。发动学生参加自主管理，做到原则公开、管理过程透明、管理结果受到监督。这种公开和透明，保证了班级管理的公正与公平，使学生参与班级管理、接受班级管理的自觉性得到提高，进而提高了班级管理的效益，促进了班级建设和学生的全面发展。

二、实验阶段

在班级卫生方面进行实验。首先，召开班干部会，给班委"洗脑"，消除班委"我们都是老师怎么说，学生怎么做，学生管学生肯定管不了"的顾虑。给学生讲自主管理的好处，要知难而进，遇到困难集体想办法。在自主管理的过程中，学生的管理能力、协作能力、沟通能力等都会得到锻炼和提高。思想问题解决了，再讨论怎样具体实施，最后大家一致决定：①召开主题班会，由卫生委员主持；②以小组为单位值日，改以往的每组每周一轮为每天一轮，便于检查后及时反馈；③成立监察小组，监察小组成员必须有责任心，愿意为同学服务，有工作热情。通过班委会的讨论，也让学生学会做事时"先计划后实施"的程序。

其次，召开主题班会。由于事先有了充分的准备，加上卫生委员的超常发挥，会议开得很热烈、很民主。各项制度也由同学们讨论补充，并且明确了干部职责、学生职责，大家达成了共识，一致同意：说了算，定了干。也为日后的学生自主管理创造了条件。

在随后开展的工作中，卫生委员全盘负责，下设监察小组，监察小组管理卫生小组长，卫生小组长管理组员，这种分级管理模式大大减轻了班主任的工作量，权力下放也充分调动了学生的主动性，学生干部成了老师的左膀右臂，工作效率和工作成效都有显著提高。现在我们班的卫生工作无须老师操心，各部门运行良好，出了问题学生依据制度自主处理。

三、推广阶段

由于计划周密，这次实验非常成功，学生也增强了信心，我们又在班级的其他方面，如常规考核、学习等方面进行了"克隆"，进行量化考核，完善了班级制度，逐步实现了人人有事做，事事有人管。

这个案例为我们成功地进行班级管理提供了实践经验和理论指导。从中可以看出，自主管理有助于提高学生的管理能力、增强学生辨别是非的能力。在自主管理模式下，学生们有了展现自我能力的空间和平台，并真的在这个管理舞台上做出了一番成绩。学生在参与班级管理的过程中，真正意识到自己不仅是班级管理的对象，更是班级管理的主体，能更好地融入班级管理中去。同时，班级自主管理也让班主任和其他教师从繁杂的琐事中解脱出来，能够把更多的时间和精力投入到教育教学工作中去，实现教师自身的专业发展。

在班级管理过程中不仅要发挥教师的主导作用，同时也要加强学生的自我管理，要让所有的班集体成员都能充分展示各自的作用，使每一位学生都能在自我管理的过程中得到锻炼，进而提高学生自律、自理的能力。因此，在班级管理工作中要深入学习班级管理知识，理论联系实际，做到民主管理与学生自我管理的和谐统一。

班级管理是学校管理的基本组成部分。其根本目的是实现教育目标，使学生得到充分、和谐、全面的发展。作为未来的教育工作者，必须充分认识班级的地位、作用、产生与发展过程；必须充分认识班级管理的重要性，学好班级管理的基础知识和基本理论，对班级进行科学、有效的管理，更好地实现班级的教育教学目标。加强对班级管理的研究，使班级管理的实践活动建立在科学的理论基础之上，实现班级管理科学化、系统化、最优化。

第一节 班级简介

班级是学校进行教育和教学工作的基本单位，是教师和学生开展活动、进行信息交流的最基本的组织形式。它是现代学校制度的产物，有其显著的特点及产生和发展过程。

一、班级的定义

率先正式使用"班级"一词的是文艺复兴时期的著名教育家埃拉斯莫斯(Desiderius Erasmus)。17世纪捷克教育家夸美纽斯(Johann Amos Comenius，1592—1670)总结了前人和自己的实践经验，在《大教学论》中对班级进行了论证，从而奠定了班级的理论基础。中国采用班级组织形式的雏形始于1862年清政府开办的京师同文馆。

在班级发展过程中，出现了很多种对班级含义的理解，有的认为班级是集体指导儿童读、写、算等各项学习的一种组织形式。[1]有的认为班级是一个社会系统，成员间具有共同的价值观，彼此间具有相当稳定的复杂互动关系。[2]目前大多数人比较认同李学农对班级含义的理解：同一年龄段、发展水平相当的一群学生根据学校的安排固定地聚集在一起，形成了"班"；又因为"班"处在一定的教育阶段上，这就是"级"。班级是学校为实现一定的教育目的，把处于一定年龄阶段、文化程度大体相同的学生按一定的人数规模建立起来的基层教育组织。[3]

(一)班级是一个社会性组织

班级是一个复杂的小社会，同时也是学校最基层的小团体。[4]在通过和他人的交往，得到他人的认同、为他人所接受的过程中，使思想、感情和知识经验得以发展。可以说，在人的社会化的过程中，人与人之间的交往起着重要的作用。而学生时期，是人与人交往、形成各种各样关系的关键时期。班级不仅是以社会化学习为中心的社会关系体系，而且是一种为社会需要培养未来人才的社会组织。班级组织具有各类社会组织共有的特点，班级中师生、生生之间的关系，不仅要通过正式的规章制度约束和维系，而且还要通过各种非正式的方式、方法来维系，学生在这一社会性组织中不断学习、不断发展。

(二)班级是一个学习型组织

班级是典型的学习型组织。所谓学习型组织，是指通过培养弥漫于整个组织的学习气氛、充分发挥组织成员的创造性思维能力而建立起来的一种符合人性的、富有生命力的、能持续发展的组织。这种组织具有持续学习的能力，具有高于个人绩效总和的综合绩效。在班级学习活动中，学生能够不断地突破自己的能力上限，培养全新、前瞻且开阔的思考方式，实现共同的抱负。

班级的学习活动，主要包括日常的学习、讨论和实践等。通过第一课堂(课堂教学)、第二课堂(课外活动)、第三课堂(实践教学)和第四课堂(网络课程)等达到个人学习的目的，以

---

[1] 鞠延宝. 论班级管理. 上海师范学学报，1999(5).
[2] 吴明隆. 班级经营与教学新趋势. 上海：华东师范大学出版社，2006.
[3] 李学农. 班级管理. 北京：高等教育出版社，2004.
[4] 林进材. 班级经营. 上海：华东师范大学出版社，2006.

个人学习促进班级学习，形成一种学习的理念，并能够长期而稳定地在班级中鼓舞人心，使班级拥有一种凝聚力，让全班每一位学生都完全融入"班级"这个大环境中。班级学习并非是个人学习的简单叠加，个人学习也不能保证整个班级成员都在学习。所以，在各种类型的教育活动中，只有使个人前途与班级前途紧密相连并融入班级时，班级的学习能力才能增强。这就要求班主任要合理地设计班级发展战略，制订可行的班级学习计划，提高集体凝聚力，通过显性的课程和隐性的活动，达到个人与班集体的和谐发展和共同进步。

(三)班级是一种教育组织

班级是一个由教师和若干个有着不同家庭环境、不同文化背景的学生组合而成的，是以促进个体发展为目的的教育组织。班级本身具有一种不可替代的作用和教育力量，它是促进学生进行自我教育的基础，是发展学生个性特长、创造才能、培养学生全面发展的重要因素。学校是社会的教育组织，班级是学校教育教学工作的基本单位。班级作为一种教育影响因素而存在，教师的影响必然通过班级环境对学生产生作用，很多学生在一起听课，并非简单地只是一个教师同时对许多学生产生了影响，班级本身也成了影响学生发展的因素。班级是有效的教育组织，教师是学生的直接教育者、教育活动的组织者和教育组织的领导者，是学生健康成长的引路人，是沟通学校、家庭和社会各方面教育力量的桥梁，是这个小型教育组织的核心。班级作为一种独特的教育力量，是现代教育最具代表性的一种教育形态。

(四)班级是稳定的正式群体

班级是作为一个正式群体而存在的。与其他社会组织一样，班级有其特定的成员、特定的目标、特定的文化、特定的人际交往及特定的功能。

班级这种稳定的群体一旦形成，就会成为学生个性发展的影响源。霍曼斯群体理论认为：班级群体存在活动、相互作用与感情这三种要求。班级中的学生在这三种要求下进行各种各样的活动，在这些活动中会产生一系列的相互作用，继而在学生之间产生一定的感情，感情反过来又影响学生的活动。[①]因此，这三种因素相互依赖、相互制约，维系着班级的稳定。班级作为正式的群体必然有其特定的目标，主要包括教学目标、德育目标和人格修养目标等。班级文化是指围绕班级的教育教学活动所建立起来的一整套价值取向、行为方式、语言习惯、制度体系、班级风气等的集合体。独特的班级文化是一种新的德育模式，是一种隐性的教育力量，表现出一个班级特有的风貌和精神，并且这种班级特有的风貌和精神自觉或不自觉地通过一定的形式影响着学生的行为。[②]人际交往是学生心理成熟与个性发展过程中的重要内容。在班级里能与人正常交往是学生心理健康和具备较好协调能力的表现。在班级这个特定集体中，人际交往中的冲突又是不可避免的，所以应教会学生化解人际冲突，学会与人相处及协调人际关系，进而调动学生的积极性，为实现教育目标服务。

---

① 颜耀忠. 论中学班级群体心理优化问题. 班主任，2003(5).
② 蔡有渊. 班级文化建设略谈. 内蒙古教育，2009(12).

二、班级的构成

班级是在学习活动中形成的严密的、复杂的组织,根据班级的自身特点,其构成要素主要包括两个方面,一方面是硬件要素,如教师与学生、教育教学场所、教育资料等;另一方面是软件要素,如班级目标、组织机构、班级活动、班风班纪、人际关系等。

教师与学生是构成班级教育教学活动的主体。教师的根本任务是教书育人,在传授知识的同时,通过多种渠道对学生进行思想政治和道德品质教育,关心学生身心健康,提高学生身体素质,并培养其高尚的审美情趣,使学生在全面发展的基础上形成良好的个性。因此教师必须具备崇高的思想品德、合理的知识结构、良好的文化素养、较高的业务能力和心理素质。学生是受教育者,也是学习的主体,在教育过程中具有客体和主体的双重地位,同时也具有年龄特征、性别差异、智力差异等特点。

教育教学场所是班级教育教学活动的必要场所,包括教室、操场、实验室、图书馆等。在现代教学中,必要的教育场地、先进的教学设备是提高教育层次和水平的必要条件,管理规范能够确保教学实践中各个环节的落实,能够有效地促进学生综合素质的全面发展和提高。

教育资料是班级教育教学活动的根本保证,包括课程及教材、各种图书材料等。课程是实现各级各类学校培养目标的教学设计方案,是教学系统中的软件。课程是一个不断发展着的概念,过去仅把课程理解为传统教材中所规定的知识体系,而现在的课程除了包括知识体系外,还包括技能体系和情绪上、行动上的一些必要的生活经验。

班级目标主要包括班集体"德智体美劳"等方面的发展目标及学生个性发展目标。班级目标的确立为学生明确了发展方向,能鼓舞学生前进,对优良班风的形成、学风的养成,对巩固和发展班集体,对教育班级中的每一个成员都有着极为重要的作用。

组织机构主要包括班主任、班委会、少先队中队委员会、团支部委员会和各种学习、值日、班报、考勤、课外兴趣、服务等小组。完善的班级组织,能活跃班级文化生活,增强学生整体素质,营造优越的育人环境,把学生班级建设成政治合格、组织健全、制度完善、班风良好、积极向上的集体。

班级活动可以分成日常性班级活动和阶段性班级活动两大类。日常性班级活动就是每天或每周都要进行的,为维持班级正常运转所必需的活动以及班级内自发进行的活动。阶段性班级活动主要包括工作型活动和竞赛型活动等。

班风是指一个班级稳定的、具有自身特色的集体风范,是一个班级中大多数学生在学习、思想等方面的共同倾向。班级纪律是指班级成员遵守已确定的秩序、执行命令并履行自己职责的一种行为规范,是用来约束班级成员行为的规章、制度和守则的总称。良好的班风班纪是良好班集体形成的重要标志,它能够反映出班级成员普遍具有的良好行为和习惯,也能体现出一个班级具有正确的集体舆论。它能以无形的力量帮助班主任管理班级,影响和教育学生,使集体成员提高认识,团结一致,共同走向班集体的预定目标。

班级的人际关系主要是指教师之间、师生之间、生生之间、学生个体与群体之间、群体与群体之间、正式群体与非正式群体之间的人际关系。根据马卡连柯(Makarenko Anton Semiohovich)的理论,班主任有意识地对人际关系进行研究和调整,有利于班级人际关系合理结构和班级良好气氛的形成,有利于班级的建设与发展。在班级中建立和谐的人际氛围,使师生之间、生生之间的关系和睦融洽,有效地调动每个学生的积极性,可以消除学生中诸多不健康的心理因素,在班级中形成一种协调的人际关系,进而使学生的个性得以充分的发挥,主体性得到增强。①

总之,班级的构成是一个多维的、复杂的网络,应该充分考虑各种要素之间的关系和影响。这些要素形成一种协调系统,形成一种催人奋进的集体心理气氛,并由此显示出比个别教育效果大得多的整体教育功能,从而使班集体自身成为一种巨大的教育力量。

三、班级的特点

班级是学生学习、生活和成长的重要场所,在学校教育教学工作中具有重要的作用,班级自身所具有的特点保证了教育教学目标的完成和学生的全面发展。班级的特点往往通过相应的教育活动展现出来,而对班级特点的不同认识又反过来影响着班级的教育活动。

(一)学习性

班级是每个学生在校学习和生活的"家",它是学生实现成长和社会化的重要基础。学生是学习的主体,学习为学生将来步入社会打基础。班级为学生的角色学习提供了多方面的帮助,使学生能有更多的锻炼机会,能更好地塑造自己、充实自己和完善自己。

著名教育学家苏霍姆林斯基(B. A. Cyxomjnhcknn,1918—1970)说过:"没有自我教育,就没有真正的教育。"事实也证明,班级活动为学生提供了自我学习、自我管理的机会和空间,无论是成绩,还是其他各方面的情况都会得到发展。学生在课程学习中的参与程度、成绩和教师、同学的评价决定了学生在人际关系中的角色地位,这对于学生自我认识意义重大。班级中的教育活动、小组学习、各种活动都为学生提供了锻炼和体验的机会和条件,能更好地发挥学生的主动性、积极性和创造性。

(二)依赖性

班级是由未成年人组成的组织群体,学生正处于身心发展的关键时期。从心理学的角度看,学生心理面貌还不稳定,思维还带有片面性,考虑问题也不那么周全。因此,在实行学生自治自理的同时,还需要教师充当"幕后指导者",注重对学生加以引导和教育。增强学生自主意识是以学生为中心的教育方式的重要一环。作为教师,既是指导者,也是舵手,有义务帮助学生搞好学习。教育应该面向全体学生,应帮助不同层次的学生达到他们的学习目标,让尖子生更尖;让基础差的学生客观地认识自己,制定符合自身情况的切实可行的短期目标,并帮助他们一步一步地朝自己的目标迈进,教师平时应多鼓励学生,

---

① 邱红菊. 建立良好的班级人际关系. http://www.ccysy.com/sb/888.html.

让他们找到成就感，树立信心，从而提高学习兴趣，学会自主学习。

(三)教育性

班级是学生与学校教育、社会影响之间的"转换器"。班级介于学校、社会与学生个体之间，学校教育、社会影响对学生将产生什么样的作用，学生能否接受，往往取决于班级对学生的影响。由于班级本身所具有的教育功能，人们也更关注班级作为学校的教育组织，对学生发展的影响。

班级教育活动蕴含着提高学生认识能力、动手能力、人际交往能力等多重因素，能满足正在成长中的学生的好奇、求知、联想、创造等多方面发展的需要，能为他们释放天性、活跃思维、磨炼意志、展示特长、追求发展提供舞台，是学生个性品质发展的重要载体。班级教育活动作为学生社会化的一种转化过程，也是促使学生社会化的一种动力。此外，班级教育活动对于促进班级目标的实现、加强班风班纪建设、增强班集体的向心力和凝聚力都具有重要的作用。只要充分发挥班级的教育功能，就会增强学生的参与意识，改善学生的人际关系，进而完成培养人、塑造人的目标。

(四)社会性

从教育社会学的角度看，班级是社会的缩影，是一种社会体系，是以青少年学生为主体、以社会化学习与交往活动为特征的教育社会。对于班级社会的含义，是由美国著名社会学家帕森斯(Talcott Parsons，1902—1979)在1959年发表的《班级是一种社会体系》一文中最早提出的，该文运用社会学观点论述了班级社会的概念、特征、条件及功能。他指出，凡是一种行为，牵涉自我和他人的交互关系者，便属于社会行动，社会体系就是由这些单位行动所组成的。班级是按照一种社会组织的模式来进行建设的，而且是作为一种特殊的社会群体进行建设的。[①]班级的确定、班级中的机构设置、班级中的活动都会反映社会对受教育者的培养要求，时刻受到社会环境的渗透和影响。无论是在班级正式组织还是非正式组织的活动中，每位学生都会与教师、同学进行交往，从而构成小范围的社会关系。

四、班级的发展历程

班级是现代学校制度的产物，它的产生有特定的历史条件，班级有其产生、发展的过程，并将随着教育的发展而不断发展。

(一)班级的出现

在古代教育中，无论东方还是西方，教学组织形式主要是个别教学。实行个别教学，学生没有固定的入学时间，没有统一的学习进度，学习环境嘈杂，教学效率低、效果差，学校的工作组织松散、混乱。

[①] 吴立德. 论发挥班级社会功能的若干问题. 教育研究，1995(5).

在16世纪末的西欧，由于机器逐步代替了手工操作，生产力水平不断提高，生产关系也发生了极大的改变，教育一方面要把资产阶级的子弟培养成能够领导工商业和国家机关的统治者；另一方面又要把劳动人民的子弟培养成适合资产阶级需要的、有一定文化程度的、能够正确使用机器以便为资本家创造更多利润的雇用工人。在这样的背景下，社会对教育提出了更高的要求，教育的规模和效率更要扩大和提高，而个别教学无法满足这样的需求，表现出明显的不适应，于是班级授课制应运而生。在16世纪宗教改革时期新教和旧教创办的学校，均采取了班级授课形式。如德国约翰·斯图漠的古典文科中学就采用这一教学组织形式，根据学生的能力分成几个班级，每个班级按固定的课程和教科书进行教学。耶稣会教育也采用斯图漠学校的分级教学制度进行教学。但这个时期在教学组织形式上的改革只是一种初步的探索，并没有上升到理论高度。

夸美纽斯对前人的经验进行了总结和提升，从理论的高度进行了系统的论证，他在其所著的《大教学论》中系统地阐述了班级授课制，为班级授课制的大规模推广奠定了理论基础。我们目前所使用的教学组织形式——班级授课制主要就是以夸美纽斯理论为蓝本建立起来的。班级授课制于19世纪后期引入我国，并与我国教育教学的实际相结合，在其后的发展中不断完善。

班级授课制就是把学生按照年龄和知识水平分别编成固定的班级，即同一个教学班学生的年龄和文化程度大致相同，并且人数固定，教师同时对整个班集体进行同样内容的教学。把根据教学内容以及实现这种内容的教学手段、教学方法展开的教学活动，按学科和学年分成许多小的部分，分量不大，大致平衡，彼此连续而又相对完整。固定的班级人数和统一的时间单位，有利于学校合理安排各科教学的内容和进度并加强教学管理。

(二)班级的发展

班级授课制一直经历着变化发展。夸美纽斯对班级授课制这一组织形式从理论上加以整理与论证，使之确定下来，后经德国教育家赫尔巴特(Johann Friedrich Herbart)的发展而基本定型。工业革命后，这种教学组织形式在欧美逐步推广开来。在我国，1862年京师同文馆率先采用班级授课，1903年的癸卯学制以法令的形式确定下来。

班级授课制在不断发展的过程中大体形成以下几种基本形式：一是全班上课；二是班内分组教学；三是班内个别教学。

1. 全班上课

教师同时面对全班学生施教，又使学生将所有的反应再反馈给自己；以教师系统讲授为主，辅之以其他各种有效的方法向学生呈现教材内容；教师的讲授是学生学习的主要信息来源，但学生在课堂上可与教师、同学进行多向交流；教师可用自己的情感、态度和行为直接影响学生并使他们产生相应的反应。

2. 班内分组教学

班内分组教学是指根据教学或学习的各种需要，把全班学生再细分成若干人数较少的小组，教师根据各小组的共同特点分别与各小组接触，进行教学或布置他们共同完成某项学习任务。

3. 班内个别教学

班内个别教学是指在课堂情境中进行符合学生个别差异的教学，主要由学生个人与适合个别学习的教学材料发生接触，并辅以教师和学生之间的直接接触。

(三)当代班级的新特点

班级教学这种教学组织形式在学校教育中发挥着重要作用，一位教师能同时教许多学生，扩大了单个教师的教育能量，有助于提高教学效率；集体内的群体活动和交往有利于形成学生互助友爱、公平竞争的态度和集体主义精神，并有利于形成学生其他一些健康的个性品质。但同时，在班级教学活动中，多由教师做主，学生学习的主动性和独立性受到一定程度的限制；教学面向全班学生，步调统一，难以照顾学生的个别差异，不利于因材施教。在新时期，教育面临着前所未有的机遇和挑战，教学改革就是要面向全体学生，要适应现代社会对教育的要求，立足于促进人的全面发展，促进每个学生的个性发展，着力培养学生的核心能力素质。因此，随着教育的改革与发展，班级具有如下新特点。

1. 开放式班级的出现

开放式班级与传统固定班级不同，其主要表现在班级形式和管理方式上。随着选课制的出现和课堂类型的多样化，有些不同类型的课程已不在传统的固定"行政"班级进行，"走班制"就是典型的开放式班级。走班制没有固定教室，更没有固定的教师，学生按自己的学习水平，自我发展的需要，自身的兴趣、特长选择班级；任课教师按照学生的学习基础和接受能力、兴趣特长，确定教育教学活动。

2. 分层变动式班级的出现

跟以往的分班不同，分层变动式教学以学生的成绩为尺度，根据考试成绩按层次分班，因此这个班级具有一定的不稳定性，每隔一段时间考试过后，就会重新分班，班级成员都会发生变化。这就要求学校对班级的管理是一种动态的管理，具有一定的复杂性。

3. 班级规模适当缩小，趋向合理化

班级授课制至今仍是世界各国教学的基本组织形式，而要最大限度地发挥班级授课的优越性，尽可能地弥补难以因材施教的缺陷，班级规模的合理性是一个重要的条件。班级规模的大小是影响课堂教学及其管理的一个重要因素，这种影响主要表现在人际关系、情感交流和参与程度等方面。一般而言，小班制的教学要比大班制教学有效。心理学研究证明，过大的班级规模，限制了师生交往和学生参与课堂活动的机会，阻碍了课堂教学的个别化，有可能导致较多的纪律问题，从而间接地影响学习成绩。

4. 多种教学组织形式的综合运用

一切教学组织形式都各有利弊，不可能存在某种万能的模式，所以要求对各种教学组织形式合理结合和综合使用。班级授课与个别教学、分层教学相结合，第一课堂与第二课堂、第三课堂相结合，传统教学与现代网络教学相结合，已经成为目前发达国家教学组织形式的新特点。这样既保留了班级授课的优点，又能弥补其弊端。

在班级的发展过程中，看到了它作为一种教学组织形式所具有的优越性，这也是班级被人们普遍接受和采用并成为许多国家学校教学的基本组织形式的主要原因；班级授课同时有其固有的局限性，所以班级需要改革也是毫无疑问的。随着教育现代化的推进，新型的教学组织形式层出不穷，只要有利于教育教学质量的提高，符合教育的发展规律，满足广大学生的成长成才要求，我们就应当努力尝试，让学生在多元化的教学组织形式中健康成长。

第二节　班级管理简介

班级是一种组织，因而需要管理，班级管理活动既是实现班级教育目标的必要手段，也是实现教育目标的有效途径。要实现科学、有效的班级管理，就必须对班级管理的内涵、地位和作用及产生与发展进行全面的了解和把握。

一、班级管理的内涵

正确理解班级管理的内涵是做好班级管理的前提，是实现教育目标、使学生全面发展的基础。

(一)管理概述

管理是一种古老的活动，它与人类社会同时产生，并随着人类社会的发展而发展。按照《世界百科全书》的解释，"管理就是对工商企业、政府机关、人民团体以及其他各种组织的一切活动的指导。它的目的是要使每一行为或决策有助于实现既定的目标"。这就是说，管理是一种社会现象，凡是有群体共同活动、共同劳动或共同工作的地方，都需要管理，以指导人们完成和达到共同的目的。马克思曾强调管理的重要性，他说："一切规模较大的直接社会劳动或共同劳动，都或多或少地需要指挥，以协调个人的活动。""一个单独的提琴手，是自己指挥自己；一个乐队就需要一个乐队指挥。"[①]

管理概念具有多义性。长期以来，许多中外学者从不同的研究视角出发，对"管理"一词作出了不同的解释。截至目前，管理还没有一个统一的普遍接受的定义。特别是21世纪以来，各种不同的管理学派，由于理论观点的差异，对管理概念的解释更是众说纷纭。

管理是一种程序，通过计划、组织、控制、协调和指挥等职能完成既定目标。

管理就是决策，决策程序就是全部的管理过程。

管理就是领导，强调管理者个人的影响力对管理工作的重要意义。

---

① 马克思. 资本论(第一卷). 北京：人民出版社，1975.

管理就是做人的工作，它的主要内容是以研究人的心理、生理、社会环境影响为中心，激励职工的行为动机，调动人的积极性。

管理就是设计和保持一种良好的环境，使个人在群体中高效率地完成既定的目标。

管理是一种实践活动，由一个或更多的人来协调他人活动，以便收到个人活动所不能收到的效果而进行的各种活动。

综上所述，我们认为：管理是社会组织活动中的现象，是组织管理者或管理机构在一定范围内，通过计划、组织、控制、协调等管理措施，对组织所拥有的资源(包括人、财、物、时间、空间、信息)进行合理配置和有效使用，以实现组织预定目标的过程。这一定义有四层含义：第一，管理是一个过程；第二，管理的核心是达到目标；第三，管理达到目标的手段是运用组织拥有的各种资源；第四，管理的本质是协调。

(二)班级管理的定义及其理解

班级管理是以班级为载体的教育管理。在我国教育理论界讨论与研究班级管理问题有两种提法："班主任工作"和"班级管理"(也有称为"班级经营")。

20世纪中叶，我国深受苏联教育思想、教育理论的影响，在介绍苏联教育理论的同时，也将苏联的班主任理论介绍到我国。改革开放以后，随着西方教育理论的不断引进，"班级管理"和"班级经营"的概念逐渐在我国教育理论界出现。总的来说，这两种不同的学术语言所要研究的问题是基本一致的，只是研究的视角和侧重点不同而已。

1. 班级管理的定义

班级管理具有管理的一般含义，其定义多种多样，以下列举几个具有代表性的表述。

班级管理是学校领导、有关职能部门和班主任对班级的管理。

班级管理是指教师根据一定的准则，有效地处理班级内的人、事、物，从而提高学生的学习效果，实现教育目标。

班级管理是班级教师通过组织、计划、实施、调整等环节，充分利用人、财、物、时间、空间、信息等资源，以便达到预定的目的。

班级管理是指班级管理者(主要是班主任)带领班级学生按照教育管理规律的要求，为了更好地实现教育教学目标而进行的一系列的活动。[1]

班级管理是班主任和教师通过对班级教育条件的理顺，采用适当的方法，建构良好的班集体，从而有效地推进有计划的教育行为的过程。[2]

综上所述，我们认为：班级管理是班级管理者按照教育管理规律的要求，采用一定的方法组织班级教育活动，实现教育目标的过程。其要点有四：第一，班级管理是一个过程，这一过程是围绕着教育活动而开展的；第二，班级管理活动是在班级管理者(主要是班主任)的组织引导下，由班级管理者和学生共同参与的双向活动；第三，班级管理的目的在于班

---

[1] 曹长德. 当代班级管理引论. 北京：中国科学技术大学出版社，2005.
[2] 全国十二所重点师范大学联合编写. 教育学基础. 北京：教育科学出版社，2005.

级教育活动的顺利开展和教育目标的最终实现；第四，班级管理要遵循一定的原则，采取一系列的措施和方法。

2. 班级管理的理解

班级管理是学校管理的有机组成部分，具有层次性，一般包括班级外部管理(又称"班级宏观管理")与班级内部管理(又称"班级微观管理")。班级外部管理是指学校领导和有关职能部门对班级的管理，包括班级编制、委任班主任及开展各种以班级为单位的活动等，它起着决策、组织、指挥和控制的作用。班级内部管理是指班主任和任课教师在学校领导下对班级的直接管理，是"班主任按照学校计划和教育目标的要求，充分利用和调动学生班级内外的力量，进行班级教育任务的组织、指导、协调、控制等各项活动"。[①]

班级外部管理与班级内部管理是班级管理的两个不同的组织层面，两者相互交叉，相辅相成。班级外部管理为班级内部管理创造条件，班级内部管理服从于班级外部管理。班级管理是学校管理诸方面工作的组成部分，即在学校领导所实施的学校管理中，其中有一个方面就是对班级实施的管理，学校领导并不直接对具体的班级实施管理。从班级组织层面来认识班级管理，它是班级管理者或班主任对具体的班级事实的直接管理。班主任并非孤立地实施班级管理，而是在学校组织内实施班级管理，班主任的管理工作与学校领导实施的管理相关，班主任是作为学校领导的助手管理着班级，但是班主任又是一个班级的直接领导者或管理者。班级组织的运行状况同班主任的管理工作状况直接相关。

二、班级管理的功能

班级是学校最基本的组织，也是一个由教师、学生和环境等因素组成的复杂的系统。要把班级的每一个要素及其关系恰当、有效地处理好，班级管理就显得至关重要。产生和维持班级教育教学情境，使教育教学活动依据培养计划有序地进行，培养学生积极学习和形成良好的行为举止等，都需要有效的班级管理。因此，班级管理在整个教育过程中具有极其重要的地位，对提高教育教学质量具有重要作用。

班级时时刻刻都在发挥着其重要的功能，但其功能可能是正面的，也可能是负面的。班级管理的目的就是充分发挥班级的正面功能，弱化以至消除其负面功能。班级管理的功能主要体现在社会化功能和个性化功能两个方面。

(一)班级管理的社会化功能

社会化是个体学习所在社会的生活方式，将社会所期待的价值观、行为规范内化，获得社会生活必需的知识、技能，以适应社会需要的过程。[②]班级管理的社会化功能主要表现为以下几个方面。

---

① 鲁洁. 教育学. 南京：河海大学出版社，1990.
② 全国十二所重点师范大学联合编写. 教育学基础. 北京：教育科学出版社，2005.

1．传递社会价值观，明确社会生活目标

班级管理就是按照社会需要和教育目标，在教学和其他社会实践中，向学生进行世界观、人生观、价值观教育，引导学生正确处理各种人际关系，在社会核心价值观的指导下，树立正确的生活理想、职业理想和社会理想，追求更高的人生目标。

2．传授科学文化知识，掌握社会生活的基本技能

班级教学目的的规范性、课程结构的系统性以及教学过程的可控性，是学生学习社会经验，获取科学文化知识、技能的独特条件。教育者通过班级管理将人类社会长期积累的科学文化知识传递给学生，使他们获得社会生产生活的经验和技能，为日后进行各种社会活动奠定基础。

3．传输社会生活规范，训练社会行为方式

班集体的人际交往和社会关系必然形成相应的社会规范。如班级制度，班级传统，班级风气，教师的举止、言谈、衣着、仪表等，都对学生具有一种同化力和约束力，使生活在其中的学生受到潜移默化的熏陶，势必影响着学生的社会态度和社会行为方式的形成。

4．提供角色学习条件，培养社会角色意识

班级为学生提供了多视角的角色学习空间。为了实现班集体目标，完成班级各项任务，班集体规定了各个成员的角色、地位、职责和权限，为每个学生提出了明确的角色期望。在班级教学过程中的师生交往和生生交往，以及集体生活的多种多样的教育情境中，为学生积累交往经验、学习变换角色、提高担当角色的能力提供了锻炼和体验的机会和条件。

(二)班级管理的个性化功能

个性化是一个尊重差异性的求异过程，它反映的不是对社会的适应，而是在继承基础上的发展、变革和创造。[①]班级管理的个性化功能主要表现为以下几个方面。

1．促进自我意识的发展，形成积极的个性品质

要想形成独特的个性，必须有一定发展水平的自我意识作基础。在班级中，学生通过与伙伴的比较，得到自我与他人的评价，通过了解别人的意见和态度，来加深或纠正自己的认识，逐渐从"群体"中分出"自己"，发展自我形成独特的个性。实践证明，健康的集体舆论与良好班风的班级，有利于形成学生健全的自我概念和积极的个性品质，而班风不正、集体舆论恶化的班级，则会降低"自我"发展水平和养成消极的个性品质。[②]

2．发展学生个体差异，形成学生独特个性

个体的独特性表现在人的个性心理上，诸如兴趣、爱好、理想、信念、能力、性格、气质等。在班级管理过程中，可以根据学生的不同心理发展特征，选择丰富多彩、灵活多

---

① 全国十二所重点师范大学联合编写．教育学基础．北京：教育科学出版社，2005．
② 郭毅．班级管理学．北京：人民教育出版社，2002．

样的学习活动和其他实践活动，给性格各异的学生提供更多的选择机会，从而强化学生的个性差异。通过因材施教，帮助学生充分开发其内在潜能，形成自己的优势和特长，更好地促进自己的发展。

3．矫正学生的不良倾向，促进学生良好发展

学生置身于班级中时，其人格及能力上存在的缺陷就会显现出来，如社会技能的欠缺、情绪不稳定、自我控制能力差、过度利己主义、极端个人主义、过度的不安、粗暴、说谎以及其他人格缺陷，特别是在班级组织有团体要求时，学生违反这种要求的倾向将会显现无遗。班级管理的目的就是要求班主任或教师开展有针对性的教育，引导和矫正学生的这些不良倾向，培养学生良好的个人品格和习惯，促进学生身心健康的发展。

三、班级管理的产生与发展

班级授课制是社会教育发展到一定历史阶段的产物，班级管理是随着班级授课的产生而产生的，并随着师生结合方式的改变而发展。

(一)班级管理的产生

中世纪学校的教学组织工作十分松散，坐在同一间教室里的学生，学习内容和进度却不同，教师只对学生进行个别教学指导，不对全班授课，教学秩序乱，效率很低。为了改变这种状态，夸美纽斯对16世纪新旧各教派所兴办的学校中实行班级授课的初步经验进行了总结，全面系统地论述了班级授课制度。在此基础上，他提出了班级管理工作的概念。

夸美纽斯为了提高教学的效能，更好地与学年制班级相配套，选定了一套比较完整而严密的考试制度、纪律和规章制度。从夸美纽斯所论述的考试制度来看，它并不完全是现代意义上的考试制度，只是一种非书面的检查学习的方法，它缺乏考试的规范化性质。但是，它把对学生学习任务的检查作为学校工作中的一项内容，对学生的成长时刻关心，从每天、每节课抓起，这对教学质量和教学效果的提高无疑是一种好的管理方法。对纪律和规章制度的管理，夸美纽斯非常重视纪律在班级管理中的作用，他认为班级没有纪律就无法正常有序地工作。班级内无论谁都不得有任何破坏规章制度的行为。一旦发生了过失，就要根据过失的轻重程度给予惩罚。在惩罚时，要做到既严格，又温和，以利于错误行为的纠正。

由班级管理的产生过程可以看到，传统教育的班级管理就其方式而言，主要是倾向于专制式的管理，但随着教育的发展，特别是现代教育产生以后，班级管理的理念、理论、方式方法也在不断地发展和变化。

(二)班级管理的发展趋势

传统教育认为学生只是被动地接受教育，在这种理念下，班级管理方式是专制式的。随着现代教育的发展，班级管理逐渐走向科学，呈现出以下发展趋势。

1. 教师角色由"领导者"向"引导者"过渡

教师是班集体的教育者、组织者和指导者。当我们重视并突出班级的组织特性，遵循组织管理的一般原理时，教师的角色就很容易被窄化为"管理者"。但是管理不能代替教育，教师角色由"领导者"向"引导者"转变已是一种趋势。

在班级管理过程中，教师已成为管理活动的组织者、引领者，学生成为管理活动的真正参与者。制定班级目标是班级管理的前提条件，而学生的自主精神是班级管理的灵魂。每个学生都是班级管理的主人，既是被管理者，又是管理者。因此，班主任首先要从思想上更新管理观念，确认每个学生在班级中的主体地位、权利和义务，尊重学生的人格、个性，加强自主意识和民主意识的教育，引导学生参与班级管理目标的制定。

2. 教师影响力由权力性影响向非权力性影响过渡

教师对学生的影响可分为权力性影响和非权力性影响。权力性影响是指由于社会赋予教师的权威观念和教师的资历而对学生产生的强制性影响；非权力性影响则指由于教师的知识、能力及个人品格、情感对学生产生的自然性影响。

实践证明，如果教师具有渊博的知识、较强的能力、高尚的品格、丰富的情感，那么，在班级中极易形成民主、平等的人际关系，班级气氛良好，学生学习质量高，道德观念也会有很好的发展。随着社会的发展，在班级管理过程中，教师的非权力性影响将会占有越来越重要的地位。

3. 教师的管理方式由"专制型"向"民主型"过渡

在班级管理中存在三种类型的管理方式：专制型、放任型和民主型。(1)专制型管理属于支配性指导，以僵化的对策为基础，只给予统一强制的指导，或一味地斥责和威胁。(2)放任型管理属于不干预性指导，容忍班级生活的种种冲突，无意组织班级活动，回避学生的主动精神。(3)民主型管理属于综合性指导，能根据学生的个性差异引导学生的自发行为，促进班级同学的思想在合作中进行交流。①因此，专制型、放任型的管理已不能适应社会发展对教育的要求，必将向民主化管理过渡。从历史上看，传统教育过程中的班级管理多倾向于采取专制式的管理。这种专制式管理方式不仅影响了师生之间的正常关系，也使学生的身心发展受到阻碍。因此，追求一种民主化的管理方式将成为班级管理的目标。

民主型管理不仅需要教师转变自己的管理观念，还要相应地提高自己的管理能力和水平，以适应这种管理方式。实行民主型管理有助于加强学生自我管理能力的培养，有利于减轻班主任的工作负担，有助于充分调动全部班级同学参与民主管理工作的积极性。

4. 学生的自我管理意识和能力逐渐增强和提高

学生自我管理是指学生在班级中自己管理自己。学生自我管理，不仅可以提高学生自我教育的能力，而且可以培养他们独立的个性，为培养合格人才打下坚实的基础。由于学生自觉性、独立性不高，自我意识、自我管理能力还没有发展到一定的程度，因此，学生

---

① 全国十二所重点师范大学联合编写. 教育学基础. 北京：教育科学出版社，2005.

的自我管理能力需要在学校组织的有目的的训练和实践活动中提高。

　　从班级组织的功能来看，班级为学生自己管理自己提供了一个基本的活动舞台。在班级中，有一定的层次和分工，学生干部和其他成员有机地结成一个整体，班干部在班级自我管理的实践中，增强了民主作风，学生在班级管理中强化了民主意识。他们是班级的主体，不是消极地执行任务，而是参与组织决策、分工、沟通，学习怎样服从集体的领导和遵守群体规范，学会怎样控制自己的行为，学会对人与事的正确评价和总结等社会行为。学生在完成任务和参与组织活动过程中体验了自己所处的地位，认识了领导者和被领导者的权利和义务。[①]总之，班级中实行自我管理，能够促进学生多方面才能的发展，增强学生自我管理的积极性和自觉性。

第三节　怎样学习班级管理课程

　　班级管理是具有特殊规律性的实践活动。搞好班级管理必须通过班级管理课程的学习。通过该课程的学习，树立先进的班级管理理念，丰富相关的班级管理知识，掌握科学的班级管理规律，并根据班级管理规律指导班级管理实践活动。

一、学习班级管理课程的意义

　　班级管理课程是从事学校教育教学工作人员的必修课，是班级管理者(主要是班主任)掌握班级管理规律、有效开展班级管理活动的基本途径和方法。学习班级管理课程具有重要的理论意义和实践价值。

　　大量的教育实践证明：第一，学生的发展在相当程度上取决于他所在班级生活的质量。学生班级生活的质量，又取决于班级管理的质量。第二，班级管理是学校管理的重要组成部分，学校管理的好坏，取决于班级管理的好坏。第三，班级管理工作具有专业性和艰巨性，要求管理者具备专门的素养。[②]

二、学习班级管理课程的方法

　　班级管理课程的学习有许多方法和途径，主要应做到：坚持理论与实际相结合；坚持研究与学习相结合；坚持与其他学科相结合。

(一)坚持理论与实际相结合

　　班级管理课程具有鲜明的理论性、实践性，因此，理论联系实际是学好班级管理课程

---

① 郭毅．班级管理学．北京：人民教育出版社，2002．
② 李学农．班级管理．北京：高等教育出版社，2007．

的基本方法,是成功进行班级管理实践的根本保证。理论只有与实际相结合才能产生强大的动力,才能使已有的"经验"上升到理论的高度,实现从"经验的班级管理"到"理论指导的班级管理"的转变。

坚持理论与实际相结合,首先是要学好理论。关键是学习班级管理的基本概念和基本知识,掌握班级管理的基本理论和基本方法。本课程所涉及的内容有:班级管理中的学生和班主任、班级管理目标与内容、班级管理的原则与方法、班级组织建设、班级日常管理、班级活动管理、班级文化管理、班级突发事件的管理、班级管理过程中的家校合作、班级管理的评价等。其次是从学校班级管理的实际出发,坚持学以致用。要尽可能地通过教育实习、见习等渠道到班级管理第一线,及时发现班级管理中出现的问题,并运用所学的基本原理和理论解决这些实际问题,从而加深对班级管理理论的理解。

(二)坚持研究与学习相结合

班级管理理论和其他学科理论一样,也需要不断地发展和完善。这就要求学习者应采取研究性的学习方式,要着眼于对现实班级管理问题的理论思考,注重对班级管理的科学方法及学生成长的科学规律的研究;要总结班级管理的新经验、新思想、新成果,从而进一步丰富班级管理理论。

坚持研究与学习相结合,首先要学会分析与总结,做好个案剖析,总结出一般性规律。在班级管理中,学会掌握大量的第一手资料,学会总结分析,积累班级管理实践案例,在对个案进行理论分析的基础上,总结经验,从个别到一般、举一反三地解决现实问题,做到提出问题、分析问题、解决问题,进行科学的班级管理;其次要学会吸收与借鉴,做到古为今用、洋为中用。班级管理自产生至今,中外研究者和管理者们由于研究视角的不同,形成了不尽相同的概念和理论。同时在管理实践中也有不同的做法。在学习过程中,要学会批判地吸收,去粗取精,去伪存真,用他山之石,攻己之玉。

(三)坚持与其他学科相结合

班级管理理论并不是孤立存在的,它涉及管理学和教育管理学等相关学科。

班级管理是管理学一般原理在班级管理中的运用。学习班级管理理论,需要掌握一定的管理学知识。无论我们是否有条件去学习管理学课程,都应当设法去主动阅读管理著述,为理解班级管理问题奠定基础。

班级管理是教育管理学研究的主要内容之一,我们需要学习教育管理学的理论。如果在学习本课程之前,已经学习过教育管理学的理论,无疑会有助于本课程的学习。但是如果尚没有学习过教育管理学课程,就应当自己去阅读相关的教育管理学著述。

此外,班级管理还涉及教育学、教育社会学、教育心理学等,需要我们综合这些相关学科进行学习。

本 章 小 结

　　班级是学校为实现一定的教育目的,把处于一定年龄阶段、文化程度大体相同的学生按一定的人数规模建立起来的基层教育组织。班级具有学习性、依赖性、教育性、社会性等特点。

　　班级管理是班级管理者按照教育管理规律的要求,采用一定的方法组织班级教育活动、实现教育目标的过程。班级管理在整个教育过程中具有极其重要的地位,对提高教育教学质量具有重要作用。班级管理的功能主要体现在社会化功能和个性化功能两个方面。

　　班级管理课程是从事学校教育工作人员的必修课,是班级管理者(主要是班主任)掌握班级管理规律、有效开展班级管理活动的基本途径和方法。学习班级管理课程具有重要的理论和实践意义。班级管理课程的学习必须做到"三个坚持":坚持理论与实际相结合;坚持研究与学习相结合;坚持与其他学科相结合。

【推荐阅读】

[1] 张宝书. 中学班级管理. 北京:北京大学出版社,2015.

[2] 邓艳红. 小学班级管理. 上海:华东师范大学出版社,2010.

[3] 谌启标,王晞. 班级管理与班主任工作. 福州:福建教育出版社,2007.

[4] 吴明隆. 班级经营与教学新趋势. 上海:华东师范大学出版社,2006.

[5] 丁榕. 班级管理科学与艺术. 北京:人民教育出版社,2004.

[6] 吴秋芬. 班级管理. 合肥:安徽大学出版社,2002.

思考与练习

一、名词解释

班级　学习型组织　社会化　个体化　班级管理

二、简答题

1. 班级由哪些要素构成?
2. 班级有哪些特点?
3. 班级管理有哪些功能?
4. 班级管理的发展趋势是什么?
5. 你认为如何才能学好班级管理这门课程?

三、案例分析

阅读下面的案例[①]并回答后面的问题。

"丁老师,学生完不成作业怎么办?"

"丁老师,某某又违反了校规怎么办?"

"丁老师,我们班今天又丢了东西怎么办?"

在校园里,我经常半路被截,很多班主任遇到难题总想问问我。在我的办公桌上,经常放着全国各地的来信。来信的同行也都想从我这里寻求一些做好班主任工作的答案。

怎样回答这些问题呢?班主任工作最忌讳的是"头痛医头,脚痛医脚"。培养人的工作是有目的、有计划、有系统地进行的。如何把教育由虚引向实,由表面引向深入,由凌乱引向系统整体,这是班主任当前要探讨的主要问题。我有一卷"画卷",看完"画卷",便可一目了然了。

"画卷"由一个完整的大表格组成,在表格中还套着许多小表格,里面有对教育对象的分析,有学生的年龄、生理、心理特点;教育目的、教育任务、教育计划都分析得清清楚楚。在表格中,还有各年级的特点及教育主线、教育重点、教育难点,这些都分析得很详细。往下看:每个年级、每个月份从集体建设到思想教育,从个性发展到班干部工作,从智力因素到非智力因素的培养,一年12个月,三年36个月,由浅入深、由表及里地形成了系列教育计划。"这是我的一张育人蓝图。万丈高楼平地起,百年树人点滴始。有了这张图,即便有千难万险,我们也会应付自如。"教育是门科学,是门艺术,是有规律可循的,它不可能只凭一节课、一次谈话、一次活动就使人发生根本性的变化。要想深入人心,讲求实效,还需要有一个过程。在多年的教育实践中,很多实际教育工作当时并没有见多大成效,而是在学生走上工作岗位之后才反馈回来的。有的学生走上工作岗位后给我写信说:"老师,您给我树的人生观真厉害,一辈子想改都改不了,我今天才更深刻地体会到。""您是我最敬佩的、不能忘记的老师,因为您教会了我怎样做人。"

顺着这长卷看下去,表中还有一系列具体活动和措施。在思想教育这栏中,初一抓的是民族自豪感,初二抓的是民族责任感,初三抓的是民族义务感。三年里我组织了很多活动,例如:全班同学到天安门广场参加升旗仪式;组织学生分别访问在抗日战争、解放战争、抗美援朝战争中作战立功的老战士和老首长;开展以《国际歌》为主线的"英特纳雄耐尔就一定要实现"的主题教育活动。这一系列的教育活动布满长卷。是啊!自豪——责任——义务,这个认识过程是一个长期、复杂的过程,看得出在这三年里我们是必须下一番功夫的。

在情感教育这一系列中,从"了解妈妈,热爱妈妈,尊重妈妈"的母子深情入手,引申到"了解学生,热爱集体,尊重老师"的情感转化,上升到"了解社会,热爱祖国,尊重人民"的情感升华,共搞活动几十个。难怪老师们都称赞班上的学生有感情。

从"蓝图"中,我把自我教育的培养分成了几个阶段,从提高学生自我认识与评价的能力入手,到自我控制与调节能力的培养。在班内开展了"道德门诊"活动,同学之间互

[①] 丁榕. 班级管理科学与艺术. 北京:人民教育出版社,2004.

相当医生，每个人都填写《病例手册》。在《病例手册》的基础上，又精心设计了《计划手册》，从年计划到月目标，从周计划到日安排，井井有条，步步深入。学生学会了自己管理自己的方法。

我还把每年工作的重点和难点都写在前面：初一把重点放在建设集体上，难点放在中小学的衔接上；初二把重点放在培养学生的良好个性上，把难点放在少年到青春期的过渡上；初三把重点放在准备升学上，把难点放在初中与高中的衔接上。

我们可以从这卷"蓝图"中找到做好班主任工作的答案。

问题：

1. 对于丁老师班级管理的"蓝图"，你有什么感想？
2. 你认为在班级管理中什么是最重要的？怎样才能成为优秀的班级管理者？

【实践课堂】

对照本章的引导案例，以真实的班级为例，试制订该班级自主发展的几个阶段。

学生的心灵世界是极广阔的天地，班主任在广阔的心灵世界里耕耘，其责任是重大的，其劳动是神圣的！优秀的班主任大多视工作为享受，他们的教育生活是愉快的，他们的人生是幸福的！

——题记

第一章　班级管理中的学生和班主任

本章学习大纲

- ➢ 学生和教师是班级管理过程中的两大主体。
- ➢ 教师要对班级管理中学生的本质属性和身心发展特点有正确的认识。
- ➢ 班主任在班级管理中的作用和意义重大。
- ➢ 班主任要重视专业发展。

核心概念

班主任(head teacher)；学生(student)；地位(position)；职责(responsibility)；专业发展(specialization)

王老师的班级管理

王兵老师的数学课教得非常出色。一些数学成绩并不好的学生，经他指点，不久数学成绩便能有很大的提高。他特别喜欢数学成绩优秀的学生。除了教两个班的数学外，他还担任高一(1)班的班主任。但据说，他的班主任工作不敢恭维。有的学生埋怨说，王老师的全部心思都用在数学上：组织课外活动主要是解数学题；开班会还是讲数学题，不过主要讲练习中的错误。而且王老师偏爱数学成绩好的学生，班委会全部由数学尖子组成，至于其他同学，王老师就不太关注了。

班级管理是一门科学，也是一门艺术。从上面的案例可以看出，王兵老师作为一名数学教师是合格的，能够使班级同学的数学成绩大幅度地提高。但是他的班级管理工作全靠教学经验：经常开班会、搞课外活动、与学生谈心、做个别思想工作，出了不少力，费了不少心，却没有取得应有的效果。原因就是他没有认识到普通的教师与班主任在专业素质上是有差别的，在班级管理中的作用和职责不同；没有认清班级管理中的主客体，对学生的本质属性及在班级管理中的角色认识非常模糊。为王老师的班级管理工作把脉，解决班级中存在的问题，就是要重新认识班级管理中的学生，发挥学生的主体作用；同时明确班主任的职责，不断加强班主任的专业发展。

班级管理工作已经进入了一个新的发展时代，在全面推进素质教育的背景下，如何处理好班级管理中教师与学生的关系，使班级管理发挥更大的效能、更好地促进学生的全面发展是个值得研究的课题。在学习时，可结合自己的受教育经历，认真回忆、反思，寻找有关班级管理中教师和学生的记忆片段，并试着结合本章所学的理论，分析原因，寻找答案。

"班"是学校教育工作的基层组织。学校的教学工作、思想工作、生产劳动和课外活动，都是以"班"为单位进行的。靠谁来抓好班级的工作呢？虽然一个班有好几位任课教师执教，但班上还有许多不属于任课教师职责范围内的事，如组织与培养班集体、开展课外与校外活动、指导团队活动、安排学生课余生活等，都需要有专人来做，这个人就是班主任。虽然一个班有班主任主抓班级管理工作，但班级管理又离不开学生的主动配合和自我管理。可以说，班主任和学生是班级管理过程中存在的两大主体。传统的班级管理仅注重班主任的作用，将学生排除在班级管理主体的范围之外，在很多方面都产生了消极的影响。因此，重新认识班主任和学生在班级管理中的地位、作用，进而大幅度提高班级管理的效能尤为重要。

第一节　班级管理中的学生

传统的班级管理是一种"保姆式"的模式，班主任充当保姆，对班级"管天管地管头脑"，大事小情一手包办。现代管理理论认为，只有实行全员管理，整体的力量才能得到发挥，个性、积极性和素质才能得到提高。在班级管理中，学生既是客体也是主体，学生的身心发展有一定的特点，要注重发挥学生在班级管理中的主体作用。

一、班级管理中学生的地位

对班级管理中学生地位的重新认识就是要从传统的班级管理理论中走出来,明确班级管理中主客体的辩证统一关系和学生所扮演的双重角色。

(一)班级管理中主客体的辩证统一

在班级管理工作中,何为主体?何为客体?教师和学生的地位如何?传统和现代的班级管理理论对此有着截然不同的看法。传统班级管理理论认为教师是班级管理的唯一主体,学生是班级管理的客体,学生要完全接受教师主体的管理。在实际操作中,一方面,班主任在工作中普遍带有主观性、随意性,或是强制性地发号施令,或是家长式地出言必训,或是保姆式地看管,不给学生一点自主发挥的权利;另一方面,班主任起早贪黑,班级工作事无巨细都要亲力亲为,使班主任身心俱疲。这种管理方式既使班主任疲于奔命,事务缠身,不利于自身的提高,又忽视了学生的主体性,压抑了学生的自主、自理、自治能力的发挥,不利于现代人素质的培养。

现代教育理论认为只有充分调动全部个体的主动性,整体的力量才能得到发挥,个体的素质才能得到提高。因此,确认学生在班集体中的地位、权利和义务,让其真正享受到民主、平等、自由的权利,唤起学生的责任感、使命感、义务感,使学生的主体得到充分发挥,让班集体成为学生自我教育、尝试成功的精神乐园。我们认为,随着教师和学生在具体班级管理过程与环节中所充当角色和其主体性与积极性发挥程度的不同,班级管理的主客体也在发生着变化。也就是说,班级管理中主客体是辩证统一的,具有统一性和动态性。所谓统一性,是指管理与被管理过程是统一的,教师与学生既可以是主体,也可以是客体;所谓动态性,是指主客体关系总是来自某一过程或某一环节,过程与环节不同,这种主客体关系又将互相转化。所以在班级管理工作中,学生既是被管理的客体,同时又是进行班级管理工作的主体。在班级管理过程中,班主任与学生、管理者与被管理者不是彼此割裂,而是交织在一起的。班主任向学生直接行使管理的职能,班主任就是管理活动的主体,学生则是被管理的客体。然而在与此同时发生的管理活动中,学生又是管理活动的主体,他们往往自觉或不自觉地向班主任提出建议,发出反馈,从而影响班主任的管理工作。学生对教师的班级管理所表现出的倾向性、选择性,对来自管理中的信息的接受必须通过学生自身内部结构的过滤,正因为如此,并非班主任所要求的就是学生所想的,或一定是学生所做的。学生接受什么,不接受什么,接受到什么程度,主要依赖于学生,主要依赖于学生自身的兴趣、体验、认知能力、情感、个性特征等所作出的选择,而不是取决于教师的意志。所以班主任这时就成为班级工作管理的客体,学生则成为主体。由此可见班级管理过程中主客体的辩证统一性。

(二)班级管理中学生的双重角色

在社会现实生活中,每个人总是隶属于一定的社会组织或群体,一个人居于某种地位,拥有某种身份，担任某种职务。于是人们把这种个体在社会组织中获得的地位、身份、职务等称为一个人的社会角色。班级是学校教育教学的基本单位，是由相互作用的几十名学生共同组成的社会有机体。貌似平静的班级如同运动中的蜂箱，有着多维度的错综复杂的角色网，每个学生都在这一网络的不同层面上扮演着一定的角色。班级中的学生角色主要由以下几个因素构成：性别、成绩、班级组织中的职务以及在学生群体中的人际地位。然而，在班级管理中，学生的上述各种角色因素最终要以学生自身的双重角色表现出来，即对于班级管理的对象——学生来说，他们在班级工作管理中要进行角色转换。

一方面，他们是班级管理的客体，要履行作为学生角色的权利和义务，要遵守班集体约定俗成的行为规范；作为班级管理的客体，对管理者的管理应该通过积极的思想内化而表现为行为的主动性，主动接受、主动配合、主动适应，而不是消极应付、变相抵触。另一方面，他们同时又是班级管理的主体，要发挥作为管理者的主观能动性，为实现班级管理的目标而献计献策。[①]作为管理的主体，其角色行为表现在态度上应该是发扬主人翁精神，关心班集体的发展，关注班集体的变化，不但要积极支持班主任和班干部的管理，而且要主动采取合情合理的方式把个人的管理建议变成有效的管理行为。

(三)发挥学生在班级管理中的主体作用

无论从管理理论还是从教育理论的发展来看，都强调以人为本的精神。苏霍姆林斯基(B. A. Cyxomjnhcknn，1918—1970)说过，"只有能够激发学生进行自我教育的教育，才是真正的教育。"[②]学生作为一个独立的个体，他们不仅是管理的对象，更是管理的主体，是有思想有感情的、活生生的个体。因此，对学生的管理，不仅要符合教育规律、管理规律和学生身心发展的规律，更要体现管理中学生的主体性，强调学生的自主管理。在新课程标准下，在班级管理过程中，要培养学生的创新精神和实践能力，引导他们全方位地发展，就应该让他们完成从"监管的对象"到"管理的主体"的转变，让他们真正成为管理者，突出他们的主体性地位。教师可以在班级管理的下列环节中发挥学生的主体作用。[③]

1. 引导学生制定目标，培养学生的自主精神

制定目标是班级管理的前提条件，而学生的自主精神是班级管理的灵魂。每个学生都是班级管理的主人，既是被管理者，又是管理者。因此，作为班主任，首先要从思想上更新管理观念，确认每个学生在班级中的主体地位、权利和义务，尊重学生的人格、个性，加强自主意识和民主意识的教育，以"我是班级管理的主人"为主线，引导学生参与班级管理目标的制定。

在制定班级管理目标时，要求每个学生以主人翁的身份出谋献策，组织他们学习和讨论，共同制定出切合班级实际的总目标。管理目标的确立，一方面使学生既要看到前进的方向，又要明确目标实现是每个个体努力的总和；另一方面也要使学生看到目标虽高但可

---

① 郭毅. 班级管理学. 北京：人民教育出版社，2002.
② 江月孙，赵敏. 学校管理学. 广州：广东高等教育出版社，2000.
③ 张永清. 发挥学生主体作用的管理方法. 中国农村教育，2008(10).

达到,要经过努力才能实现。管理目标制定的过程,是学生自我教育、自我激励的过程。在班级总目标制定之后,引导学生制定分解目标,具体到某个时期、某个方面、某个具体的人。这样学生通过参加目标的制定与实践,增强了主人翁的意识与责任感,使班级管理目标内化为学生的自觉行动,为班级管理奠定了基础。

2. 建立班级自我管理机构,培养学生的管理能力

班级常规管理是一项整体的育人工程。把学生的积极因素调动起来,才能形成合力,共同构筑学生自我管理机制。因此,班主任必须想方设法构建学生自我管理体制,为学生设置多种岗位,让每个学生都有机会上岗"施政",有服务同学、锻炼自己、表现自己、提高自己的机会。

(1) 建立值周制度。每周推选一名学生担任"值周小老师"。班中的事由值周小老师全权负责,值周小老师还要负责记载班务杂志、检查班干部的工作情况。

(2) 改革班干部的选举方法。由学生自我推荐进行竞选演讲,再由同学无记名投票、民主选举、组建班委会。这样可给更多的学生提供锻炼的机会,有利于学生干部以后走上社会摆正个人和集体的位置,正确处理个人与集体的关系。

(3) 建立若干管理小组。小组职责分明,分别督导学生的日常行为规范,维护班级纪律秩序。各管理小组建立后,各组的岗位责任要明确,并由组长负责。

这种形式多样、人人参与、各司其职的自我管理机制,可使学生学会自己管理自己、自己教育自己,自主意识明显提高。同时也为每个学生提供参与管理的机会和条件,使他们在班级中找到满意的位置,担当成功的角色,促进整体素质的提高。

3. 开展丰富多彩的班级活动,提高学生的自治能力

班级活动是实现班级管理目标的桥梁,是促进班级集体建设的中介,是学生展示才华的乐园。因此,班主任应该根据班级管理目标,指导学生设计并开展丰富多彩的班级活动,如班会、晨会等。这些活动既有针对性,又有启迪教育意义,成了学生自主教育、自我管理、展示个性、尝试成功的乐园,同时培养了学生的自治能力,对班集体建设起到了积极的推进作用。

4. 建立竞争机制,让每个学生得到发展

在班级中建立竞争机制,创造竞争气氛。竞争对手比学习、比思想、比体育。竞争对手名单列表上墙,各自的成绩公布于众,以便时时激励双方。通过竞争,可以使优等生更加优秀,基础薄弱的学生也不甘落后,奋起直追。通过竞争,班级中可以形成一种互相监督、互相帮助、你追我赶的氛围,充分发挥学生的主体作用,促进学生和谐、生动活泼地发展。

拓展阅读

万玮与《班主任兵法》

万玮,1996 年复旦大学数学系毕业后的第一年就担任了班主任工作。那时,他不知道怎么做老师，不知道怎么上课，也没有老师的架子，和学生的关系很近。课堂上，他给学生讲故事，用故事说明道理；课后，和学生们平等交流。春天来了，他带学生们走出校园，到野外去踏青，去熟悉各种农作物和植物；双休日，他领着学生们去溜冰场溜冰，去公园游玩。

可是，一些问题在第二年伊始很快就暴露出来。学生进入青春期，逐渐表现出心理上的叛逆，没有经验的他处理不当，进退失据，很快便陷入了巨大的迷茫和痛苦之中。很多事情，开始时就没有处理好，后来弄得很僵。初二的时候年级里重新分了班，他的情况不但没有改善，反而更糟，因为那些调皮的男生还在他的班里，别的班级调皮的学生又加入进来。那时的他虽很努力，可是对学生已没有什么正面的影响力了。他说的话再正确，学生也不一定听。为此他经常痛苦得无法入眠。到了初二结束，因为班级频频"出事"，学生成绩差、纪律差，他也被学校撤去班主任的职务。[①]

然而，正是这段经历，成了万玮一生受用的宝贵财富。他通过对这一段难忘经历的咀嚼、总结、感悟、反思，加之不断地阅读钻研，终于进入了"豁然开朗"的境界，跃上了一个较高的新层次，现在他不仅在工作上得心应手，还写出了在实践和理论上都具有创新价值的《班主任兵法》。[②]

《班主任兵法》是万玮的教育手记，充满了爱心、耐心和教育智慧。作者将兵法运用于班主任工作和学生管理中，收到了良好的效果。文章最初发表在国内最有影响力的教育论坛——K12教育论坛和白鹿洞教育论坛上，引起了极大反响，随即又在《教师博览》《新教育》等杂志连载。网友评论："篇篇是美文，招招是良方。"

二、班级管理中学生的本质属性

对班级管理中，学生本质属性的正确认识实质上就是要树立科学的学生观。只有建立在对学生科学认识的基础上，教师才能采取合理有效的方法管理班级，促进学生的发展，实现教育的目的。学生的本质属性主要体现在学生是人、学生是儿童、学生是学生三个方面。[③]

(一)学生是人

说学生是人，是从人的完整性、能动性与主体性和独特性方面来讲的。

(1) 学生是完整性的人。学生不仅具有进行新陈代谢的生理生命，而且具有精神、意识和社会性的价值生命。学生生命的完整性要求教育必须促进学生的全面发展，在内容上包括智力、体力、品德、美感的全面发展，在形式上包括人的知、情、意的发展。教师要认识生命的整体性与发展的全面性，用全面、整体的教育发展学生丰富的潜能。

---

① 孟博怡，周俊峰，万玮. "兵法"有形爱无痕. 上海教育，2006(11).
② 黄正平，潘健，杨孝如. 班集体——问题诊断与建设方案. 北京：教育科学出版社，2007.
③ 柳海民. 教育原理. 长春：东北师范大学出版社，2007.

(2) 学生是具有能动性与主体性的人。人的生命与动物生命的不同之处在于人的精神文化追求的应然性。人有自我发展的动力，能够以人特有的能动性，创造和满足自己的物质需要与精神需要，并用以发展自己的身心。人的能动性与主体性要求教育要把学生当作认识的主体、发展的主体、学习的主体，为学生主体性的发挥创造条件，从而使学生自觉地参与到教育过程中来，促进学生精神的主动发展。

(3) 学生是具有生命独特性的人。学生因基因遗传、后天生活环境、教育、实践活动等的影响而出现不同的发展，形成不同的个性，具有不可重复和不可取代的唯一性。他们有对社会独特的感受和经验，有自我独特价值的觉识、自我的价值和尊严。教育面对人，就是要承认和尊重生命的独特性，为生命独特性的实现创造条件。教育就是要在每一个个体独特生命的基础上去促进他们的成长、发展和完善，而不是去遏制、压抑和抹杀这种个性和独特性。教育的目的就在于使学生成为他自己，变成他自己。

(二)学生是儿童

说学生是"儿童"，就是要把儿童与成人区别开来，不能以成人的标准来要求学生，学生作为儿童，有其独特的发展价值和特点。

(1) 学生是儿童，具有与成人不同的身心特点。在人生的秩序中，童年有它的地位，应该把成人看作成人，把孩子看作孩子。不要以成人的要求强制儿童，教育要尊重儿童，尊重他们的天性和发展的需要。现代生理学和心理学研究都表明，儿童的身心发展有其自身的特点，无论是认知领域还是情感领域，抑或动作技能领域，都表现出与成人不同的特征。认识并尊重这些特点，是开展教育工作的前提。

(2) 学生是儿童，处于发展的过程中。学生是儿童，儿童是成长中的人，处于发展的过程中。因此，教育必须以发展的、动态的眼光来对待学生，要引导学生的发展，使积极的品质得到进一步的发扬，消极的品质得以转变。在发展过程中不能以完人的标准来评价他们，要注意他们的发展方向和发展过程中的点滴进步，并给予引导、鼓励和肯定。

(3) 学生是儿童，需要得到成人的教育和关怀。青少年儿童由于身心发展的不成熟，判断是非的能力还比较弱，因此，得到成人的关怀和教育成为他们发展过程中的必然要求。放任儿童成长，让儿童处在一种自发的生长状态，那是教育的失职。只有在教育的关怀、帮助和引导下，儿童的发展才是自觉的。

(三)学生是学生

学生是一个特有的角色，作为一种社会角色，有其特定的角色规范，只有遵循并践行这些规范，才被认定为该角色。作为学生，应该履行的规范有如下几项。

(1) 以学习为主要任务。虽然学生在生活中可能承担多种角色，但作为学校的学生，是一个受教育者，学习是他的主要任务和主要职能。以学习为主的特点，规定了学生的行为方式，赋予了他接受教育的社会义务以及不断地促进自身发展的意愿和责任。

(2) 学生的学习是在教师的指导下进行的。与日常生活中从事学习活动的其他学习者相比，学生是在学校里由教师指导进行学习的。教师对教学内容的加工、组织，对教学活动的策划、实施，可以大大缩短学生认识的进程，加快学习的速度，提高学习的效率。教师的指导是学生有效学习的保证。

(3) 学生的学习以间接经验为主。学生在有限的时间内要想获得系统的、尽可能多的知识，间接学习是其有效途径。以间接经验为主要内容的学习，可以使学生不受个体的时间和空间的限制，从而大大提高认识的起点，缩短对客观世界的认识过程。

(4) 学生的学习是一种规范化的学习。学生的学习是有目的、有计划、有组织进行的，它是由一定的计划、制度作保障的。学生和教师都是相对稳定的，有固定的教育场所，有精心设计的系列教育活动。在教育过程中，师生之间还负有制度所规定的权利和义务。所有这一切都是为了使学生的学习规范化，为了有效地促进他们的发展。

三、班级管理中学生的身心发展特点

学生的身心发展是指学生的身体和心理两方面在多种因素的相互作用、共同作用下，随着年龄的增长而不断发展完善的变化过程。学生是班级管理的对象之一，他们是以活生生的生命形态存在的，是以个体的身心发展状态来表征的。因此，高效的班级管理需要教师清楚地认识各阶段学生身心发展的特点。

(一)初中生身心发展的特点

初中学生处于少年阶段，从这个时候起，他们的身心发育就进入了一个新的迅速增长时期。首先，表现为身高显著增长，体重增加，胸围加宽；初中学生的心脏和循环系统也获得了一定程度的发展，但作为血液循环动力系统的心脏发展却跟不上四肢的增长和血管的延伸，因此容易出现疲劳现象；神经系统，尤其是在大脑皮层的发展上，也发生了巨大的变化，联络神经纤维大量增加，脑神经细胞的分化机能已达到成人水平，第二信号系统的作用显著提高。从神经系统活动的基本过程来看，初中生的兴奋过程比较强，兴奋与抑制相互转换也较快，但神经活动兴奋的抑制过程却不稳定。此外，在身体迅速发育的同时，性器官和性功能开始发育成熟。一般来说，女孩子进入性成熟期较之男孩要早一至两年。性的萌发和成熟导致一系列的生理变化，如出现"第二性征"：男生喉头突出，声音变粗，开始出现胡须；女生乳房隆起，声音变尖细，出现月经初潮。性逐渐成熟是初中生进入青春发育期的一个主要标志。

伴随着生理的发展，初中生的心理也随之发生变化。进入初中阶段后，由于学习内容的复杂、学习方式的变化以及各种活动的增多，都要求初中生有更高的感知能力，能更精确地辨别和分析外界事物及现象。因而他们的感受性和观察力很快地发展起来，感觉的精确度、灵敏度进一步提高，同时，知觉的有意性、稳定性、精确性和概括性也相应地得到了发展。

此外初中生的注意力也有了显著发展，他们逐渐能够有意识地调节和控制自己的注意力，使注意力集中在必须注意的事物上。这表现在他们逐渐能够独立地、专心致志地去完成自己的学习任务，而不受外来无关刺激的干扰和影响。这种有意识注意的发展，使得注意力的集中性、稳定性不断增长。

与此同时，初中生的记忆力也有明显发展。从记忆的目的性来看，初中生逐渐能使自己的记忆服从学习的目的任务，"有意识记忆"日益占重要部分；从记忆的方法看，初中生逐渐开始通过理解来掌握课本的主要内容，理解识记的能力也有了进一步发展，但形象识记的作用仍高于抽象识记。

(二)高中生身心发展特点

高中生处于青年初期，这个时期身体发育基本完成，但又未完全成熟。首先，他们的身高、体重、胸围等各方面的增长速度减慢，并逐渐开始成人化；骨骼与韧带大大强化，肌肉力量不断增强，心脏容积和收缩力加大，使心脏功能大大增强，从而使高中生体力获得了明显提高。其次，高中生的神经系统已经发育完全，脑的重量和成人相等，大脑皮质的结构和机能已达到成人水平，兴奋和抑制过程基本平衡，第二信号系统日益起着更加重要的调剂作用，但神经联系的复杂化和大脑活动的机能仍在日趋完善。此外，高中生的性机能大都发育成熟，第一性征、第二性征的发育都已基本完成。

高中生的感知能力比初中生时期有了进一步提高，他们对事物的观察力更有目的性和系统性，能根据教学要求比较自觉地、系统地去进行观察。初中生时期在观察中常表现出来的不稳定现象已经很少出现，而高中生的观察显得更全面和深刻，能透过现象发现事物的本质，找出事物之间的因果关系等。

高中生的注意力已经达到相当高的水平，注意的自觉性也更加增强，他们能够把注意力较长时间地集中和稳定在无直接兴趣而又具有间接意义的比较枯燥或困难的学习内容上。高中生注意的范围也达到了成人水平，能够在比较复杂的活动中很好地分配自己的注意。高中生注意力的进一步发展，为他们学习更复杂、更丰富的各种知识提供了条件。

高中生情感的发展，造成他们容易动感情，也重感情。主要表现在他们的情感倾向基本稳定，情感的自控力不断增强；情感更加丰富，强烈爆发的情绪和细腻的情感并存；内容性和表现性并存。情感还表现在两性爱情的萌芽上，一种是对爱情有一种朦胧的追求，对异性有一种爱慕之情；另一种是怀有好奇心和神秘性，如受到社会上不健康的性刺激，往往会出现不道德的性关系。

第二节 班级管理中的班主任

在班级管理中，班主任要对学生的全面发展负责，因此，班主任的工作意义重大。班主任要清醒地认识自己的作用、职责及所需的能力素质，并不断加强自身的专业化发展。

一、班主任的作用

班主任是指学校中全面负责班级工作的教师，其基本任务是按照德、智、体等全面发展的要求开展班级工作，全面教育、管理、指导学生，使他们成为有理想、有道德、有文化、有纪律、体质健康的公民。简单地说，班主任就是负责学生的思想、学习、健康和生活等工作的教师。与其他教师相比，班主任与学生接触的机会最多，对学生的影响最深、最大。班级学生的思想品德如何、学业成绩优劣、纪律风气的好坏，与班主任的工作状况密切相关。《班主任之歌》用形象的语言道出了班主任的意义和作用。

小贴士

班主任之歌

都说你是最小的主任，管着长不大的一群；
都说你是最棒的园丁，画出了我们成长的年轮；
都说你是最大的官，管着未来的部长和将军；
都说你是最好的人，就像我们的父母双亲；
粉笔白白，黑板黑黑，你一笔一画告诉我们是与非；
教鞭直直，讲台方方，你一言一行都是谆谆教诲；
班主任，你给了我们真善美；
班主任，你让我们把理想放飞。

具体来说，班主任的作用主要体现在以下三个方面。

(一)班主任是学生健康和谐发展的直接责任者

班主任是学生健康和谐发展的直接责任者，这是由班主任工作的性质决定的。班主任负责学生成长的各个方面的工作，德、智、体、美以及对学生的其他方面的教育工作都要由班主任参加和实施，这是其他教师所不能取代的。这种作用发挥得越充分，学生的健康和谐发展就越完美。反之，班主任偏颇于某些方面，学生的健康和谐发展就会受到影响。因为班主任是受学校委派做管理班级工作的，这样就会形成对学生全面发展的责任感，使他们能从伦理责任与工作责任两方面来对待自己的工作；同时班主任与学生的这种特别关系，使学生从心理上认定班主任是对自己进行全面教育培养的人。这样班主任实施教育工作，一般情况下比起其他教师的作用更大，工作内容更全面。班主任又是与学生长期相处的人，他们对学生成长的脉络清楚，对每个学生的特点清楚，对每个学生的不足之处也清楚。因此，教育的针对性更强，更能有的放矢。同时，班主任与学生在较长时间的相处中，建立起较深的感情，这无疑增强了班主任在各个方面教育学生的有利条件。这一切说明，班主任在学生健康和谐发展的过程中能够承担对学生更全面、更直接的教育作用，能够对学生的成长担负更直接的责任。

(二)班主任是学校工作展开的纽带和具体实施者

班主任是学校工作展开的纽带和具体实施者，主要表现在以下两个方面。一是班主任是学校工作的实施者。学校是以班级为基本单位的，学校工作形成了以班级为单位的格局。

不论是教学工作、学生品德教育工作，还是学校的其他各方面的管理工作等，都离不开班级。学校的整体运转也是由班级的各种活动推动的，肩负着学校"基本单位"的全权责任的班主任，自然就发挥着学校基本工作实施者的作用。没有这样"基础"的正常运行，学校工作就要受到制约，甚至不能正常运转。二是整个学校工作是个立体的全方位的工程，这个立体的全方位工程的目标指向的是学校的全体学生，不可能直接指向具体的学生，同时各个部门又需要沟通和连接，这些连接的纽带就是班主任。学校的教学工作、品德教育工作、文体工作、日常管理工作、课外活动工作；学校的共青团、少先队及其他社团组织；学校的各个年级之间、各个部门之间……在各自的运行中，都要归结到班级中来，归结于班主任的连接和协调。假如没有班主任这根纽带，"立体工程"不能形成，"全方位"会变成各自行动，学校工作势必混乱无序。

(三)班主任是沟通学校、社会和家庭的桥梁

学校教育在很大程度上受社会和家庭的制约，学校教育离不开社会和家庭的影响。学生生活在社会中，不可能没有社会的烙印，各种现象都会对青少年学生产生各种各样的影响。同样，学生来自不同的家庭，父母长辈的潜移默化，使孩子耳濡目染，受到很大影响。有时社会教育、家庭教育与学校的"不一致"对学校教育的反作用极大。我们不可能只要求积极的健康的社会、家庭因素起作用，要求不健康的东西、消极乃至反动的东西不起作用。教育要力争发扬积极因素，利用积极因素使学生得到积极的影响。这个工作单靠学校的力量，单靠学校教师的工作，是不能奏效的。所以学校必须借助社会力量，利用社会环境中的积极因素，发动社会上的积极教育力量，优化社会环境中健康有益的部分。同时，学校负有促进家庭教育好子女的责任，学校也有提高家长的认识、改变家长不正确做法的责任。学校更有从更高的意义上争取家长与学校形成教育上的"合力"的义务与责任。因此要全面沟通社会、家庭，优化社会和家庭教育，使其与学校教育形成教育的合力，还得由班主任来实施、落实。所以班主任是沟通社会、家长的具体实施者，发挥着学校与家长之间沟通桥梁的作用。

沟通社会和沟通家长是班主任搞好工作的基础，发挥好这个作用等于扩大了教育力量，增强了教育力度，能收到更好的教育效果。反之，失去了社会的支持，与家长不能协调，则学校教育有时事倍功半，有时或许效果是零。这是每个班主任都可能面对的问题。

🔖 拓展阅读

优秀班主任魏书生简介[①]

魏书生，1950年生。18岁上山下乡，19岁当民办教师，21岁进工厂，28岁起到中学任教至今。由于成绩卓著，他先后被评为省先进班主任(1981年)、省劳动模范(1982年)、特等劳动模范(1984年、1987年)、特级教师(1984年)、全国优秀班主任(1984年)、全国劳动模范(1988年)、全国中青年有突出贡献的专家(1989年)、首届"中国十大杰出青年"(1990

---

① 魏书生. 班主任工作漫谈. 桂林：漓江出版社，2008.

年)……著名语言学家、教育家吕叔湘先生早在1984年便指出，魏书生"是个教育家"，而且"不是一般的教育家，他立志教育事业，有一种忘我精神"。魏书生的奇迹和荣誉是干出来的。他从1986年起任辽宁省盘锦市实验中学校长兼书记，后又兼盘锦市教委副主任。另外还有全国教育科学规划领导小组成员、全国中学学习科学研究会理事长、全国中语会副理事长等38项社会兼职。但他始终不离教学第一线，一直坚持上语文课，并当班主任，他是教书育人的模范。在他手下，再乱的班级也会变好，再差的学生也能成才。他所教班级的学生德、智、体全面发展，素质高，升学考试成绩每届都名列全市前茅。多年来，魏书生已在除我国台湾以外的全国31个省、市、自治区和港、澳地区做报告1100多场，上公开课600多次，堪称全国之冠。他热爱教书，酷爱读书，也善于写书。至今已发表了100多篇文章，主编、撰写出版了15本书。其中《班主任工作漫谈》《家教漫谈》和《魏书生文选》(一、二卷)等著作均已重印多次，越来越受欢迎和好评。《教育改革家——魏书生》一书出版时，陈慕华、孙起孟、陈锡联、张承先、柳斌等领导同志出席了在人民大会堂举行的座谈会，对魏书生及其有关著作给予了高度的评价。时任国家教委副主任的柳斌同志还特地为《家教漫谈》一书题了词。魏书生是我国教育界的杰出代表。他工作出色，事迹感人，演讲精彩，文章漂亮，论著不同凡响，很值得人们去认真学习和研究。

二、班主任的职责

班主任是特殊的教师，对学生的全面发展负责。1988年8月20日国家教育委员会发布的《中学班主任工作暂行规定》中第二条指出：班主任的基本任务是按照德、智、体、美全面发展的要求，开展班级工作，全面教育、管理、指导学生，使他们成为有理想、有道德、有文化、有纪律、体魄健康的公民。

具体来讲，班主任的职责表现在管理班级；指导班级工作；教育影响学生；协调科任教师关系；沟通家长；联系社会，为社会服务；为学生服务，教好功课七个方面。

(一)管理班级

管理班级是指班级在班主任组织领导下，成为一个团结向上、井然有序、运作正常的集体。班主任管理班级，有对学生活动的常规管理，如上课、课外作业、考试、自学等；有对学生生活纪律的管理，如考勤、作息安排、清洁卫生等；有对班级组织建设的管理，如选建班委会、指导班干部工作、选拔活动负责人等；有对班级活动的计划管理，如制订班主任工作计划与工作总结、短期活动计划、分项工作计划等；有对班级评价的管理，如对学生的总体评价、单项评价(学习评定、身体评定、阶段评定等)；有对学生的奖励、惩罚、表扬、批评等；有对偶发事件的管理等。班级管理是一项复杂的工作，做好这项工作是班主任的基本功，是对其工作要求的集中体现。

(二)指导班级工作

班主任要对班级的各种活动加以指导帮助。班级活动包括日常学习活动、团队活动、文娱与体育活动、社会实践活动、生产劳动、班会活动、科技特长兴趣活动、参观访问调查活动、军训与旅游活动等，范围十分广泛。班主任要认真思考，精心计划，周密组织，切实领导好、组织好这些活动，以此加强班级的凝聚力，促进学生成长。

(三)教育影响学生

班主任的工作任务要求其具有教育影响学生的优势和责任，如对学生进行思想政治方面的教育、政治态度的教育、伦理道德及行为规范养成上的态度与方法的教育、身心健康的教育、适应社会的人际交往礼仪等能力的教育等。班主任要把这些任务归结到培养学生立志、修身、成长、进取、适应社会等方面。

(四)协调科任教师关系

班主任要与班级任课教师共同协调以求达到一致的教育目的，还要与校内各部门协调以取得支持和理解。

(五)沟通家长

班主任的工作职责要求其注重学生的家庭教育，密切与家长之间的联系，使学校和家长取得教育上的共识，得到家长的支持并共同研究教育方法。

(六)联系社会，为社会服务

班主任的工作职责要求其重视沟通社会的工作，加强与社会的联系，使社会与学校形成积极的正向教育合力，降低不利的社会影响的作用。同时，班主任要走出学校，利用自己的知识为社会服务。

(七)为学生服务，教好功课

班主任要为学生的身体保健、卫生状况、具体困难等生活服务；为学生的文化学习服务，以提高其文化素质和学习水平等。

三、班主任的能力素质要求

从心理学的角度来说，能力是指直接影响活动效率，使活动任务得以顺利完成的个性心理特征。能力不等于知识，只有那些能够广泛应用和迁移的知识，才能转化为能力。人们要完成某种活动，往往不是依靠一种能力，而是依靠多种能力的结合，这些能力互相联系，保证了活动的顺利进行。不同的职业对能力的要求是不同的。即便是教书育人，普通教师与班主任在能力素质上也是有差别的。班主任不仅要具备普通教师所具有的素质，同时还要掌握从事班级管理工作的基本知识和基本技能。

🔑 课堂讨论

是不是每一位教师都适合做班主任？班主任与普通教师的区别主要在哪里？什么样的教师才能做好班主任？

(一)社交能力

📝 典型案例

教师的独特激励

有一次考完试，我去问老师我得了多少分。没想到老师却亲切地说："你不用问。"话语中充满了喜悦和信任，他那慈祥的眼神好像说："你物理学得很好，理所当然得一百分！"老师这种信赖的评语，使我对物理这门课程产生了极大的兴趣。[①]

案例分析：

这个例子充分说明了教师的体态语(表情、眼神等)和口语的综合运用，对学生有很大的激励作用。如果同是"你不用问"这句话，而教师的表情却是满脸不高兴，那么学生的感受就会完全不同，这个学生对老师的态度及对他所教课程喜欢的程度也就难以预料。

1. 深刻敏锐的观察力

班主任要具有深刻敏锐的观察力。班主任做好工作的前提是了解学生，而了解学生最基本的素质就是观察能力。对一个有观察力的教师来说，学生的乐观、兴奋、惊奇、疑惑、恐惧、困窘和其他内心活动的最细微的表现，都逃不出他的眼睛，一个教师如果对学生的表现熟视无睹，他就很难成为学生的良师益友。

2. 广泛灵活的沟通协调能力

班主任的协调包括协调科任教师、沟通家长和学生。协调科任教师就是要主动与科任教师互通情况，研究问题，确定方向，讨论措施，制订计划；要经常诚恳地向科任教师征求意见，了解情况，发现问题及时解决；要热情地邀请科任教师参加班级活动，使师生增加感情，沟通思想，配合工作。沟通家长就是要和家长建立良好关系，保持密切联系，通过家长及时了解学生在家的表现和各方面的情况，并向家长反映学生在校的各种情况，以便共同做好教育工作。沟通学生就是通过了解学生的年龄特点和思想发展状况，理解他们的喜怒哀乐，从而进行平等真诚的交往。

(二)生动艺术的表达能力

美国著名学者雷·伯德惠斯特尔(Ray Birdwhistell)曾提出这样的公式：交际双方的相互理解＝语调(占 38%)＋表情(占 55%)＋有声语言(占 7%)。

[①] 董杰锋. 教师语言艺术. 沈阳：辽宁大学出版社，1987.

1. 口头语言表达能力

班主任的口头语言表达能力要求除了准确、规范、流畅外，还应当具有说服力、感染力、鼓舞力，能使学生入耳、入脑，能打动学生的心灵。

👉 **小贴士**

试试你言语的情绪表现力有多强

分别以"怀着胜利的喜悦""干巴巴地确认""温和""不经心""不太快活"等情绪说下面两句话。

(1) 我们班在比赛中获得第二名。
(2) 你们的作业完成得很好。

2. 书面语言表达能力

班主任的书面表达能力通常反映在撰写学生的操行评语上。

🔑 **课堂讨论**

请比较分析以下两则操行评语。

"你课堂作业总能第一个完成；每次回答问题，你总是积极举手；尽管你作业有时会出现小差错，答题可能不够完整，老师仍然欣赏你的机敏和勇敢。最让我满意的是，只要谁需要帮助，你准会伸出友谊之手。不过，我对你有一份特别的期盼：当你因为一点点小事与别人发生冲突时，你要放下紧握的拳头，换之谦让的一笑，好吗？我相信你不会让我失望的。"

"该生从不严格要求自己，上课不遵守纪律，课后打骂同学，作业不认真，学习成绩不好。体育方面有短跑特长，却让本班同学替跑。不尊重班主任，目无班级组织，喜欢自己组织活动与其他班级比赛等。望家长严加管教。"

(1) 这两种类型的评语有什么区别？
(2) 请根据上述评语中介绍的情况重新拟订一份该学生的操行评语。

3. 体态语言表达能力

要利用眼神、表情、手势等肢体动作增加语言的说服力和感染力。

👉 **小贴士**

标志性体态语和情感性体态语

标志性体态语：①翘拇指，攥拢拳头，拳面向外，拇指向上挺起；②食指与嘴唇垂直并靠近嘴唇接触；③点头；④摇头；⑤侧首。

情感性体态语：①环视；②注视(亲密注视和严肃注视)；③表兴趣、满意、疑惑、亲切的面部语；④表愤怒、蔑视、害羞表情的面部语。

(三)缜密有方的组织管理能力

在班级管理上，安排各项工作要统筹兼顾、考虑周密，使各项工作井井有条。要善于把学校教育要求与本班的实际结合起来，制定明确具体、切实可行的管理目标。要善于培养学生自主、自治、自理的能力和精神，发挥班级主人翁的作用。

(四)机智灵敏的应变能力

应变能力是班主任应当具备的一种教育能力，具体是指班主任善于因势利导，随机应变处理各种意料之外问题的能力。要求班主任在教育方法的选择上，必须准确、及时、适度，根据具体情况灵活运用，因材、因时、因人施教。

(五)分析研究能力

分析研究能力包括深入到学生中间对班级的真实现状和班级成员间相互关系的第一手资料进行有效分析的调查研究能力，和将管理经验上升到一定高度的理论研究能力。

(六)终身学习的能力

专业知识更新周期日益加速，需要不断更新自己的知识、能力、观念，以适应时代的需求。网络教育资源更加丰富，教师应成为学生网络资源学习的引导者、辅导者、促进者与合作者。

四、班主任的专业发展

班主任与班级管理质量和效果息息相关，班主任工作既不是一蹴而就的，也不是一劳永逸的，它是一项专业性的工作。要胜任班主任工作，需要不断地学习和发展，需要逐渐地走向专业化，只有这样，才能体验、享受到班主任劳动的快乐和幸福，才能真正体验到人生的意义。现在中小学出现了班主任危机，表现在班主任的教育理念、队伍结构、教育方式、心理状态四个方面。在教育理念上，把班主任看作教书的"副业"，既不看重这项工作，也不注重业务水平的提高，"兼一兼""代一代""熬一熬""帮一帮"的情况相当普遍。在队伍结构上，许多老年班主任班级管理方法陈旧、保守；新任班主任多数实际经验不足，方法比较激进，往往表现出粗暴、缺乏耐心等一些不利于学生成长的方式方法。在教育方式上，多采取居高临下的权威型教育、简单粗暴的体罚型教育、随心所欲的主观型教育、千篇一律的切菜式教育。在心理状态上，班主任中有人际关系敏感、强迫、抑郁、焦虑等心理问题的人占相当一部分。亚健康、前临床状态、疾病状态也不在少数。这些都能影响到班主任工作的热情和效果，甚至出现一些负面效应。因此，班主任要重视自身的专业发展，走出现在的危机。班主任的专业发展是指以教师专业化标准为基础，逐步掌握德育与班主任工作的理论知识，经过长期培养训练形成班级德育和班集体建设与管理的能力和技巧，提高自身的学术地位和社会地位，全面有效地履行班主任职责。班主任的专业发展是一种自我构建，脱离不了班主任的具体环境与经验，脱离不了班主任的工作性反思。班主任的专业发展可以从制定自我发展规划、参加专业理论学习活动、参与专业合作交流、进行教育实践反思、从事班级课题研究等五个方面做起。

拓展阅读

班主任的"五镜意识"

望远镜意识，着眼于学生的发展，展望学生的未来，规划好学生的明天。
放大镜意识，善于观察发现学生的优点、长处、进步、变化。
显微镜意识，认真观察、仔细工作，防患于未然。
三棱镜意识，认真钻研、不断学习、精雕细刻、点点滴滴做好学生工作。
平面镜意识，客观公正、求真务实、面向全体。

(一)制定自我发展规划

制定自我发展规划，不仅是对班主任自身发展的引领督促，也是班主任专业化可持续发展的必要手段。好的发展规划，能准确地反映出班主任的人生发展思路、期望和努力方向，也能反映出班主任在教育教学和科研等方面的成长轨迹。如果每一位班主任都能留下这些成长"轨迹"，那将是班主任专业化发展中不可多得的财富。

自我发展规划是班主任专业发展的各个方面和各个阶段进行的设想和规划。其具体包括：对职业目标与预期成就的设想、对各专业素养的具体目标的设计、对成长阶段的设计，以及所采取的措施等。事实证明，在专业发展上有所建树的班主任无不有着自己的成长规划。这些发展规划不但可以促使自己认真分析自我，促进反思，而且可以使自己有专业发展的紧迫感，还能促使自己不断地寻找自己在班主任群体中的位置，不断激励自己。更重要的是，规划对班主任的发展起到了具体的指导和监控作用。读什么书，参加什么样的活动，做什么研究，规划中都有设计，从而减少了行动的盲目性和随意性。

(二)参加专业理论学习活动

"班级管理是一项完善人的内心世界、规范人的外在行为、培养创新人才的系统工程，尤其需要科学的、先进的教育思想的指导。""学习知识的过程永无止境，并可通过各种经历得到进一步的充实。从这个意义上说，随着工作性质和内容一成不变的情况日益减少，学习过程与工作经历的结合就越来越紧密。如果最初的教育提供了终身继续工作之中和之外学习的动力和基础，那么就可以认为这种教育是成功的。"[1]班主任的学习主要包括向书本学习、向实践学习、向同行学习三个方面：[2]班主任要多读名家大师有关班主任工作的理论书籍，向身边优秀的班主任学习并将班主任工作最终落实到实践中去，在实践中提高。

---

[1] 联合国教科文组织. 教育——财富蕴藏其中. 北京：教育科学出版社，1999.
[2] 袁进成. 班主任工作——职业、事业、专业的集合体. 班主任之友，2006(6).

(三)参与专业合作交流

班主任管理班级的整个过程具有合作性。班级管理的游离是班级改进的敌人。班级发展需要班主任集体努力,如果一个班主任"单打独斗",游离于集体之外,无论如何都不能达到"优秀班级"的境界。班主任是一个"学习共同体",这种隐喻强调班主任需要在合作中成长。班主任共同体实质上分为两种:"合作的共同体"和"自由的共同体"。在班主任的"合作共同体"中,班主任深信他们需要铸造共同的班级观;在班主任的"自由共同体"中,班主任期望通过自己的意志构建个性化的班级。

班主任的交流合作,是促进班主任专业化建设的基本条件。比如班主任合作研讨"怎样上好一节主题班会课",其程序是:①由一位班主任根据班级和学生的实际情况拟出提纲;②本年级或全校班主任参加集体备课;③班主任集体听主题班会课;④由开课班主任说课,其他班主任集体评课。这样,班主任们参与到班会课的各个环节中去,畅所欲言,激发了学习的活力。

(四)进行教育实践反思

教师专业成长的简要公式可以表示为:"经验+反思=成长",班主任专业发展也是需要个体在实践反思中提升的。班主任要学会理性反思,对自己和学生的思想行为特点进行分析和总结,掌握其中带有普遍性、规律性的东西,不断提高自己的专业能力。

(1) 班级管理叙事。班主任可以将班级管理中发生的某些学生的生活事件叙述出来,使之成为一份有教育意义的"班级管理叙事"。如果班主任针对某个教育事件做一些追踪研究,那么,这种"班级管理叙事"会显得更有价值。[1]通过讲述个人的故事和集体的故事,班主任会进一步明确班级管理信条和管理实践的联系,从而将叙事作为更新班主任专业实践的媒介。

(2) 教育札记。写"教育札记"不仅可以培养班主任的反思习惯,而且可以帮助班主任积累经验,并提升为理论。如果学校在班主任自己写札记的基础上,组织班主任进行"教育札记"教育与分享活动,效果会更好,因为一位班主任的教育心得可以促进其他班主任的进步。

(3) 教育档案袋。班主任可以建立属于自己的"教育档案袋",其中包括班主任个人优秀教育活动计划、小结和札记、课题研究的论文、教育案例等,也包括学生的照片、家长的信件等。班主任要重视"教育档案袋"的作用,要经常有目的地研究档案袋里存放的档案,在总结过去教育的成绩与失败的过程中提高认识、转变观念,让它成为提升自我发展的工具。

(五)从事班级课题研究

当前,教育科研越来越受到广大教育工作者尤其是班主任的重视,他们迫切希望通过科研来给自己"充电",从而提高班级管理的能力。可以说,班级是实验室,班主任是研

---

[1] 刘良华. 教学叙事重建教师思维. 中国教育报,2003(3).

究者。从事班级课题研究是班主任专业成长的重要途径和方式。因此，班主任都应该从事课题研究，把一件件具体、典型的工作上升到理论的高度，反过来再指导实践。这样摆脱忙忙碌碌的低层次劳动，经验、能力和水平就会得到较快提高。班主任课题研究的步骤，包括确定科研课题、收集课题的资料、制订课题研究计划、进行课题研究活动等几个环节。

本 章 小 结

本章简单地介绍了班级管理过程的两个主体：学生和班主任。做好班级管理工作，首先要正确认识学生，包括认识学生在班级管理过程中的地位、本质属性、身心发展特点。其次要正确认识班主任自身的角色，包括班主任的作用、职责、要求的能力素养以及专业化持续发展的途径。通过本章的学习，力争为未来的教师能够游刃有余于未来的班级管理工作奠定初步的基础。

【推荐阅读】

[1] 班华. 今天，我们怎样做班主任(中学卷). 上海：华东师范大学出版社，2006.

[2] 张万祥. 给年轻班主任的建议. 上海：华东师范大学出版社，2006.

[3] 张万祥，万玮. 教师专业成长的途径——30位优秀教师的案例. 上海：华东师范大学出版社，2006.

[4] 郑杰. 给教师的一百条新建议. 上海：华东师范大学出版社，2005.

思考与练习

一、名词解释

班主任　班主任的专业发展　自我发展规划

二、简答题

1. 班级管理中学生的地位如何？
2. 班级管理中学生的本质属性是什么？
3. 班主任的作用体现在哪些方面？
4. 班主任的能力素质要求有哪些？

三、案例分析

阅读下面的案例并思考问题。①

2002年春，我接初二(7)班，当时班级风气较差。我接手后，决定采取刚柔相济的管理

---

① 周丽芳. 如何做一个刚柔相济的班主任. http://www.edu.cn/20060224/3174971.shtml.

策略。第一，没有在第一次班会课上就训话，不轻举妄动，而是决定先柔后刚。我先深入到学生中间，了解他们的学习和生活现状，寻找问题的症结，倾听他们对班级管理的意见，争取大多数学生的支持，不刚愎自用。情况摸清后，我在班会课上制订了《班级管理条例》，实行德育百分考核，对迟到、抄作业、打架等不同违纪行为进行了严格记载、考核、扣分，并在班级公布，向家长通报，班级风气明显好转。第二，学生反映，女班长常常在自习课上带头讲话，课间吵闹。撤换班主任的第一助手刻不容缓，我迅速在班会课上宣布这一决定。在宣布这一决定时，我看到她情绪低落，后悔自己操之过急，决定刚后用柔。当天放学后，我和她谈了很久，告诉她作为班主任，我这样做是迫不得已，是为班级包括她在内的全体同学着想，争取得到她的理解。我和她推着自行车边走边谈，一直把她送到家。从此，她改掉了这些小毛病，专心学习，学习成绩有了很大提高。第三，我始终关注着学生何某，他脾气急躁，言辞生硬，常仗着块头大与同学打架，与老师顶牛，被学校处分过。数学老师反映，他在数学课上看《体育画报》。我得知后没有马上找他，而是让他的同班好友吕某转告他，看《体育画报》的事我知道了。何某摸不清我的真实想法，反而惶惑了。初二年级组织班级间的篮球赛，我意识到感化他的机会来了。赛前我找到何某研究如何排兵布阵，何某很是感动。在赛场上他奋力拼搏，为班级取得了第二名的好成绩，他的手背也被对方运动员不慎抓破出血。我在班会课上说："班级的荣誉是何某等同学用鲜血拼来的，我们大家要珍惜。"从此，何某回心转意，从"反叛者"变成"主人翁"，我以柔克刚取得了成功。经过一学期的努力，初二(7)班被评为校级优秀班集体。后来，班级团支部又被评为市级团支部。

问题：

1. 结合案例，谈一谈班主任在班级管理中应充当什么角色。
2. 如何认识班级管理过程中学生的地位？
3. 班主任的作用体现在哪些方面？你是如何认识的？
4. 做一名合格的班主任在能力素养方面有什么要求？

【实践课堂】

针对班主任能力素质的某个方面要求(如社交能力)，在班级课堂上进行模拟练习。

如果一个集体没有目标，那就找不到组织这一集体的方向。

——题记

第二章　班级管理目标与内容

本章学习大纲

➢ 班级管理的目标就是班集体管理主体通过一系列的管理活动，在一定时期内使班集体达到一种所期望的状态。
➢ 班级管理目标制定要依据社会性质、班级管理活动的规律、学校的教育目标。
➢ 制定班级管理目标通常由全面收集资料、提出目标方案、评估目标方案、择优选定四个环节构成。
➢ 班级管理包括组织建设、日常管理、活动管理和教育力量的管理等方面。

管理目标(management objectives)；运作方式(mode of operation)；集体(collective)；管理方法(management practices)

高一(3)班的笑脸①

去年，我接任了高一(3)班的班主任职务。由于各种原因，这个班已经换了两位班主任和两位任课老师，我是第三任班主任。由于这个班问题学生多，课堂纪律不好，任课老师反映强烈，后来经学校领导商量，分流出六位同学插到不同的班里，让有经验的班主任各托管一位。这样，总算把班级稳定了下来。我接任后，通过与任课老师的交流，与学生的接触和家访，发现这个班不仅学习成绩与同年级平行班差距大，而且后进生数量多；再加上我接任后，在外托管的三位同学又回来了，他们似乎有一种"我胡汉三又回来了"的感觉。虽然有备而来，但我感觉要带好这个班，压力还是很大。

---

① 杨建芬. 高一(3)班的笑脸. http://tieba.baidu.com，使用时略有改动.

第一天接任这个班,上课铃声响了。当我走进教室时,还有十几位同学没到。随着时间的延续,在陆续的"报告"声和不断的开门声中,五分钟后,人总算到齐了。开始上课了,当我扫视整个班级一遍后,发现男生女生的仪表仪容不符合中学生要求的有二十来个,其中有几位模仿快男超女的打扮。一节课下来,强调纪律有七八次,最多的一位提醒了三次。一星期下来,值周班送来了五张扣分通知单。第一个星期的值日劳动,我几乎和值日生一起完成。有几个班干部和团员自身行为表现还存在问题。同时我暗暗观察任课老师,每次上下课,任课教师脸上看不到一丝幸福感。但同时我也惊喜地发现,班里有十几个同学不仅学习好,行为表现突出,而且有几个男生工作能力强,威信高。

　　通过一星期的接触和冷静的分析,我发现班级存在的主要问题有三个。一是缺乏规范的养成,没有一个良好的行为习惯,如卫生习惯、听课习惯等,自由散漫严重,有些违规违纪行为已"习惯成自然"了,他们感觉不到。二是班级缺乏正确的舆论导向,正气不足,凝聚力不强,一些班干部、团员起不到"领头羊"的作用。三是学习目的性不够明确。同时我也认识到要带好这样的班级,必须从常规抓起,矫正部分同学的不良行为,用新的管理模式来吸引学生,把"挚爱"和"严教"组成一个统一体,既让学生体会到老师的"严"是"忽悠不过去的",又让学生感到老师对他们的爱是真爱,真心诚意地要他们好。因此,我认真制订了班级管理的计划和目标。首先,学规范,抓规范,从仪表仪容开始;其次,树立班级正气,培养班级"领头羊";最后,搭建平台,通过活动增强凝聚力,转化后进生。以循序渐进的方式达到"班风学风转好,学习成绩提高"的管理教学目标。通过对班级管理目标的有效制定与落实,发现学生在仪表仪容方面有了明显改观,基本符合现代中学生的穿着要求;在学习方面,有针对性地树立学习典型,以点带面使学生的学习成绩、学习态度都有所提高。努力没有白费,学生点点滴滴的改变印在每个人的心中,任课教师、学生和家长的脸上又出现了久违的幸福笑容。

　　这个案例为我们提供了一个班级管理的成功范例。班主任从实际情况出发,在短时间内分析出班级中存在的一系列问题,并根据学生的特点制定出行之有效的班级管理策略,从而提高了学生的自尊心、自信心,增强了班级的凝聚力,充分发挥了班级管理的有效性。同时,班级管理能够对学生行为形成规范,使学生在长期的潜移默化中对其行为产生一种自我约束,培养了学生的自我教育能力。比如,学规范、抓规范就是在客观上加强对学生行为的约束,使学生在各项活动中都能够以身作则。培养班级"领头羊",能够充分发挥学生的优势,使其认识自身的价值。通过班级活动增强学生的凝聚力,锻炼学生的表达能力和与人沟通的能力。

　　班级管理在新课程改革的背景下,被赋予了新的内容,它把学生的全面发展作为最终

目标，其独特性对于学生的创新能力的培养，促进学生在德、智、体、美诸方面全面和谐发展具有不可替代的作用。成功的班级管理应该因人而异、因时而异。

班级是学校进行教育、教学工作的基本单位，班级管理目标是班级管理工作的核心，是建设班集体的灵魂。班级管理效果的好坏受到目标的制约，如果目标清晰、具体、全面而合理，就有利于班级管理工作的顺利开展，就能更好地发挥班级的功能。

第一节　班级管理目标

班级管理目标既是班级管理的起点，又是班级管理的归宿；班级管理目标既具有激励作用，又是班级管理评价的重要标准。

一、班级管理目标的内涵和特点

(一)什么是班级管理目标

马克思曾指出：蜜蜂建造蜂房的本领尽管十分强，往往令人惊叹，但是蹩脚的建筑师都胜过蜜蜂的地方是，他在工程动工之前，头脑中就已有建筑物的周密蓝图了，劳动过程结束时的结果，在劳动过程开始时，就存在于劳动者的观念中了。他预先知道活动的目的，根据这个目的来决定活动的方式和方法，来改变自然物的形式，以实现自己的目的。他的意志还必须服从这个目的。[①]拥有或设计目的(或目标)是人类社会活动的基本属性。那么什么是目标呢？目标是某一行动所要达到的最终目的，是要争取达到的某种预想结果的标准或状态。目标既有个人目标，也有集体目标。

根据目标的定义，可以把班级管理目标定义为，班级管理主体(一般情况下是指班主任教师和学生自己)通过一系列的管理活动，在一定时期内使班集体达到一种所期望的状态。换言之，就是班级师生通过实施一系列的管理职能，希望把班级办成一定样子，沿着一定的轨道发展，最终达到一定的规格。

(二)班级管理目标的特点

班级管理目标具有指向性、社会性、层次性、可行性和集体性等特点。

所谓指向性，是指作为人们所追求的一种未来结果的目标，总是指向一定方向。它为组织或个人指明了奋斗的方向，展现出预想的前景。不体现一定方向的目标是不存在的。班级管理目标体现了班级建设的基本理念，是班级管理者通过管理活动所希望达到的一种未来的结果和状态。班级管理目标可以为班级组织成员的行动指明前进的方向。

---

① 蒋绍进，罗郁聪. 资本论选读讲座(上册). 北京：中国财经出版社，2001：135.

所谓社会性，是指班级是一个社会组织，它是整个社会系统的一个组成部分。学校的发展要受到社会政治、经济、文化等因素的制约。班级作为社会组织，它的管理目标要与社会性质、社会发展的总目标统一方向。根据《义务教育法》的规定，我国学校的管理目标必须体现我国的社会主义性质，要贯彻党和国家的教育方针、政策、法律法规，班级管理目标也是如此。

所谓层次性，是指班集体作为一个团队，其目标的实现需要多个层次目标的实现。班级管理目标是班级建设的方向和标准，是比较抽象、纲领性的目标。必须将目标分解为各个层次的子目标，才能实现总目标。

所谓可行性，是指班级管理的目标是班级学习和发展的方向，只有付诸实践才能有效果。因此，班级管理目标的制定必须结合班级的实际情况，符合班级管理的规律，具有可行性。班级管理目标必须是经过努力可以实现的，必须有具体的内容可操作，而不是一个口号性的纲领。

所谓集体性，是指班集体本身是由许多个体共同组成的，这就决定了班级管理的目标不仅要考虑班级自身的发展，同时更应该兼顾班集体中每个成员的发展和需要。

二、班级管理目标的类型

典型案例1

灵活制定管理目标[①]

新学期的脚步将我快速地带进学校的大门，开始了新的教学生活。不久，几位"战友"说我变懒了，学生在文章里也同时反映出类似的心声。

的确，本学期我的工作作风与上学期大不相同。上学期，我就像一个全职的保姆，把学生从早到晚都管得严严实实的，在我无微不至的"关怀"之下，我班取得了优异的成绩：学校各项评比第一；连续六次夺得学校流动红旗；学习成绩也始终处于全校同年级上游。但也导致了一个后果：由于我的全盘包揽，以学生为中心轴旋转，把自己搞得疲惫不堪；学生对我的依赖性很大；班干部在我的这种管理下无事可做，形同虚设……

历经整个假期的反思，我明白了一个道理：管理者必须要用有效的方法促使受管理者顺着有利方面前进，而不是一味包揽，特别是学校至关重要的班级管理尤为如此。

所以，我对本学期的管理方式、目标等方面都做了很大的调整，其工作要点主要从如下几方面进行转变。

(1) 制定"法律"转为在广泛征求学生意见的基础上，由班长执笔，其他班干部结合班级实际配合制定了班级规章制度，使学生从内心知道什么是该做的，什么是不该做的。

(2) 将每天安排值日变为在教室醒目处张贴了卫生值日表，并确立首位同学为组长，明确其职责。其目的在于真正培养学生的自主管理能力。

[①] 陈龙海. 灵活制定管理目标，http://images.cersp.com.

(3) 不再"走村串户"，而是定时召开班干部会议，明确了每个班干部的职责，并及时了解班级情况，促使班级形成老师、学生齐抓共管的和谐格局。

(4) 推倒老师专权，建立班级德育管理体系。每周实行一次自我反省、自我批评、对照整改的管理模式，对表现不好的班干部、同学要严肃地批评、教育，并把他们的表现及时记入班级德育管理手册里，限期改正。通过这些活动，使学生受到触动，调动了他们的主动性和积极性。

现在，我再也不用那么辛劳地整天围着学生转了，我的班级在短时期内快速转轨，随着文明和谐的前奏再次驶入高速发展的道路。所以我说："我变懒了，但我的学生变勤快了。"

案例分析：

制定班级管理目标是班级管理的第一步，它直接决定了班级管理的方向。只有根据班级的具体情况制定正确的目标，才能使班级管理效率得到提高。案例中提到的"我变懒了，但我的学生变勤快了"指的是班主任在学期之初对管理的定位是班级，他忽略了对学生个人能力的培养，带有应试教育的特点。当代社会对人才的需要，要求我们着重培养学生的独立自主与创新能力。

由于划分的标准不同，班级管理目标类型也会有所不同。以目标主次程度为标准可将其分为主要目标和次要目标；以预期时间长短为标准可将其分为长期目标与短期目标；以实际情况对目标的限制为标准可将其分为必达目标和争取目标；以目标性质为标准可将其分为任务目标和班级建设目标；以目标内容的抽象程度为标准可将其分为一般管理目标、具体管理目标和领导工作的目标；以目标主体指向为标准可将其分为组织系统目标和组织成员目标等。

主次要目标、长短期目标等类型较好理解，下面仅对另外两种划分方法的目标类型加以简要阐述。所谓必达目标和争取目标，顾名思义，就是必须要达到和争取达到的目标。它是指不同班级发展的目标往往具有共通性——发展成为班风良好、自主自治、和谐发展、各方面成绩优异的集体；但由于现实情况的限制，某些班集体只能根据自己班集体的具体情况制定该集体在某一阶段的必达目标。例如，某班级在春季学期中由于清洁卫生和自习纪律等问题未能获得过一次流动红旗的荣誉(流动红旗每周流动一次，每学期18周，红旗流动17次)。鉴于这样的情况，班主任在秋季学期开学之初制定了这样的目标：一学期中获得3~5次流动红旗。在这里，"一学期获得3次流动红旗"为必达目标，而"一学期获得5次(甚至以上)流动红旗"为争取目标。

在班级所需要达到的目标中，对于任务目标和班级建设目标，有一种具有很明显的指向性和时效性。例如，学校要举办秋季运动会，要求某班级负责运动会期间主席台的服务工作，这时，圆满完成运动会期间的主席台服务工作即成了该班级在运动会期间的任务目标。而班级建设目标则通常是指该班级为了改善班风、促进每个成员的发展而制定的目标。

组织系统目标是指全体班级成员共同奋斗的目标。组织成员目标是指班级个体具体的目标。班级管理目标要很好地协调二者的关系，使二者协调地发展，既要考虑到团体目标，又要照顾个人目标，只有这样，才能发挥目标的激励作用，促进管理目标的实现。

三、班级管理目标的制定

(一)班级管理目标制定的依据

由于班级是一个社会组织,班级管理目标的制定既要受到社会政治、经济、文化等因素的制约,又要受到班级组织自身发展规律的制约。具体来说,班级管理目标的制定要考虑到以下几个因素。

1. 教育需要

学校的教育目标是一所学校根据培养目标的要求,将教育目的转化为具体的育人标准。而培养目标是根据教育方针的要求,将教育目的转化为各级学校的受教育者质量和规格要求,而教育方针又是教育目的的具体的、阶段性的反映。

因此,在我国任何一所学校、任何一个班级的教育目标首先是社会主义教育的高度体现,班级管理目标的制定必须以此为基础,全面考虑社会主义的性质、特征和基本要求。

2. 班级管理活动的规律

学校是特殊的社会子系统,班级是这个特殊子系统的组成部分,因此,在某种程度上,也可以将班级看作一个社会子系统。一方面,班级内部的组织系统的规律性同社会整体组织系统的规律性具有高度的协同性,这样才能保证两种组织的同构特征;另一方面,社会之所以能够不断地演变和进步,正是由于各个子系统同社会大系统之间存在一定的不协同性。作为社会的一个异常重要、活泼的子系统——学校也具有以上特征。对于班级来说,无论其与社会的协同部分,还是不协同部分,它们首先应该是一个有机的整体,班级之所以能够避免分裂或解体,正是因为这些部分能够相安处之。在此前提下,班级的管理活动也具有不依赖于人的意志而转移的客观规律,这种客观规律制约着管理活动的开展。因此,一切管理活动都应该遵循管理规律的要求,管理目标的制定也是如此。无视班级管理规律的管理目标只能是无本之木,它的实施和运行由于缺乏强有力的保障,最终难免成为一纸空文。

3. 社会要求

班级是一个社会组织,班级管理目标要与社会发展的总体目标相统一。班级管理目标要体现我国的社会主义性质。班级制定管理目标,必须具体贯彻和体现党和国家的教育方针政策,才能起到为社会主义建设服务的作用,也才能保证班级管理目标的正确方向。

4. 班级的现实状态

目标虽指向未来,但要立足于现实基础之上。在制定管理目标时,必须分析班级现实的主客观条件。明确班级现存的优缺点,要对班级的人力、物力、财力、学生、教师等方面的情况进行分析,力求在现实的基础上制定一个符合实际的管理目标。

5. 学生的身心发展规律

中学生处于身心发展的重要阶段，蕴藏着极大的发展可能性和可塑性。在这一阶段，涉世未深的学生对外界表现出浓厚的兴趣和旺盛的求知欲，他们为了实现自我价值，往往需要通过个体的自身努力与外界客观现实的相互作用才得以实现。所以没有活动，没有个体与环境的相互作用，也就没有学生个体的发展。因而，在学生的发展过程中，既要了解学生发展的潜力，又须把握学生发展的需要，以促使学生在发展中走向成熟。因此，在制定班级管理目标时，有必要把学生身心发展规律放在重要的位置上。

拓展阅读

目标管理式的班级经营模式[①]

入学之初，同学们组成一个新的班级，彼此陌生、不了解，也不熟悉高中的学习生活，因而这一阶段主要是学生彼此了解、相互适应的阶段，也是老师了解学生的阶段，强调的是班级组织整体的建设。经过几个月的磨合，学生有了对高中学习生活的感性认识后，此时如何把形式上的班级建设成为具有凝聚力的班集体呢？首先就是确立班级的发展目标。制定基础的班级目标，打造合适的个人目标。

目标是前进的方向，是战斗的动力，它表现为班级的凝聚力和个体的自我调控力。马卡连柯说过："如果一个集体没有目标，那就找不到组织这一集体的方向。"班级目标从内容上分为学习目标、德育目标、常规目标、身心目标、素质目标等；从时间上分为短期目标、中期目标与长期目标；从对象上分为班级目标与学生个人目标。其中，尤其需要处理好班级目标与学生个体目标的关系。两者之间的关系大体有以下几种。

第一种如图 2-1 所示。外面的大箭头表示班级目标的发展方向，里面的小箭头代表班级内部学生的个体发展目标。可以清楚地看到某些个体的发展目标并不与班级发展方向一致，这样个体的努力就可能被整体削弱，达不到应有的效果，而班级发展也会相对比较缓慢。若班级中个体的发展目标强势发展，可能会严重地干扰班级目标的方向，如图 2-2 所示。图 2-2 清晰地表明已看不到班级这一组织整体的发展方向了，班级表现为一盘散沙。

因此，被普遍接受的就是如图 2-3 所示的关系。在图 2-3 中，班级目标与个体目标的发展方向是一致的。但是仔细分析一下图 2-3 就会发现其中存在两个关键性问题：一是忽略了个体的差异性，严重的可能会抹杀学生的个性；二是因为不同的个体、不同的禀赋、不同的发展要求被禁锢在同一条发展的道路上，从而人为地制定统一的标准，导致班主任工作的标准化与简单化，违背了因材施教的原则。基于对以上三种关系的认识，我在班上提出了同心圆式目标体系，如图 2-4 所示。在这个目标体系中，班级目标是个人目标的基础，个人目标是班级目标的具体化。班级目标是班级成员的共同努力方向，作为班级的个体应该根据自身的实际情况，结合班级目标打造出自己的个人目标；个人目标不能低于班级目标，但允许不同的个体以班级目标为中心形成半径长短不一的不同个体目标，从而形成目标的同心圆系。班级个体在实现班级目标的基础上应当进一步为个人目标而努力奋斗。

---

① 齐学红. 今天，我们怎样做班主任. 上海：华东师范大学出版社，2006.

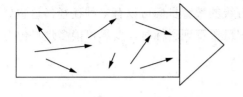
图2-1 班级目标与个体目标(一)

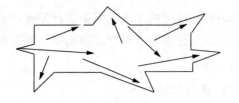
图2-2 班级目标与个体目标(二)

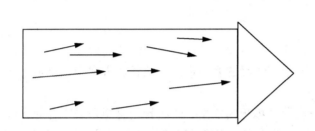
图2-3 班级目标与个体目标(三)

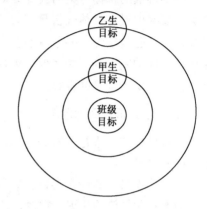
图2-4 班级目标与个体目标(四)

(二)班级管理目标制定程序

制定班级的管理目标，是班级管理的起点。制定出明确、正确、具体的管理目标，是班级有效管理的先决条件。目标一经制定，一切计划、措施、行动就有了依据，因此制定班有管理目标，对于班级管理是个重要的环节。具体来说，制定班级管理目标的程序包括以下几个环节。

1. 全面收集资料，掌握内外信息

班级管理目标的制定，必须以班级的客观现实为基础，才能制定出合理的目标。如何认识班级的现实状况呢？这就要靠收集资料。管理目标的制定，必须对班级的外部环境有一个充分的认识，要收集国家的教育方针、政策，掌握国家对教育发展的要求。还要收集班级所处地区的社会状况，掌握社会、家庭、家长对班级发展的要求与学生的需求。另外，要分析班级内部的现实条件，如人力、物力、财力、师资等条件状况，了解班级成员的需要、对班级发展的期望等方面的信息。资料的收集，是制定管理目标的前提，这一步工作没做好，就很难制定出合理的、符合客观现实的管理目标，必然会影响到后面班级管理工作的开展。

2. 提出目标方案

收集信息资料之后要做的就是将信息资料进行归类分析，进而提出管理目标的方案。目标方案的制定要明确，首先，明确要达到的目标；其次，要说明达到目标的限制性条件，存在着哪些有利条件、哪些不利条件，以及达到目标所需要的人力、物力、财力资源；再次，要说明实现目标方案的途径、策略和步骤，这是目标方案最为关键的内容；最后，要

对影响目标实现的不确定因素进行预计。实现班级的教育目标可以有多种途径，这也就意味着可以通过多种管理方式来实现，所以在制定班级管理目标时，要尽可能多地提出多个目标方案。

3. 评估目标方案

确定备选的目标方案后就需要对提出的目标方案进行分析和评估了。要从班级内外部的实际情况出发，具体分析目标方案是否具有科学性，并对其科学性程度进行测定说明，目标方案具有科学性，并不说明就一定具有可行性，还要对目标方案的可行性进行分析和评估。目标的制定既不能太低，太低了没有意义；也不能太高，太高了实现不了。切实可行的目标方案才是最重要的。

4. 比较分析，择优选定

在对目标方案进行分析和评估后，要根据班级的客观情况，从备选方案中选择最优化的目标方案。

班级管理目标的设定要以正确的班级管理思想为依据。班级管理思想是班主任对班级管理的本质和价值的认识，它决定班级管理的方向。正确的班级管理思想是"以学生为本"的思想，以学生为本就是以学生的发展为本。制定班级管理目标就是要体现特定班级的学生的发展需求。同时，班级管理目标的设定还要以班级实际情况为依据，即以学生的身心发展为依据，以特定班级的学生的特定发展情况为依据(特定指家庭、社区、班级特定的环境)。

(三)制定班级管理目标的原则

(1) 把促进学生全面发展放在首位。

班级管理目标是班级成员共同努力的方向，具有统一认识和行动的作用。正确制定班级管理目标能使学生沿着正确的方向前进。因此，制定班级管理目标时要注意从过去单一的智育目标向形成促进学生全面发展目标转变。只有这样，才能有效地促进学生德、智、体、美、劳全面发展。

(2) 班级管理目标难易适度。

班级目标是前进的动力，实现目标的关键在于班级全体成员的奋发进取，这就要求提出的目标具有适宜性，让学生跳一跳就能够得到，让他们通过自身的不懈努力就能达到。班级目标只有适合学生的需要、兴趣和愿望，才有广泛的群众基础，才有实现的可能性；否则班级目标就难以被学生认同，就不能调动学生实现目标的主观能动性和积极性。同时，适宜的目标也会产生激励性，激发学生们的责任心、集体荣誉感，鼓励他们为达到预定目标而努力克服困难，使班级始终朝气蓬勃，不断前进。

(3) 制定班级管理目标过程的全员参与性。

班级目标最初阶段在一定程度上表现为外在目标，即虽然目标明确，但还未成为学生的内在要求。只有将这种目标转化为学生的内在要求和前进的动力时，才能对学生产生吸引力，可见共同的奋斗目标应经过全班的讨论，来自学生一致的愿望和需求。因此教师应发动全班学生参与讨论，尽可能多地引导全体学生自己提出并完善班级目标。

拓展阅读

如何突破目标激励的边际效应[①]

开学伊始，老师给表现优秀的学生发放小红花，学生兴高采烈。可是一个月、两个月后，表现优秀的学生得到了二三十朵小红花，就会越来越觉得无所谓了。为什么呢？他对小红花产生了适应反应，他期待到老师的后援强化物，得到更进一步的刺激鼓励。比如，新学期一进教室，孩子新奇地发现雪白的墙壁上贴着一棵漂亮的苹果树和一大片绿草地。孩子问这是干什么的？老师告诉他："看见苹果树了吗？当你表现好的时候老师就让你开一朵苹果花，写上你的名字贴在树上。当你开了五朵苹果花时，就结一个大苹果。"孩子还想知道得了五个大苹果后会怎样呢？"那我们就一起去参观一个有趣的地方！"孩子得了五朵苹果花想五个大苹果，得了五个大苹果还想着那次有趣的参观，天天充满了干劲儿。期末来了，教师带领学生把参观图片整理、标注，在全校为本班开辟一个"童眼看世界"展览专栏。每次从专栏下走过，孩子总把胸脯挺得高高的，心中充满自豪感，并迫切地期待一个新学期的到来。

不断地给孩子设计他可以通过努力达到的小步子，不断地给孩子新异的有效刺激。摸准了孩子的心理，采取的教育方法才能真正打动孩子，这才是心理教育的根基。班级管理中蕴藏着无数教育契机，以科学的思想武装我们的头脑，以科学的方法推进我们的工作，必将使之形成一种塑造具有"健康人格"的人的优美的科学系统。

课堂讨论

根据目标的不同类型，试按照班级管理目标设定的程序，为你自己所在的班级制定三到四个班级管理目标。

第二节 班级管理的内容

班级管理是一个复杂的系统工作。为了实现一定的班级管理目标，需要班集体的每个成员齐心协力、全力以赴地为班级发展作出贡献。班级的发展通常可以从班级组织建设、日常活动、规章制度建设、班级教育力量、文化、突发事件等多个方面来实现。这也就决定了班级管理的主要内容包括多个方面。现选择如班级的组织建设、班级的日常管理、班级的活动管理和班级教育力量的管理等几个班级管理中常见的内容在此作简单的介绍，后续的几章将展开详细的论述。

[①] 李莹、殷文剑. 在班级管理中培养"健康人格". 人民教育，2000年第10期；小标题是编者后加的.

一、班级的组织建设

📝 典型案例 2

良好的班级组织建设[①]

开学一个月了，我这班主任也当了一个月了。在这一个月里，我体验了许多的工作，也收获了许多经验，它为我今后的班级管理工作奠定了基础。在这里，我对这个月的工作做一个总结。

开学之初，由于刚接手新班，对班级状况、学生情况都不是十分了解。因此，我先确立好班委成员，重新选出班干部。在班会上，我让学生通过民主选举的方式选出自己心目中最信任的同学。新班委成员包括班长、团委书记、军体委员、卫生委员。这些人员分工明确，要求尽职尽责地干好班级工作，相互支持，通力合作，协助老师管理好班级。经过一个月的运行，他们工作努力，相互协调，班级管理得井井有条。

其次，进一步完善班级各项规章制度。对于班级的常规方面，主要在纪律、卫生上加强了管理。要求学生严格按照《中学生日常行为规范》和《中学生一日常规》的要求做，发现违纪同学，严厉处罚。卫生方面主要是明确分工，把班级的每块卫生区具体分到个人，卫生委员每天监督完成情况，我随时抽查。对于偷懒、不认真打扫卫生的同学罚加倍干活。这样使班级的卫生工作做得非常好，在学校组织的检查中取得较好的成绩。

由于全班同学的共同努力，在学校开展的一系列活动中我班均取得了优异的成绩。

案例分析：

一个好的班级，单靠班主任一个人的管理是远远不够的，它需要良好的班级管理机制，而机制的各个部分都要相互协调，充分发挥应有的职能。同时，对学生的管理应避免盲目性、专制性，而应更多地注重民主化，做到因材施教。正如魏书生曾经说过："普通学生能做的事情，班干部不做；班干部能做的事情，老师不做……"只有三者相互关心、相互帮助、相互监督，才能促进班集体整体效率的提高，使班级管理发挥最大功效。

班级组织建设的发展过程分为组织的初建阶段、组织的发展阶段和组织的高级阶段(集体阶段)。例如在一个班级刚刚建立之时，需要建立一定的组织，这种组织通常包括班级的小组编排、人数、管理机构组织等。

班级的组织建设涉及班级组织机构的建立。班级组织机构分为班委会制度、值周班长制、建立各种类型的小组、班级学生会议制度。少先队组织机构分为中队和中队委员会(中队长、副中队长、中队组委、宣委、学委、文体委和劳委)。小队由5~13人组成，设正副小队长。中队由两个以上小队组成。

班级组织建设包括建立班级组织规范体系，具体包括班级组织制度、行为规范、集体

[①] 于筱. 班级管理案例. http://www.weihaiedu.cn/xuexiaojiaoyu/ShowArticle.asp?Article ID=31781，2009-05-17.

舆论与班风。班集体是班主任、班级任课教师和全班学生按照一定的教育目的和任务，按照一定的教育计划和要求，齐心一致，共同努力建设才逐步形成的。班集体的发展必须有一个坚强的领导核心，以形成自觉守纪，有公正舆论，团结友爱、勤奋好学，能以集体主义价值为方向，为班集体整体目标的实现而共同活动的集合体。班集体是班级群体发展到高级阶段的表现形式。

二、班级的日常管理

班级日常管理涉及的内容多、范围广，可以说学生在校的所有表现及与学生身份相关的校外行为表现都在管理的视野内。班级常规管理要以《学生守则》和《日常行为规范》为依据，结合班级学生的实际情况予以实施。通常，班级日常管理的内容包括思想管理、纪律管理、学习常规管理。

思想管理中的思想是人在实践中形成的观念、想法，它支配人的行为和感情。中学时期是学生形成人生观、价值观的关键时期，因此，对他们的基本思想进行引导、教育和规范是常规管理的内容。爱祖国是公民的基本思想道德要求，也是学生应有的思想道德品质。管理中要求学生树立民族自尊心、自豪感和为振兴中华而学习的理想。具体表现在行为上，就是要尊敬国旗，会唱国歌。每周认真参加升旗仪式，在升旗仪式上，着装整洁、肃穆，全神贯注地唱国歌，行注目礼。爱科学是正确人生观、世界观的基本特征，也是中学生在成长中需要形成的基本品德。在班级生活中，要求学生积极地学习科学知识，讲科学，追求科学，不讲迷信，反对迷信，远离邪教。

纪律管理是班级常规管理工作中最重要的内容。纪律是集体中协调成员行为、使其步调一致、实现共同目标的行为规范系统。纪律能起到统一行动、统一意志的作用。它是集体有序生活、高效率工作学习、有战斗力的保障。正所谓"没有规矩，不成方圆""步调一致才能胜利"。除此之外，纪律还是一个班级班风的具体而集中的反映。一个班级纪律严整，说明在老师的指导下，学生学习努力，团结友爱，积极上进；相反，如果一个班级的纪律松弛，那么，学生的学习、锻炼、班级卫生可能都很懈怠。班主任通过纪律管理，除了为班级营造一个井然有序的学习、工作的人文环境外，重要的是要培养学生遵规守纪、文明自律的品德素养。实施班级纪律管理指向的内容很多，具体包括到校出勤的纪律、课堂学习与自习的纪律、课间两操及休息的纪律、晨会以及一周一次的升旗仪式纪律。班级纪律管理是动态的，任何班级纪律训练不可能一蹴而就，也不可能一劳永逸。班主任既要在一段时间内集中抓纪律教育训练，使班级纪律走上正轨；又要注意日常对纪律的规范和维护，使班级保持有序的纪律状态，使学生养成自觉遵守纪律的习惯。

学习常规管理也属于班级日常管理的重要部分之一。学习的意义是十分重大的，它是学生来到学校承担的主要任务，是学生在校从事的最经常、最大量的活动。更为重要的，它是学生成长为具有高素质的社会一员的主要训练途径。学生通过学习前人留下的知识和改造客观世界的经验，逐渐形成自己对世界的一般认识和把握。与此同时，个体经验也在学习中不断地积累和改造，结合所学的知识形成自己的富有个性的世界观、人生观、价值观。"学会学习"是学生的重大任务,而学校组织的学习是有目的、有计划、有系统进行的,学生在校以学习间接经验即书本知识为主,并且迄今仍以课堂学习的形式为主。这种高效的学习促进学生快速成长、全面发展。当然,这种学习也是艰苦的,它是一种社会责任,因此,学习需要承担责任,付出努力,甚至要牺牲一些个人短时间的快乐。无疑,把班级学生的学习活动管理好是班主任肩负的主要的、重大的任务,并且对学生学习的管理应是多层次、多维度的。针对学习的社会责任性而言,有对学习态度的引导;针对学习是个掌握的过程而言,有对学习过程的环节的管理;针对学习是一种高智力的活动而言,有对学习方法的指导。

学习常规管理包括学习态度的管理及教育和学习活动的常规管理。态度是个体在对某件事物产生认识和情感的基础上形成的倾向性特征,它是个体人格的重要特征之一。由于学习是学生的主要任务,因此,具有端正的学习态度就是作为学生这个角色的关键品质。学生有了端正的学习态度,不仅热爱学习,会勤奋地学习,努力获得好的学习成绩,而且能潜移锻炼学生形成其他的良好品德,如形成对工作认真负责、专注投入的良好社会性品质。对学生学习态度的管理,既要动之以情、晓之以理,示以榜样,让他们了解学习的意义和乐趣,由内向外地形成正确的态度;又要提出要求,进行学习纪律上必要的约束,如上课专心听讲,不搞小动作,按时高质量地完成作业,不敷衍塞责,如此由外向内地强化训练,形成正确的态度。学习活动常规管理可分为课堂学习常规、课外学习常规、考试常规的管理。

拓展阅读

各类管理

《中学生日常行为规范》要求:"上课前准备好学习用品,上、下课时,起立向教师致敬。下课时,请老师先行。上课专心听讲,勇于提出问题,敢于发表自己的见解,积极回答老师的提问。"这几条规范中包括三个方面的常规。第一,关于礼貌的常规。课堂上要表现对老师的尊敬以及对老师劳动的尊重。第二,关于学习的一般要求。如准备好学习用品,专心听讲,积极回答问题。第三,关于积极主动性和个性的激励。表现出"勇于""敢于""积极"……这是高层次的要求,要求学生在遵守课堂纪律的范围内,表现个性,学习创新,体现纪律的实质,体现纪律和创新的辩证统一关系。

《中学生日常行为规范》要求:课外要"认真复习、预习,按时独立完成作业。合理安排课余生活。""积极参加……社会实践活动。""不进营业性舞厅、营业性电子游戏厅、酒吧和音乐茶座等不适宜中学生活动的场所。"对课外学习,有三方面的要求。第一,延伸完成课内的学习。第二,进行丰富有益的课外活动和学习,锻炼、娱乐,参加社会实践,锻炼身体,增长智慧与经验,锻炼意志、情感、思想与道德,这是课堂内无法满足的极有价值的学习。第三,辨别、抵制不适宜中学生的社会生活,这需要提高中学生的辨别能力和抗拒诱惑的能力。

三、班级的活动管理

　　活动是个体生命和意志的能动性展现，班级活动则是班级活力的表现。中学生正处在人生的加速发展时期，除了面临生理上的第二生长高峰以外，其社会性也呈快速发展，因此，他们显得精力充沛、情感丰富、喜欢活动、乐于交往。可以说，活动是他们青春生命的需要，是他们生活的主旋律。但是，这个年龄阶段的人的知识储备不充足，对生活的理解还比较肤浅，社会阅历也不够丰富，他们考虑问题多从"自我"出发，比较片面简单、偏激，往往不善于交往，有时还会做出莽撞行为，所以，对学生的活动进行引导、规范是很有必要的。

　　活动是教育的重要形式，活动也是个体积累经验、自我教育的好形式。人的活动实际是哲学意义上的实践，是一种在认识改造客观世界的同时，也认识改造主观世界的外部行为。在人——活动——环境系统中，活动是联结人和环境的中介，人的正确思想认识、知识技能，严格地说都来自活动。陶行知先生认为："生活即教育""社会即学校"。其实质是揭示了生活、社会、活动的教育价值。有些中学生在科学文化知识的学习中，可能一时处于后进行列，平时在人们的眼里是"灰姑娘"，但在其他活动中，如文娱、体育、制作、劳作等，他们却能大显身手，成为众人瞩目的"明星"。所以，活动是展现人的才能、思想的最好契机。1993年国家教委在课程改革中首次将活动纳入课程计划中，成了与学科课程同等重要的活动课程。2000年中共中央办公厅、国务院办公厅颁发的《关于适应新形势进一步加强和改进中小学德育工作的意见》中，把加强活动作为一项重要的德育改革，要求根据青少年学生身心发展规律，积极开展有益于青少年学生健康成长的校园文化活动、校外活动、社会实践活动等，强调要"结合各地、各校和班级的实际情况，大力开展和组织学生喜闻乐见并积极参与的各种有益活动"。在我国学校教育现代化的过程中，活动将越来越受到重视，因此，加强对学生活动的指导与管理，也是教育发展的需要。

　　班级活动管理要坚持两条原则。一是避害，即有益性原则。学生中，无论进行什么活动和交往，一定"要有益于青少年身心健康成长"，对那些危害学生身体和心理的活动与交往要坚决制止。二是多样性原则。学校组织的活动从内容到形式要丰富多彩，富于变化，以适应和满足青少年追求新鲜、多样、变化的心理要求。组织的活动既可以是一个主题多种形式，也可以是多个主题多种形式。要精心组织校园文化活动，如有科技的、体育的、文艺的、文学的展示、表演、比赛活动；有爱国主义教育的、告别14岁走近共青团的、少年军校、学雷锋等的德育活动等。多姿多彩的校园生活，使学校富有吸引力，使学生热爱学校、向往学校。要认真组织好学生的校外活动，如夏令营活动、社区服务活动、生产实习活动、公益劳动、社会调查、勤工俭学活动等。在组织校外活动的过程中，要真正从锻炼、教育学生出发，抓落实，抓实效，不搞形式主义。

四、班级教育力量的管理

班级的主要管理者是班主任，但是，一个班级管理得如何，班主任不是唯一的决定因素，学校领导、各科任教师、班干部、全班同学乃至学生家长、社会力量都是影响班级管理的重要因素，班级管理应充分重视各个因素之间的关系，使之有机整合成教育合力，齐抓共管，这样才能抓好班级管理。班级教育力量的管理是指班主任对班级有影响的各种教育力量的协调。它包括协调学校教育力量、家庭教育力量和社会教育力量。

(一)学校教育力量

学校的每一个部门、每一名工作人员都对学生负有教育责任。科任教师承担着班级的教学任务，是班主任需要统合的最重要的教育力量。在工作实践中，班主任应该与科任教师加强沟通与协调，共同构建密切配合、相互促进的教育共同体。在教育共同体的构建中，班主任首先应经常与科任教师进行交流沟通，主动地向科任教师介绍本班学生的情况和存在的问题，及时向科任教师反映学生的意见和要求等。同时，科任教师也掌握着一些关于学生的信息，特别是学习情况，班主任应经常与科任教师进行交流，了解本班学生的学习情况，征求对班级教育教学的意见，探讨班级教育管理的策略与方法。其次，班主任要协助科任教师开展教育教学。如协助科任教师检查作业、监考测验、印发资料等，这样既可了解学生的学习情况，也能够与科任教师联络感情。最后，班主任要邀请科任教师参与班级管理。科任教师不仅承担教学任务，而且也担负着教育学生的责任，也是班级的管理者。在班级重要活动的策划、设计和组织实施中，如制订班级工作计划、进行班级干部改选、学生的综合评优等，班主任要主动征询和尊重科任教师的意见和建议，寻求科任教师的支持和配合，邀请科任教师一同参与到活动中来。

(二)家庭教育力量

美国心理学家哈里森(Harrison)说："帮助儿童的最佳途径是帮助父母。"班主任既是学生的教育者，又是沟通学校与家庭的桥梁。班主任对家长的教育思想、教育方法给予必要指导，能使家庭和学校的教育形成合力，使每一个学生都能健康成长。班主任与家长的联系渠道通常有家长会、家访、网上沟通、书面沟通、携手开展活动、家长访校日等。

家长会是班主任工作的重要窗口，召开家长会，意在与家长沟通交流，形成家校教育合力，更好地促进学生身心健康发展。家访让教师能够接触和了解学生的家庭成员及其相互影响的情况，在家庭的情境里观察到学生的一些气质以及性格方面的特征。教师还可以利用现代信息技术，通过电话、短信、互联网，建立起学校与家庭、老师与家长密切沟通的平台。有些话当面不好说的，借助于这些平台也许可以更冷静更有效地解决问题，从而更好地达到交流的目的。书面沟通不受时空限制，清晰，方便阅读，易保存，在家校沟通中发挥着独特的作用。与家长携手开展活动不仅能密切班主任与家长的关系、孩子和家长的关系，而且能充分发挥家长的长处，让学生受益匪浅，从而提高活动质量。家长访校日对班级凝聚力的形成、争取家长对班级工作的支持也是很有帮助的。

(三)社会教育力量

社会是个大课堂，是一本取之不尽、用之不竭的鲜活教材，它为我们的教育提供了生动丰富的内容，也为学生的学习提供了详尽、感性、富有人情味的环境。班主任应该引导学生参与社区活动，提供交往的机会，引导学生走出校门接触社会，扩大交往范围，通过参观、调查、访问，让学生体会到社会交往与社会发展的密切关系，增进与成年人情感和思想的交流，向成年人学习调解冲突和解决矛盾的知识，逐渐提高他们的社会交往技能。班主任应经常组织学生到德育基地、劳动基地、社会实践基地、工厂、军营、社区等进行社会实践，帮助学生了解社会、认识社会，在实践中提升适应社会的能力。

本 章 小 结

班级管理目标是班集体管理主体(一般情况下主要是指班主任教师和学生自己)通过一系列的管理活动，在一定时期内使班集体达到一种所期望的状态。班级管理目标是班级管理工作的核心，是建设班集体的灵魂。班级管理效果的好坏受到目标的制约，班级管理目标的制定要考虑到社会性质、班级管理活动的规律、学校的教育目标、班级的现实状态。班级管理目标制定程序分为全面收集资料，掌握内外信息；提出目标方案；评估目标方案；比较分析，择优选定四个环节。班级管理的主要内容包括班级的组织建设、班级的日常管理、班级的活动管理和班级教育力量的管理四个方面的内容。

【推荐阅读】

[1] 郭毅. 班级管理学. 北京：人民教育出版社，2002.

[2] 曹长德. 当代班级管理引论. 合肥：中国科学技术大学出版社，2005.

[3] 齐学红. 今天，我们怎样做班主任——优秀班主任成长之路. 上海：华东师范大学出版社，2006.

[4] 杜萍. 课堂管理的策略. 北京：教育科学出版社，2005.

思考与练习

一、名词解释

班级管理目标　　班级管理内容

二、简答题

1. 简要论述班级管理目标制定需要考虑的因素。
2. 班级管理目标制定的程序有哪些？

三、案例分析

阅读下面的案例,并思考问题。

小亮,男,是八(7)班的学生。他小学的成绩还可以,处于班级的中等,自从上了初中以后,常常因为考试成绩不理想而遭到家长的责骂。由于在校寄宿,家长又都外出打工,由爷爷照看,生活费由父母汇在小亮的个人账户里,所以他放假在家的监护基本上是真空状态,小亮开始经常去街上打老虎机,开始染上了赌博的恶习,在一年多的时间里一共输了近两千元。八年级这半年更是到了走火入魔的地步。还曾经一次装病请假回家打老虎机。经常在上课的时候无精打采,上课时总会想起打老虎机赌博的事。总是把生活费留着放假回家打老虎机。在校 6 天时间,通常是周五早餐和中餐不吃,等放假回家吃。平均每天用于吃饭的生活费不足 5 元,由于长期营养不良,加上思想开小差,小亮在班上开始出现了一些反常的举动,引起了我的注意。我找他谈话,好几次都没有收获,与家长多次联系也是没有收获,只好找同学暗中调查,才获悉小亮染上了打老虎机的赌瘾。

问题:
1. 对于文中小亮学习成绩的转变你有何想法?
2. 你认为采取哪些措施改变现状,可使小亮明确学习动机?

【实践课堂】

请你根据下面的情境设计一个班级管理方案,内容和方法自定。

初为班主任,对学生平等真诚、对工作尽心尽责,制定安排好值日名单,我会在比较早的时间到达学校,指导、监督学生。但我渐渐地发现,凡事做到事必躬亲,真的很累。当你未亲临现场时,总会有一些不如愿的结果。我开始反思,这样以班主任为主导的管理模式,表面上能使班级相对稳定,但从现实情况来看,其弊端也暴露无遗。学生的依赖性增强,习惯在老师的监督下学习和生活。不论对于班级的长远管理还是对于学生的长远发展来说都是害大于利的。

设计建议:首先对情境进行分析,该情境描述的是初为班主任普遍存在的现象。作为班级的管理者,应该让学生的主体意识得到发挥,班级管理要体现民主性与科学性,既要发挥老师的主导作用,同时也要发挥学生自我管理的主体作用。剖析以往班级存在的问题,组织一次"和谐班级"的主题班会,陈述自己在班级管理中的建议,确定主题班会活动的时间安排和发言程序,做好总结。

班集体是学生学习与生活的第二个家，要想家庭和睦、和谐有序，原则与方法是其发展的一片沃土。

——题记

第三章　班级管理的原则与方法

本章学习大纲

➢ 原则是人们在从事社会活动时，观察问题、处理问题的准则。
➢ 班级管理要遵循方向性、全面管理、自主参与、教管结合、全员激励、平行管理等原则。
➢ 班主任只有遵循原则不断创新，探索管理方法，才能有利于学生的自身发展。

核心概念

班级管理(class management)；管理原则(management principles)；管理方法(management method)；管理要求(management requirements)

花盆打碎以后[①]

镜头一：

教师 A 在办公室里看书。忽然，门被推开，一个小男孩气喘吁吁地跑进来："老师，窗台上的花盆被他们打碎了！"

教师 A 匆匆走进教室，花盆果然碎了，泥土撒了一地，杜鹃花可怜巴巴地躺在一旁，几个男孩子红着脸，低着头，站在那儿。教师大声问道："是谁把花盆打碎的？"没有人回答，教室里静悄悄的。

"难道是花盆自己从窗台上跳下来的？""不是的！"孩子们齐声回答。

---

① 吕群芳．花盆打碎以后．班主任，2006(9)．

"那么到底是谁打碎的呢?"

"是他……是他把花盆撞下来的!"在老师的再三追问下,终于有人说话了。

被指认的那个男孩惊慌失措地为自己辩护:"是他先撞了我一下,我才碰到花盆的……我不是有意的。"

"我根本没有碰到你!"

"有的!"

"没有!"

这下子,教师A真生气了,大声说:"好了,别说了,你们俩都有错。你赶快把泥土扫干净,把碎片扔掉!还有你,去办公室拿一个旧脸盆,把花栽进去。"

镜头二:

教师B刚在黑板上写完最后一道题目,就听到走廊里"轰隆"一声,他来到走廊,几个孩子看见老师,连忙喊道:"老师,他打碎了花盆!""不是我……"孩子们争吵不休。

教师B俯身看着地板上的仙人掌,说:"孩子们,现在最重要的是要抢救我们的仙人掌。你们看,它多可怜啊!"

孩子们立刻把地板上的花盆碎片和泥土收拾干净。

"谁赶快去把我们的小水桶拿来,我们先把仙人掌种在水桶里,明天再换一个花盆。"

教师B和学生一起把仙人掌种到水桶里。

"来,孩子们,你们看,这个被折断的仙人掌正淌汁液。这白色的液体就是它的'血'。"

"老师,仙人掌被折断,一定会很疼。"

"是呀,你们想想看,如果它会说话的话,它将要说些什么?"

"它会说:你们不可怜我吗?"

"它还会说:干吗把我从窗台上摔下来?以后要小心些!"

"它还会生气地说:我再也不给你们治病了!"

"不,它不会说这样的话,它是善良的植物。"

"它会说:明天请你们带一个花盆来,把我栽进花盆里,好好照顾我,让我早日恢复健康。"

"我带一个花盆来!"

"我也带一个来!"

案例分析

同样是打碎了一个花盆,但结局却是天壤之别。这是什么原因呢?这就要从两位教师的处理方式开始讨论。教师A与教师B处理的方式很不相同。教师A采取的是强制的方式,一切都是指令性的,学生们只是照做罢了,并没有往深处想,因而也不可能从这个事件中得到太多的教训。教师B则相反,他不是去责问学生而是引导学生:"孩子们,现在最重要的是要抢救我们的仙人掌。你们看,它多可怜啊!"这样同学们就很自觉地把泥土、花盆碎片收拾干净,并把仙人掌种在水桶里。到这里事情已经处理好了,但教师B并没有到此为止，因为他知道这是一个很好的教育机会，因而他继续引导学生思考："来，孩子们，你们看，这个被折断的仙人掌正淌着汁液。这白色的液体就是它的'血'。"结果不仅引发了学生们对生命的讨论，而且有了行为的指南——"以后要小心些""好好照顾它""我带一个花盆来"等。花盆打碎原本不是一件好事，但经过教师 B 的努力，反而成了一堂很好的德育课。

如果从更深处讨论，我们可以发现：教师 A 与教师 B 在处理事件时遵循的原则不同。在班级管理中到底应遵循哪些原则呢？下面的相关原理会给你一些有益的启示。

班级管理的原则与方法，是班主任实现科学管理的必要手段，班级管理的科学实施是为学生创造良好学习环境和成长环境的基础。但是，在其实施过程中，要对各项原则与方法有一个充分的认识，了解它的意义与实施要求，时刻把握理论与实践的统一，坚持以实践为先导，以科研求创新，在时代与自身的不断发展中，谋求班级管理原则和方法的不断丰富与创新。

第一节　班级管理的原则

所谓原则，就是人们在从事社会活动时所依据的法则或标准，或者说是人们观察问题、处理问题的准则。原则是观念形态的东西，属于思想上层建筑或观念上层建筑的范畴，是整个上层建筑的一个组成部分。从经济基础和上层建筑的辩证关系来看，首先，观念的上层建筑是由一定的经济基础决定的，是指社会意识中直接反映并服务于该社会经济基础的那部分观念形态；其次，观念的上层建筑通过影响人们的思想来支配人们的行动，即通过把社会生活控制在一定的秩序之内来为一定的经济基础服务。从认识与实践的辩证关系来看，原则是从自然界和人类历史中抽象出来的，只有正确反映事物客观规律的原则才是正确的。

班级管理的原则属于观念上的上层建筑的范畴，是由我国社会主义教育制度决定的，直接并反映、服务于班级管理。班级管理原则，正是班级管理者(主要指班主任，但也包括班级任课教师)组织全班学生，参与学习、劳动、文体、社交等多项教育与管理活动，有效实现班级管理目标的指导思想和行动准则。这是对班主任及任课教师组织班级活动、处理班级事务的基本要求。班级管理原则既不能视为管理活动本身，也不属于管理内容，它只是管理的目标任务与实现目标任务的重要媒介。在班级管理的理论体系中，它虽处于目标与实现目标的管理手段、措施之间的中介位置，但却是十分关键的位置。因为目标的实现与否，固然依赖一定的方法与手段，但选择和运用何种方法乃至在什么时机、什么场合运用，则取决于班级管理者的指导思想，取决于他对班级管理原则的理解和运用程度。

任何管理都是由管理者和管理对象(又称管理资源)交互作用而实现预期目标的行为。尽管许多管理学著作对管理的概念表述不一,但管理活动总离不开管理者、管理对象、管理目标这三个密不可分的构件。尤其是现代管理活动,由于科学技术的突飞猛进和管理实践的复杂化,几乎全都强调管理科学化问题,即强调以科学理论为指导和运用科学手段。[①]班级管理作为特定范围内的一种组织活动,必然受管理的一般规律所制约,其内在特征亦应与一般管理的本质相一致。因此,有效的班级管理,既要有明确的班级管理目标,又要有实现目标的科学手段。然而,如何确定目标?如何选择和运用多种多样的科学方法与手段去实现目标呢?这取决于管理者的智能水平和指导思想。只有在准确的班级管理原则的指导下,班级的管理工作才会规范有序,正确合理的班级目标才会顺利实现。

一、方向性原则

方向性原则就是指班级管理工作必须坚持正确的方向,用正确的思想引导学生。这是班级工作受社会政治、经济制约的客观规律的反映,也是由我国社会主义教育的性质、目的、任务及其特点所决定的。

(一)坚持方向性原则的意义

只有贯彻方向性原则,班级工作才能确立正确的目标,班级的各任课教师和学生才能有向心力、凝聚力。如果管理方向发生偏差,它所造成的消极影响一般很难纠正。

学校教育以育人为目的,育人质量是学校管理活动的最终成果。衡量学校和班级管理工作是否坚持社会主义方向的尺度,从根本上说,就在于培养出来的学生是否合乎党和国家规定的教育方针的要求,是否合乎社会主义社会的需要。学校培养的学生不仅要适应当前社会的需要,而且要为未来社会的发展做准备。

从学生的自身发展需要来看,贯彻方向性原则也具有重要意义。现阶段的社会要求学生自身要有一个全面和谐的发展,就必然要求我们要实施全面发展的教育。在全面发展的教育中,德育、智育、体育既是相对独立,又是辩证统一的。在德、智、体三育中,德育是要解决"方向"的问题,就是使学生具有坚定、正确的政治方向和共产主义道德品质。智育对学生来说,也就是要为学习和掌握社会主义现代化建设所需要的专业知识打好基础,掌握生产劳动本领。体育是智育、德育的物质基础,德、智皆寓于体。

(二)坚持方向性原则的要求

班级工作要坚持思想领先。所谓思想领先,是指在班级管理工作一开始就重视思想工作和思想政治教育,而且要贯穿于工作的全过程中。即要使人明确"为什么"和"为谁去做",以"怎样"的态度和方法坚持去做,争取实现"什么样"的结果(目标)。

在班级管理工作中要做到思想领先。首先,要用邓小平理论和"三个代表"重要思想去指导班级工作,去观察和分析各种现象,解决各种思想问题和实际问题。其次,班级管

[①] 肖斌衡. 略谈班级管理的原则. 武汉教育学院学报(哲学社会科学版), 1992(9).

理者要用正确的教育思想去教育和引导学生,要善于把正确的教育思想体现在班级的各项工作中。

📝 典型案例 1

让单亲子女扬起自信的风帆①

小辉是一个调皮的男孩,逃过几次作业,上课爱做小动作,不太遵守纪律,爱掉眼泪,是个令人头疼的孩子。是的,这个男孩除了调皮的小孩所具有的一切特征外,还懦弱,动不动就哭。在他的单亲家庭里,还有两位是带点怯弱的亲人。他的外婆没说上两句话,就声泪俱下。他的母亲,不出三句话,就眼里含泪。

单亲家庭的问题,碰到已不止一起了,看着他当主任医师的母亲流下眼泪时,我心里涌起几丝同情,我决心帮助这个孩子。

我着手的第一步是和他的高级知识分子的母亲深入地谈了两至三次话,站在孩子的立场,我建议母亲要给孩子创设好两种环境。一是学习的环境,有了良好的家庭学习氛围,孩子就会有心思学。不要再一味地沉浸在离婚的悲哀里,离婚是不得已为之,要将它的影响抑制到最小,无论大人还是小孩,都要学会坚强。二是良好的心理环境。其实,每个人都是独立的,都需要自强不息,作为母亲更要用积极向上的人格力量去影响他,使他有榜样、有动力,每个人都要经历无数风雨,才能学会面对生活、面对挫折、面对现实。这是我与母亲的对话。

其次,与他本人谈话。第一次,以鼓励为主,就他的单亲问题和他探讨,鼓励他战胜消极心理,勇敢地迎接明天的挑战。第二次,避开单亲问题,就他该如何学习,从方法上、态度上进行讨论,剖析他在学习中遇到的问题,鼓励他该有自己的看法和想法。

再次,抓住优点,全班表扬。如在运动会上,他虽未获奖却在赛场上奋力拼搏,在赛前刻苦训练,在沙坑里跌打滚爬,着实让人感动。我就在班里表扬他的精神,称赞他是一名男子汉,帮助他建立自信心。明显地,我感觉孩子的表情不太一样了,有了点神采,有了点兴奋。接下来我就根据他个高的特点,给他安排了电教委员的岗位,并以一个中队委员的标准要求他,给他鼓劲,自此他上进了,学习进步了,也能够遵守纪律了。

最后,再谈话,及时给他总结经验,指出优点和尚待进一步努力的方面,当着全班同学的面表扬他。功夫不负有心人,现在孩子在家里能自觉地和表哥一起学,在学校里,不仅不会逃作业,还能够遵守纪律,不影响周围同学的进步,而且还连获两次校应用题竞赛二等奖。看着孩子能够健康成长,我真的很开心。

案例分析:

班级管理是一种有目的的活动,因此班级管理工作必须具有方向性。正如案例中所说的,近年来,随着社会上离婚率的增高,班级里单亲子女渐渐增多,父母离异无疑会给孩子的心灵留下创伤甚至影响他们心理的健康成长和学业的进步。学生小辉正是处于这样一个令人担忧的境遇,在他身上也出现了许多问题,如逃避作业、不太遵守纪律、懦弱、爱掉眼泪等。面对这样一个学生,该怎么办?案例中的班主任首先对这个学生的家庭情况进

---

① 张延权. 21 世纪班主任工作案例. 杭州:杭州出版社,2001.

行了较为深入的了解，并根据了解的情况运用了有针对性的管理策略：一是想办法改善该生家庭环境，找孩子母亲谈话，提出了两个要求，特别是针对实际，提出要给孩子良好的心理环境。二是正确引导学生本人，找该生谈话，鼓励他勇敢地面对现实。三是教师本人更多地关心该生，抓住他的优点，着力表扬，激发自信。

这三方面的举措显然带有很强的目的性和方向性，策略一主要是为小辉营造一个健康的家庭环境；策略二则主要是为了使小辉本人逐渐学会面对现实；策略三则主要是为了帮助小辉树立信心。而这三方面举措的一个总方向是使小辉从家庭离异后哀伤氛围的影响中摆脱出来，重新树立生活的信心。而实践证明，班主任的这些策略都收到了预期的效果，小辉不仅能在家里自觉地进行学习，在学校里也能遵守纪律，而且还连获两次校应用题竞赛二等奖。这正是班主任的班级管理符合了方向性原则所带来的喜果。

二、全面管理原则

学生管理与一般管理活动相比有其独特性，它要实现全体学生德、智、体、美全面发展的教育目标，因此，学生管理必须面向全体，这是学生管理的主要特征，从整体着眼，也是所有班级管理者应该充分认识和坚持的全面管理原则。

管理过程中要始终坚持使学生全面发展，并且要把所有的学生作为管理对象，一视同仁，兼顾全局。这里的全面发展，不仅不排斥个性发展，而且是以每个人的自由发展为条件的，这就是我们所说的全面管理原则。

(一)坚持全面管理原则的意义

加强学生的思想品德教育，培养他们在德、智、体、美、劳等方面的全面发展，是学校教育中一项极为重要的责任。坚持全面管理原则，就是要把思想教育融入课堂教学中，贯穿于整个教学过程，开展各种有意义的教育活动，鼓励学生积极参加，在活动中培养学生的个性和特长，端正学生的思想作风，组织多种形式的主题班会对学生进行思想教育，促进学生全面、和谐发展，培养符合社会发展的德才兼备的高素质人才。

(二)坚持全面管理原则的要求

坚持全面管理原则应遵循如下要求。

1. 注重全面发展

这里所说的全面发展，是从我国的国情出发，从青少年的健康成长出发，依据马克思主义关于人的全面发展学说而提出的。它是一条办学的基本规律，班级管理者也应该以此为指导思想进行班级管理工作。

德、智、体全面发展是社会主义建设人才必须具备的素质。一个人是不是合格的建设人才，要看他是不是德、智、体全面发展。有德无才，仅仅是思想品德好，缺乏文化科学和专业知识，没有为人民服务的本领，不是合格的建设人才；有才无德，即使学习优秀，文化科学和专业知识扎实，但思想品德不好，只想为自己谋利益，不愿为人民服务，更不是合格的建设人才；有德有才，但由于忽视锻炼，体质虚弱，不能坚持工作，空有报国之志和建设之才，也不是理想的建设人才。所以说，有德无才，有才无德，有德有才而体质很差，都是畸形发展、片面发展的结果，这几种类型的人，都不能承担社会主义建设的重任。所以，班级管理者必须树立使学生全面发展的观点。

德、智、体全面发展是衡量学校教育质量的根本标准。一所学校办得好坏，要从德、智、体诸方面全面衡量，要看这所学校培养的学生是不是德、智、体全面发展，不能只看升学率的高低，而是要看已升学的毕业生的表现，还要看没有升学的学生在德、智、体诸方面是否经得起考验。学校的教育质量要靠教学来实现，因此，班级管理者在实施班级管理的全过程中就应该注重学生的全面发展。

2. 鼓励个性特长

从受教育者的个性发展来看，品德、智力、体质、审美和劳动能力等素质在受教育者个体身上的特殊组合是各不相同的，由此构成了他们的个性特点，表现出各自不同的全面发展的个性。个人的全面发展和个性发展是辩证统一的，因此，我们讲的全面发展绝不是要求每个受教育者各方面平均发展成为同一模式的人，而是要求每个受教育者包含着个性的多样性和丰富性。所以，教育要使受教育者根据自身的特点发展有益的个性。

3. 加强中差生的转化

班级管理工作除了促进学生全面发展外，还应注意管理必须面向全体学生。如何对待中差生就是其中一个关键问题。

对于中差生的管理，首先应转变班级管理者的思想。应该使全体管理者尤其是各任课教师明白：优秀学生只能代表教育教学质量的一部分，并不代表全部。只有包括中差生在内的全体学生都得到了和谐发展、全面发展，才能表明教育教学质量的全面提高。同时管理者本身要转变自己的教育观念，充分认识到差生身上存在的优点和他们独有的特长，教育管理者要采取恰当的方式方法引导差生认识到他们的优点和特长，让他们对未来充满信心。

(1) 中差生的转化工作前提在于组织师生做深入细致的调查研究，找到"差生"形成的原因，然后对症下药，设计出行之有效的转化措施。

(2) 对差生重在进行榜样教育，引导受教育者学习英雄模范事迹，以促进受教育者见贤思齐，向好的方面转化。对差生贵在进行自我教育。针对差生的性格特点，以情动人，以理服人，挖掘闪光点，增强自觉性，提高积极性，促进其内因发生变化。

三、自主参与原则[①]

自主参与原则是指班级成员参与管理，发挥其主体作用。现在的学生自主意识较强，他们是班级的被管理者，也是管理者，一旦他们真正参与管理，班级管理效率将成倍提高，

---

① 张应新. 浅谈班级管理的原则. 黔西南民族师范高等专科学校学报，2006(2).

班级的发展将获得强大的原动力。

(一)坚持自主参与原则的意义

自主参与原则对于培养学生的主人翁精神,学生的创造性、独立性以及建立民主的师生关系都有着十分重要的意义。一个班级,如果只有管理者有积极性,只靠管理者单枪匹马的管理,没有学生的积极性,班级就难以前进,管理者也就不可能有很高的工作效率。当然,我们所说的"自主参与"与不负责任的"放羊式"的管理,完全是两码事。我们在讲自主参与的同时,强调社会主义法制,强调纪律和秩序,强调民主与集中的统一。

(二)坚持自主参与原则的要求

贯彻自主参与原则时要注意做到以下几点。

(1) 管理者要增强民主意识,切实保障学生主人翁的地位和权利。学生既是教育的客体,又是教育的主体,因此,管理者应把学生视为班级的主人,应该让全体学生进入到自己工作的决策过程当中来,无论是制订计划、贯彻执行,还是检查监督、总结评比,都要让学生参与,使他们了解班级工作的上下环节,明确自己应该承担的各种义务。只有这样,学生才会具有主人翁意识,才会把管理者建议完成的工作当作自己的使命,从而成为班级、学校的主人。

(2) 必须及时采纳学生的正确意见,接受学生的监督,不搞"一言堂",切忌家长作风。对自己提出的合理意见和建议是不是被管理者所采纳,是影响学生主动性和参与意识的一种重要因素。当自己合理的意见和建议得到了管理者的肯定并得以实施时,学生就会产生一种满足感,主动性和参与意识就会得到进一步强化。

(3) 发展和完善学生的各种组织,逐步扩大班委会等组织的权限。班级的各种组织机构的干部成员,都应该让学生民主选举产生,并授予他们进行管理的权力,不能随便进行干预。当他们遇到困难时,要帮助解决,但不要代替。要让他们大胆地开展工作,锻炼和提高其独立工作的能力,使之成为班主任的得力助手和班集体的核心力量。

(4) 努力创造一种民主气氛,为学生行使民主权利提供机会,创造条件。比如,设立"合理建议登记簿""合理化建议奖"等,鼓励学生的参与意识。

📝 典型案例2

让儿童自己教育自己[①]

傍晚,我迈着轻快的步伐,准备放学。快到教室门口时,忽然听到里边传来"呜呜"的哭声。跨进门,孩子们开始愣了一下,接着就七嘴八舌地嚷开了:"葛建国打史海燕……"我不由心头冒火,真想把他们狠狠教训一顿,但是又想,如果不弄清事情的缘由,不分青红皂白地批评,那结果只能是压而不服。不晓之以理,孩子分不清是非,就达不到教育的目的。我沉思了一会儿,让被激怒的情绪慢慢平静下来,尽可能地用平和的语气叫他们两

---

① 清江市实验小学. 班主任工作笔记[M]. 苏州:江苏人民出版社,1982.

人把事情经过叙述一遍。原来是这么一回事：刚才史海燕匆匆忙忙跑进教室，把同桌葛建国的文具盒碰掉了，葛叫史拾，史不肯，葛一气之下便打了史。

这是孩子中间经常发生的事，我想应该抓住这件事，让孩子们学会自己教育自己，使他们懂得同学之间要友爱相处的道理，当时，我便召开了一次临时班会，向大家提出："这件事谁错了？错在哪里？"要孩子们发表意见。孩子们你一言我一语地评论起来。这个说："葛建国打人就是不对。"那个不服气，大声反驳："都怪史海燕，她把人家铅笔盒碰掉了，还不肯拾起来。"还有的说："《小学生守则》要求小学生不打人，不骂人，葛建国打人就是不对。"马上又有个孩子接上去说："史海燕说话不和气，做错了事，还不改正，这件事主要怪她。"还有个孩子说："他们两人都不对。"

我仔细地听着他们的发言，为了把讨论引向深入，我又提了个问题："如果是你碰到了这样的事，你该怎么办？"孩子们讨论问题的兴趣更浓了，人人争着发言。有的说："如果我是史海燕，那我应该马上把文具盒拾起来，放回原处，并说'对不起。'"有的说："如果我是葛建国，明知道史海燕是无意碰到地上的，我应该说'没关系'。自己把文具盒拾起来，以后文具盒向桌子里边放放，决不会动手打人。"孩子们的讨论严肃而又热烈，这是他们自己组织的一堂生动的文明礼貌课，史海燕和葛建国十分专心地听着，他俩诚恳地承认了自己的错误。史海燕羞愧地低下了头，腼腆地说："葛建国，对不起，我错了。"葛建国连连摆手，道："是我不对，我打了你，请原谅，下次我保证不打人了。"

案例分析：

联合国教科文组织的教育报告《学会生存——教育世界的今天和明天》中指出："未来的学校必须把教育的对象变成自己教育自己的主体。受教育的人必须成为教育他自己的人；别人的教育必须成为这个人自己的教育。"可见，培养学生的自主教育意识与能力已成为一个极为重要的问题。

此案例中的班主任显然是具有培养学生自主教育意识的人，当她遇到"葛建国打史海燕"的情况时，虽然一开始时也想"把他们狠狠教训一顿"，但是经过深思熟虑之后，转而想利用这一机会，让学生自己学会教育自己，使他们懂得同学之间要友爱相处的道理。于是她召开了一次临时的班会，通过集体讨论和情境再现，对学生的观点进行引导，学生在这个过程中，逐渐明白其中的道理，开始用自己的观点看待"葛建国打史海燕"这一问题，并相互之间进行有条有理的分析和教育。也正是该班主任的果断措施，使学生学会了自己教育自己，自己管理自己，发挥了他们自我管理的能力，最终使得班级管理成为集体中每一位学生的事。

当然，在班级管理过程中要落实主体性原则也并不是口头上讲讲和观念中想想的事情，还需要班主任在班级管理实践中切实地加以落实，如通过各种途径在班级的每一个学生心目中树立我就是这个班级的主人，所以我有责任也有义务参与管理班级，并应该把班级管理好的思想；同时也要借助于各种活动来调动学生参与班级管理的积极性，并不只是调动一小部分学生的积极性，而是调动整个班级的学生都乐于参与到班级的管理中来；最为核心的是，班主任还应该给予学生充分而有保证的班级管理自治权，要主动地将大部分的管理权力下放到班级组织，甚至个人，通过班级组织和学生自身来行使组织权力并进行管理。

四、教管结合原则[①]

教管结合原则是指把班级的教育工作和对班级的管理工作辩证地统一起来。具体地说，就是班级管理者对学生既要坚持正面引导，耐心教育，又要凭借必要的规章制度要求学生，约束其行为，实行严格的教育管理。只有这样，才能获得教育的实际效果。

(一)坚持教管结合原则的意义

教管结合原则是实现培养目标的要求。我们的学校教育要培养自觉的社会主义建设者，因此重在社会思想道德内化，培养学生坚定的信念、自觉地指导自己的言行、自觉地遵守社会行为规范，因此必须加强正面的教育、引导，充分调动学生的自我教育积极性，不允许采取压服的方法、奴化训练的方法对待学生。但是在教育过程中又必须加强对学生的管理，用一定的规范、要求来约束调节学生的思想行为，从这个意义上说管理也是教育。教管结合反映了班级工作特点。班级工作和学校工作都是贯彻落实教育目标的，班级和学校管理不同于一般管理，在于这种管理是以育人为目标的，因此管理应是达到育人的手段，要把管理过程变为教育过程。在管理中有教、有导，包括全面的教、全面的导，正面的教、正面的导。教育的同时又必须加强管理，通过管理才能保证教育的正常进行，促使学生向教育目标的方向发展，调节、控制自己的行为。

(二)坚持教管结合原则的要求

贯彻教管结合原则，首先，管理者要用科学的道理和正面的事例，对学生进行启发诱导，调动其接受教育的内部动力，使他们在思想、品德、学业、生活等方面沿着正确的方向发展。其次，管理者要引导学生制定必要的规章制度，如勤学习、守纪律、讲卫生、爱护公物、按时作息等，并要认真执行，经常检查，及时总结，进行评比。制定各项规章制度，是实现班级目标的一种科学的管理，也是实现班级管理达到预期效果的保证。管理者制定班级规章制度时，应当注意下面几点。第一，充分发扬民主，让学生参与制定工作，使班级的教育与管理活动变为师生双方共同参与的活动，使教育与自我教育、管理与自我管理相结合。只有学生积极参与，充分发挥其自教、自管的主体作用，才可能使班级的教育管理工作上一个新的台阶。第二，所制定的规章制度要明确具体、宽严恰当、便于记忆、利于执行，使之具有可行性和可操作性。第三，所制定的规章制度要多从积极方面鼓励，避免从消极方面防范，不应当简单地与"禁令""处罚"画等号。第四，规章制度一经制定，就要坚决执行，不能随意放松要求。

五、全员激励原则

激励含有激发动机，形成动力的意思。它能使人产生自觉行为，形成一种推动力、自

---

① 王玫玫. 班级管理的六项原则. 辽宁教育行政学院学报，2007(2).

动力。所谓全员激励，是指激励全班每个学生，充分发挥他们的智力、体力等各方面的潜能，实现个体目标和班级总目标。

(一)坚持全员激励原则的意义

坚持全员激励原则有利于教师站在一个平等的角度去看待每一个学生，充分调动每一个学生的积极性，让为班级的共同目标而努力成全班同学共同的心愿，进而使学生的心理的向善性能得到充分的发展和最大限度的提高。

(二)坚持全员激励原则的要求

贯彻全员激励原则，首先，要求班级管理者公正无私，一视同仁，用同样的情感和尺度对待每个学生。教师应怀有同样的工作责任感，机会均等地给每个学生创造成功条件，把他们培养成党和国家所需要的人。对优秀的学生，不能"一俊遮百丑"；对暂时后进的学生，不能一眼把他们看死，要善于发现他们身上的闪光点。其次，要善于用适当的班级目标激励所有成员。班级目标是班级成员共同的期望、追求和达到的成果，它具有导向和激励的作用。要引导全班学生积极主动地制定班级远、中、近期努力目标，以及小组、个人目标。同时，还必须采取各种有效措施，使目标具体化并变为行动的过程。最后，要经常运用各种激励的教育方法。如"强化激励"，它是指以表扬激励为主的正强化和以批评、处罚为辅的负强化。正强化激励是利用人的积极向上心理、荣誉感使人奋发努力，潜在能力得到最大的发挥，工作效率达到最高水平；负强化激励则是对不符合客观要求的心理或行为起抑制作用，但往往只能保持一种最低的工作效率。强化激励应以正强化为主，以负强化为辅。

六、平行管理原则

在班级中，除了师生之间的垂直关系外，还有同学之间的平行关系。所谓平行管理原则，是指管理者既通过对集体的管理去间接地影响个人，又通过对个人的直接管理去影响集体，从而把对集体和个人的管理结合起来，以便收到更好的管理效果。

(一)坚持平行管理原则的意义

依照马克思主义的科学概括，个人是指处于一定的社会关系之中并具有不同的社会地位、才能和作用的个体的自然人；而集体，则是指以某种共同目的或任务联系、结合的人群的集合体。个人与集体的关系是对立统一的辩证关系。其表现为：个人依赖于集体，因为任何个人都不能脱离群体而独自单居；集体是由个人组合而成，因为任何集体都是若干个人的汇合。个人不能脱离社会、脱离集体而单个存在，而集体亦不能没有个人而成为一个空壳。故而，个人与集体是相互依存、相互作用的，在这种对立统一的关系中，集体对个人的影响和作用具有根本性的意义。在教育教学中，如果教师能很好地把握平行管理原则，深层解读集体与个人的关系，班级的整体教育实力将会有显著的提高。

(二)坚持平行管理原则的要求

坚持平行管理原则应遵循如下要求。

(1) 要组织、建立好的班集体。实践证明,一个积极向上的集体,可以激励和推动集体中的每个成员不断进取;反之,一个不好的集体则会使学生松散疲沓,甚至相互影响,沾染各种恶习。因此,要发挥学生集体的教育功能,就要耐心组织、精心培养一个具有明确的政治目的和共同的奋斗目标,有健全的组织机构,有一个团结一致的、由关心集体的积极分子组成的领导核心,有正确的集体舆论和优良的班风,有严格的规章制度和严明的纪律,朝气蓬勃、团结友爱的坚强的班集体。

(2) 要善于发挥班集体的教育作用。班集体一旦形成,它就成为一种巨大的教育力量。要充分发挥班集体的作用,通过集体影响和教育个别学生。这就是说,管理班集体应当充分利用集体的目标、集体的各项要求、集体的舆论等,使之成为教育因素,激励学生向上。

(3) 要加强个别教育。个别教育和集体教育是相辅相成的,强调教育集体并不是否定对学生的个别教育,更不是仅仅指对后进生的教育,对尖子生也应施与个别教育。

典型案例3

一次难忘的主题班会[①]

一天,一个学生转交给我一封信:"高老师,小海后背的大包上常被同学画王八,弄得孩子很苦恼,您能否解决这个问题?"署名是小海的母亲。小海是我班一个前鸡胸后罗锅的残疾儿童,叫陈海。一年前他刚入初中时个子才1米多点,平时不爱说话,性格内向,学习成绩中上等。正因为他是中等生,一年来,我竟丝毫没发现他的苦恼,怀着内疚、自责的心情我找他了解有关情况。他告诉我,从他上小学时起,就常有男同学在他背上写来画去,直到现在。我问他为什么不找老师说,他天真地说:"我不敢,越找老师同学越起哄。"

第二天,我召开了班委会,提出陈海的苦恼,让班干部讨论。大家一致认为陈海平时不调皮不惹人,没有谁恨他,所以画小王八、写大王八都是恶作剧,不是有意伤害同学。但这个恶作剧为时很长,参与的人数也多,解决起来有一定难度。班干部们你一言,他一语,出了不少好主意。最后形成两点决议:一是要通过一个主题班会来解决这个棘手的问题,班会前对此事绝对保密。二是每个班委两天之内各自向班主任提出一种最为满意的解决办法。两天后,我将七名班委不同的方法做了认真的分析,并确定了主题班会的题目是:"我也说句心里话。"

班会开始了。第一步,写出班会主题,引导学生思考。之后,每人在纸上写出自己最苦恼的一件事。不到5分钟,同学们便一个一个地把小纸条递到我手里。我把注有保密的小纸条放入夹子内,其余的看后放在讲桌上,分成四等份。

第二步,让小组长任取一份回去,带领本组同学讨论。要求:①相互了解,坦露愁事;

---

① 新时期中学班主任工作的理论与实践研究课题组编. 中学班主任工作100例. 北京:教育科学出版社,1995.

②为人解愁；③每组选出1~2件较大愁事交给班委会备案，待机解决。小组活动开始了，大家讨论得十分热烈，争相了解小纸条的内容，并把小纸条的内容整理、排队、归类，自告奋勇选择解决对象。

第三步，班委会将小组选出的大愁事综合后，挑出陈海那份"愁之最"向全班公布。

第四步，用"三件衣服"为道具，将班会推向高潮。我把陈海三件带色的上衣一一提着让大家看，每件衣服后背都有一块被洗得发了白。然后，我对大家说："同学们，我们有手，有笔，应该在纸上去画美丽的图画，写最美的文章，然而我们却把陈海的背作为活动舞台大显身手，你画了他洗，他洗了你画，这发白的布丝中浸透着你、我、他的身影。我想大家就这个问题，都各自想想该怎么办？"

第五步，全班就三件上衣开展讨论。一个最顽皮、最爱开陈海玩笑的同学发言，他说："过去我只知道自己有苦恼，却不想他人的苦恼，以往我常在陈海背上瞎画，看他背着小王八还无拘无束地在院子里跑来跑去，我别提有多开心了。今天想来，实在感到对不起陈海，请允许我到陈海面前深深地鞠一躬，一表我深深的歉意；二表我改正的决心。"不少同学擦着湿润的眼睛，使劲为他鼓掌。接着，有的同学讲了应如何对待残疾人，有的讲了应如何关心他人，有的讲怎样正确对待自己。同学们的肺腑之言，燃亮了友谊、关怀之光。班会在歌声中结束了。同学们拥着小海走出教室，有的为他背书包，有的扶他下楼。一直到毕业，小海后背的大包再没出现过字和画。反倒是无论谁在什么地方见到小海都主动为他做点什么。

案例分析：

在班级管理实践中，每一位班主任都希望把自己管理的班级培养成为团结友爱、奋发向上的集体，并通过这个集体来影响其中的每一个学生，真正达到班级管理以学生的成长为最终目的。因此，集体性原则就成为班级管理中所要遵循的一个重要原则。

案例中的班主任在面对小海母亲的求助时，多少显得无奈，一方面由于自己在这一年里丝毫没有发现小海的苦恼，以至于小海后背的大包上常被同学画王八的现象已经成为一个根深蒂固的顽疾；另一方面，则是由于这个恶作剧参与的人数较多，解决起来有一定难度。在这样的情形下，班主任认识到了只面向几个个体或者某一些学生进行教育，显然是行不通的，也达不到自己所想要的效果。于是，该班主任机智地将这一事件扩展到整个班级的范围之内，先是召开班委会，提出陈海的苦恼，让班干部讨论；经过讨论分析了不同的方法之后，确定了以"我也说句心里话"为主题的班会。在班会上，班主任通过以班会主题引导学生思考，以小组为单位组织全班同学进行讨论，最终挑出陈海那份"愁之最"向全班公布，并用"三件衣服"为道具，将班会推向高潮，使学生明白同学之间应该相互关心、相互帮助，对于有生理缺陷的同学更应该这样，从而圆满地解决了这一问题。试想如果该班主任只是对一小部分学生进行教育，效果显然没有这么好，也起不到对全班学生进行平行影响的成效。

由此可见，集体教育在班级管理中具有十分重要的作用，班级管理既要培养学生的集体主义精神，又要借助集体来实现学生各方面的发展。

第二节　班级管理的方法

班级是学校教学活动的基本单位，也是学校行政管理的最基层组织。其管理水平的高低，对学生健康全面地发展，对完成教育和教学的各项任务起着举足轻重的作用。班主任作为学生全面发展的第一责任人，其管理方法的优劣，对班级的进步与否至关重要。目前，传统的班级管理方法已不利于现代学生的全面发展，班主任只有不断创新，改变管理方法，实现学生的自我管理，才能既有利于良好班风的形成，又有利于学生的自身发展。

一、制度管理方法

(一)制度管理方法的含义

所谓制度管理方法，是指班级管理者通过制定规章制度，并运用规章制度管理班级的方式。班级管理者要达到设定的班级管理目标，并最终实现学校的教育目标，就必须对学生的某些行为进行约束，以规范学生的社会行为；同时，提出一些制度性措施，以提高学生的综合素质。这就必须建立健全科学的行之有效的规章制度，并贯彻这些规章制度，保证班级工作有秩序、有成效地进行。班级管理者所运用的规章制度可分为三个层次，一是国家教育行政部门制定的各种制度，如中小学生守则、中小学生道德规范、学生成绩考查和升留级制度、学生考勤制度、奖惩制度等；二是依据上述制度制定的校内规则，如课堂规则、请假规则、阅览室规则、图书馆规则、实验室规则、生活作息制度、卫生扫除和卫生检查制度、公务管理和借用制度等；三是班级组织自己制定的各种管理制度。

(二)班级实行制度管理的作用

班级实行制度管理具有如下作用。

(1) 制度管理对于完成教育教学任务有重大作用，它能够保证班级工作有成效地进行，使学生的行为规范化，提高班级工作的效率。

(2) 深入贯彻执行各项规章制度对于培养学生的正确思想、观点，进行自觉纪律教育，培养良好行为习惯，形成良好道德风尚，树立良好班风，都有积极的作用。

(3) 不断制定并实施具有某个班级特色的措施性制度，十分有利于学生素质的持续提高。

(4) 实行班级制度管理的关键，是制定良好的规章制度，而要制定良好的规章制度，就要坚持做好以下几点。

① 制定的规章制度要合理。也就是说，班级制定的规章制度要符合教育方针和符合学校培养目标的要求。班级规章制度还要从班级实际需要和学生年龄特征、实际水平出发，要能使学生的学习、劳动、休息、文化体育活动、社会政治活动等都得到妥善安排，做到既有严格要求，又要切实可行。

② 制定的各种规章制度内容要明确具体，文字要简明、扼要、准确，使学生便于掌握和记忆，利于贯彻执行。规章制度不能冗长烦琐、含糊不清，否则，学生无法执行。各种制度之间不能相互矛盾，否则不能规范学生的行为，也就会失去教育意义。

③ 制定的规章制度，要经过班级管理者和学生的充分讨论，这样既可以保证规章制度的合理性，使规章制度切实可行，又可以通过讨论，把规章制度的确立过程变成教育过程，使学生明白制度规则的目的、内容和要求，提高学生执行制度的自觉性。

④ 制定的规章制度，要有相对的稳定性，不能朝令夕改，不然会使学生感到无所适从，造成班级秩序混乱。

(三)运用制度管理的要求

运用制度管理应遵循如下要求。

(1) 要注意让每个学生都了解规章制度的内容和意义。通过各种宣传形式，大造舆论，提高学生执行规章制度的自觉性。要通过说理教育法的各种形式向学生说明制定制度、规则的目的和意义，要结合实际讲解制度和规则的内容，使学生知道怎样做、为什么要这样做、不应当怎样做、为什么不能做的道理。

(2) 严格要求，认真检查监督。各种规章制度公布实行以后，就要严格检查监督，使学生严格按要求执行，坚决和违反制度、规则的现象做斗争，保证规章制度的贯彻执行。

(3) 执行规章制度要反复训练，形成习惯，把执行规章制度和规则变成学生的自觉行动。这就要长期坚持不懈地教育和训练，使之变成学生的习惯，形成动力定型。

值得注意的是，班级管理者运用制度管理法，提出新的措施性制度，根本问题在于执行和落实。没有落实，再好的规章制度也是形同虚设，没有任何积极意义，相反还会削弱班级管理者的威信和损害管理者的形象。

二、民主管理方法

(一)民主管理方法的含义

民主管理方法是相对于绝对服从、绝对权威的管理而言的。即管理者在"民主、公平、公开"的原则下，科学地将管理思想进行传播，协调各组织各种行为达到管理目的的一种管理方法。具体来说，它是班级管理者广泛发动被管理者积极参与班级管理活动，以完成各项任务的管理方式。民主集中制是社会主义国家的组织原则，班级作为社会主义学校的基层组织，也应该提倡和发扬这种管理方式。

(二)民主管理方法的作用

民主管理方法具有以下作用。

(1) 民主管理班级，可以提高学生的主人翁意识，增强学生的社会责任感。班级管理者在班级学习和生活过程中，发扬民主，让学生参与管理，使学生处于主人翁的地位，从而产生主人翁的意识和社会责任感，有利于形成自我管理能力。

(2) 民主管理可以使学生从小受到民主的熏陶，有利于养成民主的作风。班级管理者经常用民主集中制的办法处理班级的事务，可以使学生耳濡目染、潜移默化地受到教育，有利于学生接受民主思想和民主作风，有利于学生将来参与社会的民主生活。

(3) 班级管理者运用民主管理的方法，能够体现师生平等，有利于师生之间思想与情感的沟通，营造和谐班级的气氛，为教育教学提供环境条件，还可以间接地提高教育教学质量。

(三)运用民主管理方法的要求

运用民主管理方法应遵循如下要求。

(1) 运用民主管理的方法管理班级，班级管理者首先要具备民主管理的理念。民主管理的理念是民主管理行为的先导，没有民主管理的理念，就不会有民主管理的行为。民主管理的理念就是现代管理理念，它是班级管理由传统方式向现代管理方式转变的标志之一。只有实现了管理理念的突破，班级管理才会有质的飞跃。

(2) 用平等的人际关系代替有等级的人际关系。确立平等的师生关系是实行民主管理的关键。只有把学生看成与管理者平等的人，民主管理才有可能落实。班级管理者只有尊重学生、理解学生、信任学生，才能更好地发扬民主。

(3) 充分发扬民主，努力把班级的民主管理渗透到各个方面去。用民主管理的方法，就要实行真正的民主，而不能走过场，搞虚假的民主。这就要求班级管理者把民主管理体现在各个方面，遇事和学生商量、研究，把民主坚持到底。应该学习什么、怎样才能学好、对犯错误的同学应该怎样处理等，都应该用民主的方法，真诚地和大家商量，坦诚地交流思想、交换意见。

三、自主管理方法

(一)学生自主管理方法的含义

学生自主管理方法是班级管理者让班级成员依据教育目标的要求以及自己和组织自身的特点，独立自主地管理班级活动的管理方式。这种方法的特点是强调学生是班级管理的主体，扩大他们自主活动的领域，让他们独立自主地对班级的事务进行组织决策、制定规则、组织实施、相互协调、自我监督和评价。

(二)学生自主管理方法的作用

学生自主管理的方法，虽然是在班级管理者的指导之下，但不是完全依照教师指令，在教师直接或间接控制下被动地执行性的管理，而是在明确自身目标的条件下，在教师的一般要求下，根据自己的需要、动机、能力、爱好等特点而进行的自觉自主的创造性的管理活动。这种管理方法反映了主体教育的思想，体现了对学生主体地位的肯定。

(三)运用学生自主管理方法的要求

学生自主管理的主体是学生，班主任和任课教师是管理的参谋者、指导者，学生自治和直接参与班级教育教学管理的探索不仅是加快学校民主管理进程，从而提高班级管理效益的重要手段，更是一种提升学生主体意识，培养合格公民的教育策略。学生自主管理的第一要事是转变班主任、任课教师的传统观念，大胆放手，切实让学生成为班级的主人。真正实现学生自主管理需要做到以下几点。

(1) 让学生自定目标。学校应将新学年第一个月定为目标教育月，各班根据学校、年级的整体目标分头制定明确的班级奋斗目标，每个学生又根据班级目标制定个人具体目标，自我加压、自我激励。

(2) 让学生自定班规。各班以学校规章制度为依据，根据自己班级的实际情况，在每一位同学直接、民主的参与下制定集体生活的规则，让学生用自己制定的制度来约束自己，不断培养自我调控、自我管理的能力，以达到自主管理的目的。

(3) 试行"班委竞选制""班干部轮值制"。通过自荐和他人举荐相结合的方式产生候选人，候选人发表竞选演说后，再由全班同学投票产生班委会，班委会通过班干部轮值制度对班级实施管理。"班委竞选制""班干部轮值制"的实行，为更多的学生提供了发展主体意识、提高服务能力的舞台，使学生在实践中"学会合作，学会负责，学会做人"。

(4) 班级事务实行"包干负责制"。每个班级的事务管理应坚持"人人有事干，事事有人干"的原则，做到人人参与班级卫生工作，服务工作岗位明确，责任到位。

(5) 实行"学生品德行为规范考核制"。在班主任指导下，由班委具体实施对全班每个同学的品德行为规范考核工作，班干部根据分工对每个同学的学习、纪律、卫生、文体活动等方面表现进行周考、月考、学期考评、学年考评，班干部接受同学和班主任的考评。

(6) 建立"班级教导会"制度。班干部通过定期召开(两周一次)由本班所有任课教师和学生代表参加的班级教导会，分析学情、教情、班情，及时反馈任课教师和学生之间的意见、建议，形成民主、团结的班集体。

📝 典型案例4

微小与宏大[①]

他年轻时在杂货店工作。由于生性怯弱，不善言谈，顾客的咨询都使他紧张得要命。杂货店老板常常叹气："弗兰克，你是我见过的最没用的售货员！"老板不得不刻意地锻炼他。一次，老板决定把他单独留在店里卖货："弗兰克，你看见这些盘子了吗？还有这些刀子和刷子！今天你要独自把它们卖出去！"

他被这个难题吓傻了，不得已，为了避免同顾客单独打交道的困窘，他想出了一个"笨"办法。他给每样商品贴上一张小纸片，上面注明老板要求的最低售价，小商品干脆就堆在桌子上。结果，情况出乎意料，商品非常走俏。这种意外的成功鼓舞了他。1879年，他借

---

① 祁文斌. 5美分产生的奇迹. 知识窗，2007(1).

了300美元,在宾夕法尼亚州开了一家商品零售点,卖的全是5美分的货物。后来,他的5美分连锁店一家接着一家开张,遍布美国、英国、加拿大等国家。

1913年,他在纽约建了一栋高238米的大厦,当时的美国总统威尔逊亲自参加了剪彩仪式。这是当时世界第一高楼——伍尔沃斯大厦。1996年,他创立的连锁店数量成为世界之最,达到8000多家。这个曾一文不值而又创造奇迹的人叫弗兰克·W.伍尔沃斯。他是现代商业的"鼻祖",他的经营理念就是:明码标价、玻璃销售、连锁经营。奇迹的启示是:复杂能够简单,而微小可以宏大。

案例分析:

弗兰克由依赖到独立,由胆小到成功,这不能不说是一个奇迹。这是一个自主独立的过程。由此,想到了我们的教育,想到了我们的班级管理。教师为何不学弗兰克的老板,放开手让自己的学生自主管理班级呢?那么,学生又应该如何进行班级自主管理呢?

班级自主管理是指以班级为教育教学管理的基本单位,通过班主任的有效组织,放大班级管理的功能,实现班级的"自主"管理,以充分发挥班级学生的主体参与性而形成的相对稳定的班级管理工作模式。班级自主管理的核心是管理的自主性和主体性。

班级自主管理是根据学生的生理、心理和社会发展的要求,扬弃束缚学生创新思想的框框,给学生一个自主管理的支点,还学生一片自由的天地,让学生实现从"被管理"到"管理者"的角色转变,让他们自己直接参与到班级管理中来,成为班级的主人。

四、目标管理方法

(一)目标管理方法的含义

目标管理方法是以目标为中心进行管理活动的一种现代化管理方法。目标管理应用于班级管理,就是把班级管理的目的和任务转化为目标,并使班级组织的目标与班级内的各项活动、班级内学生个人的目标融为一体,从而使班级与班级成员形成一致的目标方向,形成明确具体、切实可行的目标体系。目标管理方法强调以目标指导行动,以成果和贡献作为管理活动的重点,特别是强调目标实现的整体意识。具有定量性、整体性、实效性和激励性的特点。所以,班级目标管理是通过目标设定来激励和调动班级组织成员积极性的方法。它特别重视班级管理活动的结果,重视用班级目标促进师生的行为,并以活动的结果来衡量目标的实现程度。

(二)目标管理在班级管理工作中的作用

在班级管理工作中实行目标管理,具有许多优越性。

(1) 目标管理把班级工作的任务转化为目标,使班级组织的成员都能够知道自己的追求,以此要求自身,并指导和规范自己的行动。这样有利于班级组织的成员转变个人在班级管理过程中的角色意识,由被动转为主动,成为班级管理的主人。

(2) 目标管理使师生具有共同参与班级管理的意识,人人都成为有目标意识的管理者。

这就使班级管理工作从班级管理者的个人行为变成由全体任课教师及全体学生的联合行动，管理效益当然就会提高，效果会更好。

(3) 班级目标管理强调以目标指导为行动，这样，目标的实现过程就很明显，并且容易判断和评价，班级管理工作更容易有序地正常运作，也更容易进行调节和调整。因此，实行目标管理，有利于班级管理者在班级管理过程中保持主动。

(三)班级目标管理的阶段与内容

班级目标管理的过程一般分为三个环节，即目标的确定阶段、目标的执行阶段和目标的考评阶段。这三个阶段是相互贯穿的有序活动，之间有着不可分割的联系。

1. 目标的确定

班级管理目标的确定阶段始于草案的提出之后，目标草案要经过全体班级成员的充分讨论，甚至还要通过多种手段，发动班级成员进行辩论和论证，这个过程往往是一个调动学生积极性的过程。讨论和辩论得越充分，班级成员的主人翁意识越明确，参与和实现目标的愿望越强烈，对偏离或违背目标的行为抵制得越坚决。目标的确定不仅要求班级管理者在班级组织内集思广益，也要征求其他老师和学校各部门的意见，更要主动争取学校领导的指导和支持。除此之外，班级管理者还要参考其他班级的目标管理经验。

2. 目标的执行

依据目标的内容和要求，从各个方面逐步实现目标的过程，就是目标的执行。在这个过程中，班级管理者所起的作用极为重要，这是对班级管理者基本素质和整体水平的考验。这个实现过程不是一蹴而就的，它需要班级管理者积极地组织、协调和督促。

(1) 组织工作。班级管理者执行目标的组织工作，就是使学生明确整体目标内容和分解目标内容，知道为什么会有这些内容，明白自己该做什么，让学生彻底进入角色，通过动员和督促，充分发挥他们的积极性、主动性和创造性。

(2) 调整、调节和指导工作。在执行目标的过程中，班级管理者会发现班级管理目标的定位偏高或偏低，或者有不合理的成分，甚至有内容上的错误，这时候班级管理者就要及时地去调整和调节班级管理目标，使目标内容更为合理、更为切实可行，并且学生在执行目标时，必然会遇到困难，班级管理者就要做好指导工作，通过活动、舆论或其他手段，引导班级组织成员更好地去执行目标，使班级目标管理能够顺利地进行。

(3) 协调工作。执行目标不仅仅是班级管理者的事情，也不仅仅是班级成员的事情，它需要各方面的教育力量齐心合力。这些教育力量涉及学校各个部门、社会与家庭、班级同学和老师，当这些力量发生冲突时，必然会出现内耗，协调的责任就落在班级管理者身上。

(4) 教育工作。班级目标管理的核心问题是调动班级成员的积极性和责任感，这其中最主要的就是做好教育工作。班级目标管理的过程也是班级管理者做好教育学生工作的过程，这种教育就是不断地强化学生的目标意识和目标责任，使学生总是处于一种积极的状态、自觉性之中，同时应该教育、帮助和鼓励暂时落后的学生，使他们能尽快地迎头赶上。对于有些学生的行为偏离及思想上、心理上的某些障碍，班级管理者都要及时地给予帮助，及时转化，这样才能保证班级管理的顺利实施。

3. 目标的考评

班级管理的结果是以目标的实现程度来评价的。目标的考评能使班级工作成绩、个人的突出表现得到充分的肯定，因而能够增强班级组织的信心，对班级成员有鼓舞和激励的作用。同时，通过考评也能够找到差距和不足，以便吸取教训，使班级管理工作少走弯路。在目标的实施过程中进行考评，又能够对班级成员有明显的导向作用和示范作用。考评工作中肯定什么、赞扬什么、鼓励什么，都是一种暗示、一种提醒，这对班级的每一个成员都是非常必要的。班级管理者要使全体成员对班级管理目标的具体指标有较明确的认识，准确把握目标管理的指标，就要经常进行考评，以便明得失，知优劣，奖勤罚懒。

总之，班级目标管理的过程，是一个不断引导学生向班级目标迈进的过程。在班级管理活动中，如果管理者与被管理者都有目标意识，班级组织进步就快，学生成长就迅速。所以在班级管理过程中，班级管理者要不断地用"目标"引导和激励学生，用目标的实现来肯定学生、鼓舞学生，并以此激发他们不断提出新要求，奔向新目标。

(四) 运用班级目标管理方法的要求

班级目标管理是班级管理活动中行之有效的管理方法，但是，只有遵循以下要求，才能更好地发挥其作用。

(1) 目标的一致性。目标的一致性是指目标管理中的目标要与学校目标和班级管理目标保持一致，要以学校目标和班级管理目标为依据。班级各种组织开展活动都要符合班级目标的要求，并且是为实现班级目标要求而活动的。班级管理者、任课教师与学生同心协力，才能使班级工作形成合力，班级工作协同程度越高，管理工作就越有成效，所以班级管理者不能只抓具体矛盾，或是孤立地去处理班级内发生的问题以及个别学生的问题，而应该更多地以一个管理者的眼光，从宏观上考虑班级管理的问题。

(2) 目标的内容应有主次和实施的先后之分。班级目标管理要想全面提高学生的素质，就不能忽视任何方面的工作，但是在繁杂的工作中，班级管理者必须明确班级管理的主要矛盾，抓住班级管理的普遍性问题，解决班级管理的迫切问题，尤其是影响和制约班级活动发展的问题。切忌把注意力放在个别学生身上，或者把主要精力用于做少数学生的工作，这样解决不了根本性的问题。实行班级目标管理，班级管理者务必要找到班级工作的主要问题，这样就等于解决了问题的一半。

班级管理者要找到班级工作的主要问题，就应在实施班级管理工作中注意工作的先后顺序，不仅要考虑好先做什么、后做什么，还要注意内容的衔接、内容的层次以及内容的深化，这样才能使班级目标管理真正科学化、序列化，切忌随意性。

(3) 目标评价的可行性和准确性。目标的评价是班级管理过程的重要组成部分。它不仅要在管理过程的最后环节对目标成果作出判断，而且在执行目标的过程中也起着参照作用。这样说来，目标的评价就贯穿于整个目标管理过程。在班级目标管理中，目标及其评价，调控着班级里的每一个成员，直接影响着班级目标管理行为的成功，它的作用和意义相当重要。因此，班级管理者要重视目标评价工作，并使目标评价体现出可行性和准确性。

目标评价的可行性和准确性，是指目标评价具有可行的操作标准，而且有标准的合理量化和准确表述。有了这样的标准，评价者和被评价者心中就有了统一的参照，有一个公平的尺码。虽然目标评价要由人来操作，但目标评价的标准是准确的，既有对目标行为的定性认识，又有对达到目标的定量评价，这样就有可能实现评价的公平和公正。

当然，班级目标管理的评价，是班级管理者作出的。由于班级管理者的人数较少，在某个问题上作出的结论不一定准确和全面，所以，要在评价活动中广泛听取不同的意见，从而得到准确的评价意见。

典型案例5

阳光灿烂班①

接任班主任的第一周，本人常规检查发现每项都有红旗，沾沾自喜了一阵儿。可有好心人提醒我：光有红旗还不够，要想竞争文明班级，还得看分数，也就是得看在年级的排名。不看不知道，一看吓一跳——年级排名第16，总共18个班级。向孩子们一打听，说：我们一般情况下不是倒数第一就是倒数第二。唉，看样子他们习惯了自己成为弱势群体了，怎么办？于是自己先研究熟悉学校常规检查的条目，同时又物色了一位极能干的卫生委员，负责维持班级卫生；然后身体力行，人们常说"喊破嗓子，不如干出样子"。我每天带着值日生督促他们扫地、拖地、擦窗户等，让他们知道每一步要做到位。常常在似乎不经意间表扬他们、鼓励他们，说一些自己做学生时的事。功夫不负有心人，"威逼加利诱"，在接任班主任的第二周，常规排名年级第四。

有了第一次的成功，下面的工作就容易多了，我对他们的要求一步一步提高，不时地告诉他们：第一，不想做将军的士兵不是好士兵；第二，一个人要是看不起自己，谁还会看得起你呢？第三，一屋不扫，何以扫天下？在继续努力下，我们的常规排名一直在年级中处于上游，每次周一晨会上看见他们在宣布名次前的紧张劲儿和宣读后的大松一口气，就不由得感叹：谁说我们九班是问题班呢？有一次竟然荣获年级第一，孩子们像过节一样，我还自己花钱请他们吃巧克力了，算是对大家付出努力的奖励吧！本学期的期中考试我们班也有很大的进步，在校春季运动会上取得了团体第四的好成绩，并且荣获道德风尚奖，学生自己设计的班徽和标语也获得了好评。

案例分析：

案例中的班级可谓是"阳光灿烂班"：班级灿烂，学生灿烂，班主任也灿烂，其灿烂自有其"历史原因"。接任班主任的第一周，"我"由原来的沾沾自喜到一筹莫展可谓是阳光灿烂后的阴雨连绵，而"我"没有被困难吓住，反而利用了这一弱势群体，把差班变成了强班。这得益于"我"对目标管理的有效运用。第一步，从学校常规目标入手，先研究熟悉学校常规检查的条目，并从班级卫生入手，根据学校的相关目标一步一步地落实：物色一位能干的卫生委员，自己身体力行和严格监督，不经意地表扬和鼓励。在"我"的

---

① 给点阳光就灿烂的孩子——班主任管理的"情感激励"案例。

"威逼利诱"和同学们的努力之下，终于使班级的常规排名达到年级第四，意味着阳光灿烂日子的开始。第二步，制定更高的目标。目标中不仅包含常规目标，也包括非常规目标，要求同学们全面地提高。目标提高了，要求也自然提高了。在目标的指导下，在同学们的努力之下，期中考试也有很大的进步，在校春季运动会取得了团体第四的好成绩，并且荣获了道德风尚奖。真是"一分耕耘，一分收获"，一个被认为是"问题班"的班变成"阳光灿烂班"。

此案例说明一个问题：班级管理需要有一定的目标，有了目标才会有努力的方向。同时也说明另外一个问题：常规管理是基础，即使常规管理目标都达到了，但其他目标却未必能实现。不管目标是不是远大，但都需要一个一个小目标组成，并从小目标入手才能到达班级管理的总目标，所以必须将班级管理的目标细化到可以操作才能产生效果。

五、情感沟通方法

(一)班级情感沟通方法的含义

情感沟通是一种理性和感性的混合交流，它是群体生命的要害。白居易说过"感人心者，莫先乎情"，要维持管理班级群体的动态平衡，沿着既定的目标迈进，就要通过健全及灵敏的沟通结构来实现。师生、生生之间平等的情感沟通，是班集体和谐发展的关键。

(二)班级情感沟通方法的作用

班级情感沟通方法有利于教师很好地利用情感与学生沟通，努力接近学生，在各个方面尽其所能地帮助学生，从而彻底消除戒心，缩短师生双方的心理距离，形成和谐融洽的师生关系，让学生切身感受到班主任是他们的亲人、领头人，以便于师生之间搭建起相互信任的桥梁。在对学生运用反面事例进行教育时，以震撼心灵、激起共鸣、唤醒良知为指导，并使其行为发生巨变。

(三)运用班级情感沟通方法的要求

谈心是一种有助于交流情感、互通情况，并能够有针对性地做好学生的思想工作、解开思想疙瘩、体现人性关怀的有效沟通方法。谈心时应注意讲究方法：一是交心，以诚相见，推心置腹，不能言不由衷；二是要与人和善，既要指出缺点，又要注意正面教育，切不可阴阳怪气、讽刺挖苦；三是要平等待人，设身处地，不能盛气凌人；四是要耐心疏导，由浅入深，逐步启发思想，解开心中的疙瘩。沟通结构应为混合多向型，这种结构既注重班主任(包括科任教师)与学生之间的纵向沟通，又重视同学之间的横向沟通。这种沟通使班级师生之间的思想行动一致，同学之间互相关心，互相谅解，互相照顾，联系密切，协调配合。

典型案例 6

让学生体面下台[①]

一天,物理课上马老师正讲得起劲。忽然,离教室不远的菜市场的高音喇叭里播放起了小品《卖拐》,当小品播放到高潮时,有几位同学随着发出了笑声。

这下可气坏了马老师。他立即查问:"谁笑的?"没有人承认。马老师怒气冲冲地走出教室,找到我,说了刚才的情况。我听后不慌不忙地走进教室,眼光朝全班学生扫视一会儿,才平静地说:"刚才有的同学开小差,听起了小品,但这不能全怪这几位同学。我们的教室离菜市场的高音喇叭太近,就是我也不免听几句。这是我们学习的不利条件,我们怎样克服呢?"

说到这里,我停了一下,注视全班学生。这时,有几位同学举手答道:"专心听讲,就能克服。"我肯定地说:"对,专心致志,就可以两耳不闻窗外事,一心听老师讲课。那么刚才几位同学没有这样做,对不对呢?"只见几位同学低下了头。我又继续诱导:"问题不是要批评这几位同学,而是看这几位同学有没有克服这种困难的勇气。"只见最后一张桌子上的两位学生举起了手,站起来惭愧地说:"老师,刚才是我们笑的。"接着又有一位学生站起来承认了。过后,这几个学生又主动到办公室找到马老师承认了错误。

可见,老师如果能从客观上找到犯错误的原因,给犯错误的学生保留面子,让他们体面地"下台",就会收到事半功倍的效果。

案例分析:

在这个案例中,马老师面对学生的干扰而当场给予批评,却没有收到教育效果,反而生气地走出了教室。面对这件事情,"我"首先从客观上找到学生犯错误的原因,给学生保留了面子,并且使学生在心理和情感上更容易接受教师的教导;其次,"我"采取诱导的方法让学生认识到自己的错误,使其在情感上发生冲突,从而收到了事半功倍的效果。从这两位教师处理事件的方式来看,之所以出现截然不同的效果,是因为他们的课堂管理观不同,对课堂问题行为采取了不同的管理策略。

课堂问题行为是指在课堂中发生的、违反课堂规则、妨碍及干扰课堂活动的正常进行或影响教学效率的行为。课堂问题行为具有普遍性,是教师经常遇到而又非常敏感的问题,处理不好,就会损害师生关系和破坏课堂气氛,影响教学效率。课堂问题行为的有效管理有助于学生的社会化,使学生了解在各种场合受赞同或默认的行为准则,也有助于学生人格的成熟,使学生在对持续的社会要求与期望作出反应的过程中,形成独立性、自信、自我控制、坚持忍受挫折等成熟的人格品质。

[①] 张香春. 让学生体面下台. http://www.jiaoyuzy.com.

本 章 小 结

班级管理的原则与方法是班级管理工作的核心组成部分，搞好班级管理工作，对学校完成教育任务和实现教育目标，具有非常重要的意义。为了构建和谐班级，本章提出了方向性原则、全面管理原则、自主参与原则、教管结合原则、全员激励原则和平行管理原则，围绕促进全体学生和谐发展这一目标，提出了切实有效的班级管理方法，以改进和创新班级建设和管理，体现了新时期班级管理的新风尚。

【推荐阅读】

[1] 钟启泉. 班级管理论. 上海：上海教育出版社，2001.

[2] 沈晓良，范兆雄，凌小云. 班级管理概论. 乌鲁木齐：新疆大学出版社，1995.

[3] 周鸿辉，马甫波. 中小学班级管理策略集萃. 杭州：浙江教育出版社，2005.

[4] 柳清秀. 班级教育管理艺术. 北京：中国文史出版社，2005.

[5] 席酉民，尚玉钒. 和谐管理理论. 北京：中国人民大学出版社，2002.

[6] 班华，陈家麟. 中学班主任实施素质教育指南. 南京：南京师范大学出版社，2005.

思考与练习

一、名词解释

班级管理原则　制度管理法　民主管理法　学生自主管理法　目标管理法

二、简答题

1. 班级管理中要遵循的原则有哪些？
2. 班级管理的方法有哪些？请结合具体的案例进行阐述。

三、案例分析

阅读下面的案例并思考问题。

我们班里有这样一个学生，常因懒惰而忘了写作业。找他谈话他会答应老师今天一定完成，但到第二天检查却拿不出作业来。老师无论是"哄"还是"吓"，他都以不变应万变。

怎么办？不断的失败使我不得不重新考虑转换教育他的方法。那天放学之前，我又找到了他，与往常不同的是，当该生表态"今天一定完成作业"后，我没有到此为止，而是进一步问他：你准备怎样确保作业一定完成呢？他说："今天一定抓紧时间做。"

这方法虽毫无创意，但对他而言很实用，没想到他真能照此方法去做。我趁热打铁，对着全班同学说："同学们，现在老师告诉大家一个好消息：今天××同学能按时完成作业了，因为他有一个非常宝贵的经验。你们想听听他的介绍吗？"大家都说想听，于是我让该生当众作了介绍。虽然这经验非常简单，可对他来说却有着非同的意义，也许是因为他第一次在全班同学面前介绍经验，言语中掩饰不住内心的激动。听完他的介绍，教室里响起了热烈的掌声。

听到这掌声，他脸上洋溢着笑容……我知道他体验到了完成作业后的甜蜜。

放学了，我又找到了他，对他说："以后的作业能按时完成吗？"他说："能！"我感觉到他的语气很坚定，我相信他一定不会令我失望。

以后，他果然都按时完成作业，并把作业做得非常认真、整齐。我也再没有因为他不写作业而找过他。

这事过去了，但对我的启示是很深的。它告诉我，对于那些尝够了失败的苦涩滋味的后进生来说，如果能让他们提前品尝到成功的甜蜜，就能有效地帮助他们树立走向成功的信念，从而激励他们不断地走向成功。

冰心说过："世界上没有一朵鲜花不美丽，也没有一个学生不可爱。"每个学生都是一本需要仔细阅读的书，是一朵需要耐心浇灌的花，是一支需要点燃的火把。如果学生生活在批评中，他就学会了谴责；生活在鼓励中，他就学会了自信；生活在认可中，他就学会了自爱。所以在今后的工作中，我会给学生多一些鼓励，不断总结，使自己在班级管理工作中不断成长。

问题：
结合上述案例讨论，谈谈如何有效地运用全员激励原则。

【实践课堂】
结合真实班级生活中的成功或失败的班级管理案例，探讨教师使用了哪些方法？体现了什么原则？

充满生命活力的班集体是学生成长的沃土。若想让班级充满成长的气息，首先要致力于建设良好的"生长环境"。

——题记

第四章　班级组织建设

本章学习大纲

➢ 班级组织建设是班级管理的基础性工作。
➢ 从静态分析，班级组织建设就是要形成一个组织结构，包括组织目标、组织机构和组织规范三个方面的建设。
➢ 从动态分析，班级组织建设就是教育者通过各种手段将班级培养成班集体的过程。

核心概念

班级(class); 班级组织目标(class organizational goals); 班级组织机构(class organization); 班级组织规范(class organization's normative); 班集体(class group)

班级大整治[①]

刚接手这个班级时，课堂纪律差极了，乱哄哄的，比菜市场还热闹；班上的怪事也多，同学们不是打架，就是去网吧，或是搞恶作剧；班里简直是"娱乐圈"，每天都有"绯闻""爆炸"性新闻……这些现象真是让人头疼。于是我下决心一定要进行班级"大整治"。

我和几位班干部开了个会议，商量怎样治理好这个班级。经过研究，计划通过三套方案彻底让这个班级在每个方面都有所改善。

第一套方案就是让这些调皮鬼的首领——霍勇当纪律委员！这样做的目的就是让霍勇听指挥，借着他的威力让众人安静。这一招果然有效，课堂纪律立刻好了很多。从此，男生们又变回了"绅士"，女生们也都变回了"淑女"。这周我们班终于获得了"流动文明

---

① 农璐焕. 班级大整治. 中国教育曙光网, http://www.chinaschool.org, 引用时略有改动。

红旗"。

虽然课堂纪律好了，但其他方面还是较差。于是，我又使出了第二套方案，决定设立"班级风云榜"颁奖活动，每三周举行一次。这些奖由班委会在三周中观察大家，然后进行评选，列出入围名单，这奖很让大家期待，还真有点像电视上的一些音乐风云榜的样子。果然，这个消息一传出，同学们都变了个样。他们每个方面都很努力地做，都希望自己能入围并获奖。"风云榜"奖项有"最佳文明奖""作业完成优秀奖""衣服整洁奖""热爱劳动奖""纪律奖""进步突出奖""最佳值日生"等十几个奖项，这些诱人的奖，让大家精神振奋，各方面进步都很大！

第三套方案是什么？别急，让我来说给你听。由于课余时间很多学生爱去网吧，导致贪玩厌学，我们班就成立了"放学后俱乐部"，让同学们的课外生活丰富起来，从而实现"劳逸结合"。俱乐部只收取5元钱就可以入会。这5元钱是干什么的？是活动经费，用来买书刊和一些学习用具。俱乐部的活动时间是每周星期六，每到星期六，会员们就都聚集在某位同学的家中搞活动。俱乐部开设了美术兴趣组、"小荷"文学社、书法兴趣组等兴趣小组，小老师则由在这些方面有特长的同学担当。当然，还有"读书天地"，让大家在知识的海洋中遨游，丰富大家的课外知识。

通过全班同学的努力，我们这个班的学习成绩有所提高，纪律变好了。前些天，"文学社"的几篇作文还在杂志上发表了呢！

班级与班集体并不是完全相同的两个概念。班级，作为一种教学的组织形式，是班集体形成的组织基础，班集体只有在班级这种形式的基础上才能逐步建设起来。但并不是每一个班级都称得上是班集体，它需要经过大量的组织教育和管理工作才能形成。马卡连柯也曾指出："集体是活生生的社会有机体。它之所以是一个有机体，就是因为它那里有机构，有职能，有责任，有各部分之间的相互关系和相互依赖。如果这样的因素一点也没有的话，也就没有集体了，所有的只是随随便便的一群人罢了。"班级作为一个群体，只有通过建设才能具有良性发展的动力。在从松散到紧密协作的发展过程中，班主任要知道如何凝聚群体的力量以推动班级的发展。

一个真正的班集体，有着明确的奋斗目标、健全的组织系统、严格的规章制度与纪律、强有力的领导核心、正确的舆论和优良的作风与传统。它能正常发挥其整体功能，有计划地开展各种教育活动，不断地总结经验，使集体不断自我提高、自我完善和不断前进。

班级组织建设是班级管理的核心任务，从哪些方面入手进行建设可使班级成为一个真正意义上的社会组织呢？在班级组织建设的过程中，怎样把一个随机组成的人群变成一个高度组织起来的学生集体，使之成为学生健康成长的乐园？班级组织建设是班主任的基本功，也是衡量班主任工作水平的重要标志。在学习过程中，应将理论与实践紧密结合，积极关注优秀班主任们的班集体建设经验，深入思考，努力践行，争取早日成为一位建设班集体的行家里手。

班级是现代学校教育、教学、管理的基层组织，班级管理的成败直接关系到学校管理的效能。要提升班级管理水平，必须注重班级组织建设，因为这是班级管理科学化、规范化的第一步，也是班级管理的基础性工作。

第一节　班级组织建设概述

学校中大部分教育教学活动都是围绕班级这一基层组织来实施的，现代社会学理论认为只要社会群体具有以下三个组织特征，便会成为社会组织：①具有明确的组织目标；②具有严密的组织机构；③具有严格的组织规范。[1]班级在建立之初，只是一个被赋予了组织形式的学生群体，要使这个群体成为真正意义上的组织，还需要在以上三方面进行积极的建设。

通常"组织"一词可包含两层意思：一是指静态的组织结构；二是指动态的组织活动。因此，班级组织建设从静态方面看就是建立起班级组织的结构，包括组织目标、组织规范和组织机构三个方面；从动态方面看，就是把一个松散的群体，凝聚为一个组织，再进一步把这个组织建设成为集体。[2]我们将从这两个层面对班级组织建设展开研究，深入探寻班级管理的核心所在。

一、班级组织建设的意义

组织是管理的载体，班级组织的存在成为管理的前提，班级组织的发展与建设对班级管理、学校管理均具有重要意义。

(一)有助于提高班级管理和学校管理的效能

从管理学角度看，健全的班级组织机构设置、完善的组织职能、合理的班级管理人员构成、明确的岗位分工、协调的人际关系、畅通的信息交流、稳定的班级运作是班级组织健康有序发展的保障，当班级建立起了这样有力的管理系统，其管理效能定会得到提升。班级是学校教育活动的基本单位，班级组织建设的成效也会直接影响到学校管理的效能。因此，建设完善的班级组织对于提高班级和学校的管理效能具有积极的意义。

---

[1] 郭毅. 班级管理学. 北京：人民教育出版社，2002.
[2] 李学农. 班级管理. 北京：高等教育出版社，2004.

(二)有利于培养学生的集体主义精神

几十名学生从不同的家庭来到学校,组成了学校中的正式群体,群体发展的高级阶段就是集体。集体主义精神必须在集体中培养,学生在学校生活的直接环境就是班级,班级是否能建设成为集体,就关系到它能否形成集体主义思想。只有当班级组织建设达到集体阶段,"集体主义"意识才能真正地走进学生的心田。班级活动是培养集体主义精神的最佳途径,通过"润物细无声"的渗透,逐渐使学生关心集体,热爱集体,亲身体验集体的温暖,从而产生对集体的情感。

(三)有益于学生个性的和谐发展

马克思曾指出:"一个人的发展取决于和他直接或间接进行交往的其他一切人的发展。"学生在班级中直接交往的人很多,与各位老师交往,与许多同学交往,在交往中,互相发生影响,发生作用,这种相互影响与作用正是个性赖以发展的必要条件。在班级组织建设的过程中,学生之间的交往,大多是在积极的有组织的活动中进行的,在这些活动中,学生得到显示自己才能和特长的机会,通过他人的肯定性评价,心理得到了满足,于是获得了"要干得更好"的动力,个性得到主动发展,并且每个学生在不同的活动中处在不同的角色地位,其不同侧面的个性潜能得到培养和发挥。因此,学生个性在班级组织建设过程中可以得到全面和谐的发展。

(四)有裨于班主任自身素质与能力的全面提升

班主任的教育实践大多是在班级组织建设中进行的,在此过程中班主任需要充分了解和研究本班学生的情况,进行细致观察、有效沟通,学会与学生、家长、同行乃至社会力量打交道的技巧。在班级组织建设过程中也不会一帆风顺,遇到问题就需要深入分析、思考、学习理论、请教同行来解决,并在不断的反思中积累经验、增长智慧。正可谓在实践中反思,在反思中成长。班级组织建设作为摆在每位班主任面前的第一要务,对班主任自身素质与能力的全面提升,进而实现班主任的专业成长与可持续发展具有直接的助推作用。

二、班级组织建设的基本要素

班级组织作为客观存在的不断运动发展的有机整体,自有它的构成要素,对这些要素进行研究、分解,有助于班主任从整体上把握班级组织建设的过程,使经验纳入更为科学的轨道。班级组织建设的基本要素主要包括如下几项。

(1) 组织目标。共同的奋斗目标具有极大的吸引力,能使学生对集体生活充满信心,产生凝聚作用,增加集体的向心力,使学生的积极性得到充分的发挥。有了目标,班级就有了灵魂,有了前进的方向和动力。在目标的指引下,全体学生按照目标的要求控制、调整自己的行为方向。因此,有经验的班主任总是在班级组建之初,就注重了解学生的情况,确立班级的奋斗目标,并以目标为纽带,创建良好的班集体。

(2) 组织规范。在班级组织建设中，需要制定出统一的"规范"和"标准"，使各项工作都有章可循，有据可依。因此，班级组织规范具有一定的科学性、稳定性、群众性和严肃性，利于克服班级管理的盲目性和随意性，使学生养成遵纪守法、认真负责的良好道德风尚，也便于对班级管理工作进行检查和验收。

(3) 组织机构。班级中设立的组织机构都具有自治性质，它规定了各个成员的角色、地位、职责、权限，为成员间的协作提供了组织保证。在一个班级组织中，必须有部分热心集体工作、自身素质较好、工作能力较强、在集体中有一定威信和影响力的带头人，形成集体核心，并通过他们团结和带动其他集体成员，沟通信息，协调工作，开展班级活动。

三、班级组织建设的一般过程

班级组织并不是一个静态的存在，而是过程中的存在，班级组织建设是一个复杂的过程，具有一定的阶段性。一个完整的班级组织建设过程大致可分为以下三个阶段。

(一)松散群体阶段

松散群体阶段是班级组成的初始阶段。几十个学生坐进一间教室，有了班主任，开始按课程表上课并进行一些活动。他们来自不同的家庭，情况各异，学习环境也发生了变换，同学之间、师生之间都是陌生的，处在新奇而互相观察的状态，彼此都需要了解，需要建立情感联系。此时，班级还没有奋斗方向，骨干核心还没有出现，学生干部由班主任临时指定，大多数活动由班主任直接参与指挥；班级成员各有各的心思，整个班级还是松散的。

有经验的班主任，这时就会一方面抓紧时间全面了解学生，寻找、选择积极分子并加以培养；另一方面向全班学生提出明确、切实可行的要求，让积极分子响应与支持，指导学生开展丰富多彩的活动，为学生提供交往的机会，促进学生相互了解，逐步提高班集体的吸引力，为下一步工作打好基础。这一阶段主要由班主任引导班级前进。

(二)形成稳定班级组织阶段

经过一段时间的了解之后，学生在交往中开始相互熟悉，产生感情，各种人际关系初步形成，崭露头角的积极分子也在同学中具有了一定的威信。这时，班级骨干力量已较明显，班干部人选可以确定了。在班主任的指导下，通过民主选举评议，将一些有号召力而又热心于为集体服务的学生选入班委会，使班级的凝聚力较前一阶段增强，正确的舆论逐渐占上风。但班级的奋斗目标与行为规范尚未完全变成学生自觉的行为动机，教育要求仍是外因在起主要作用。

这一阶段，一方面，班主任应加强对班干部的教育和指导，给他们提建议并教方法，逐步从直接指挥班级活动状态中解脱出来，让班干部自己来组织开展班级工作，开展集体活动，使他们逐渐懂得自己有权利、有责任引导全班同学维护班级利益，遵守班级的各项规章制度；自己要以身作则，努力成为全班同学的榜样。另一方面，班主任应继续发现积极分子，帮助班干部把这些人团结到班委会周围，以扩大班级的骨干力量。通过实践，班委会在同学中的威信逐步提高，各种教育功能开始发挥，班委会能有效地协助班主任引导班级前进，整个班级已走上正轨。

(三)班级组织发展的高级阶段——班集体阶段

班级发展为班集体，是一个质的飞跃过程。当一个班级有了组织机制并基本稳定后，开始着力发展集体成员的主体意识，形成集体积极的价值共识和追求。这时集体具有了自主管理、自我教育、自己解决集体问题的意识和能力，甚至能让学生自己来设计和变革班级组织管理方式，使之能更好地适应班集体和成员发展的需求。班集体建设的终极目标是使每一个学生的个性得到和谐、充分的发展。这时，集体能自觉地考虑每一个成员的发展需求，尊重每个学生的个性，发现每个学生的长处，为每个成员个性发展提供或创造机会。

第二节 班级组织结构的建设

从班级组织的静态分析，建立班级组织就是要形成一个组织结构，任何一个组织的存在都是以其结构的存在为前提的，没有一定的组织结构，就不可能成为组织。班级组织结构的建设包括组织目标、组织机构和组织规范三个方面。

一、班级组织目标建设

班级组织目标是指通过班级组织建设所要达到的预期行为结果，它是班级组织建设的第一要素。班级组织目标建设的目的在于使班级每个成员在认识、情感、意志和行动上同集体的要求相统一，并将这种要求逐步内化为自身的精神需要，借此提高学生素质，让集体中每个成员的个性获得充分的发展。

(一)确立班级组织目标的原则

确立班级组织目标应遵循如下原则。

1. 方向性原则

班级的组织目标是全班师生共同努力的方向，是全班统一认识和行动的纲领，是国家的教育方针及学校培养目标在班集体建设中的体现，也是学生身心发展水平的反映。因此，确立班级奋斗目标一定要考虑到方向性。

2. 激励性原则

目标是一种激励因素。合适的目标能激发人的动机，调动人的积极性。因此，确定的班级目标要有号召力，要具体形象、生动鲜明、有吸引力，能激发学生的责任心和荣誉感，起到催人奋进的作用。

3. 阶段性原则

各阶段提出的目标应是多层次的，即把目标分成远景目标、近景目标和中景目标。远景目标是班集体成员在某个学习期间经过努力奋斗要达到的目标，也是对学生以后工作和生活有积极影响的目标；近景目标是结合本班、学校、学生的实际情况，分步骤落实在班集体近阶段的具体任务而要达到的目标；中景目标介于两者之间。在制定目标时，要将远景目标分解成中景目标和近景目标。每一个近景目标的实现即向中景目标靠近了一步，多个近景目标构成了中景目标；多个中景目标实现以后，班级的奋斗目标才能实现。确定目标时，还要由低级到高级、由浅入深、由易到难，梯次递进。

4. 可行性原则

目标的确立必须实事求是，既要符合社会的要求，又要符合学校的要求，更要符合班级的实际和学生的特点，在充分总结班级过去的工作情况和现有水平的基础上，提出适度的目标。目标过高或过低都不利于学生的发展。

(二)确立班级组织目标的方法

要建设一个良好的班级组织，先决条件是必须有一个明确的奋斗目标。

如果是接手一个新组建的班级，班主任一接班，就要通过各种渠道、采取各种方式来了解班级，掌握大量的第一手材料，在搞清班级的基本情况以后，为班级提出长远的奋斗目标，然后引导学生讨论，让学生明确为什么要确定这样的奋斗目标，这样的奋斗目标的实现对大家有什么意义，要实现这样的目标要求同学们怎样做，以增加学生对目标的认同程度，便于在班级活动中按目标要求去做。

如果是有建设基础的班级，最好是采用民主商议的方法来确定班级目标，因为这样可以使目标更符合班级的特点和学生的实际，更有针对性和可行性，可激活学生的主观能动性。同时，目标是学生自己提出来的，更符合学生的意愿，能够满足学生的需要，这样就使得目标在实现的过程中更具有激励作用，执行起来也会容易许多。

(三)确立班级组织目标的注意事项

确立班级组织目标应注意如下事项。

1. 选准突破口

突破口往往是能引起班级学生进步的切入点，抓住这个切入点，能够调动学生进步的积极性，通过突破口打开班集体建设的局面。尤其是接手一个较后进的班级的时候，更要注意这一点。

2. 发挥良好的首因效应

确立第一个目标必须慎重，如果第一个目标不能达到，就会使学生产生消极情绪，产生挫败感，动摇学生对班主任、对班集体的信心。这种消极情绪需要相当长的时间，做大量的工作才能转变和消除。第一个目标实现了，不但能提高班主任的威信，更重要的是使学生看到集体的力量，增强学生对集体进步的信心，提高学生为集体进步而努力的积极性。因此，班主任必须注意班级第一个奋斗目标对学生产生的影响作用。

3. 必须实事求是

确定目标之前需认真分析班级同学对目标的认识程度、班级实现目标的基础和能力。目标的难度要符合"最近发展区"的原理。对基础好的班，目标可定得稍高一点，而对基础差的班，目标就应定得相对低一些。

4. 目标要有层次性

班级的大目标确定以后，要进行相应的分解，既有中景目标，也有近景目标。第一个奋斗目标实现后，班主任应该及时引导学生向新的更高的目标前进。随着班级荣誉的增加，集体荣誉感和自豪感逐步加强，便会促使学生提高对集体的责任感，这时作为班集体的成员就会自觉地克服缺点，提高行动的自觉性，因为集体的进步给每一个成员带来了巨大的鼓舞，这种鼓舞力量会推动集体形成良性循环。

5. 力求体现班级特色

设计班级系列教育活动，尤其是近景目标的确定应力求体现班级特色，这也是班级工作创造性的体现。

典型案例1

小学低年级班级目标奖章化[①]

班级组织目标的制定，本身就是一种创新。我在制定班级目标时，尝试了目标奖章化的新形式，即我们在制定班级组织目标时，让学生畅谈各自的意图，形成学生视角中十个方面的内容，每个内容用一枚奖章作为标记，而每枚奖章是以具有某种特性的动物做符号的，如雄狮、公鸡、大雁、蚂蚁、蜜蜂、企鹅、白鸽、唐老鸭、松鼠和金猴，最终成为系列奖章，即自主奖章、班务奖章、守纪奖章、合作奖章、自修奖章、礼仪奖章、卫生奖章、活动奖章、兴趣奖章和创造奖章。这样，班级组织目标就以一种崭新的形式出现了，即目标奖章化。实践证明，这种创新举措很受低年级小学生欢迎，管理效果非常显著。

总之，班级组织目标对班级组织建设意义重大，要确定切实可行的奋斗目标，班主任就必须调查了解班级学生的情况，这一环节必不可少。如果班主任是中途接手一个班，除了要听取前任班主任和其他任课老师的意见外，还必须深入到本班学生及其家长和其他班的学生中去了解情况。如有的班主任每次接手一个新班，都先让学生每人写一份自我介绍，然后集中大家的兴趣和爱好，再结合学校的工作来制定班级的目标。如果接手的是一个基础较差的班，班主任就更需要花大力气去了解情况，查找原因。因为基础较差班的学生，大多有破罐子破摔的心理，学习上没有目标，对自己缺乏信心，领导、教师都感到头痛。

[①] 郭云丽. 班集体建设与学生创新能力的培养. http://www.doc88.com/p-742875741859.html，引用时略有改动。

班主任要一个一个地找他们了解情况，及时发现学生的闪光点，让他们认识到自己的长处、自己的潜力，以激起学生进步的愿望和热情。

二、班级组织机构建设

班级作为正式的社会组织，要有一定的组织机构。组织机构的建立为组织正常的运行提供了坚实的基础，学生通过班级中规范化的组织机构，扮演各种社会角色，培养公民品质，为做一个合格公民奠定良好的基础。

就班级内部来看，常见的组织机构形式有班委会、团支部(或少先队中队委员会)及各种常规性活动组织。

(一)班委会

班委会是保证班内各项工作正常进行的领导形式，是班集体的核心，班主任应根据工作的需要，及时组建班委会。班委会干部一般有班长、副班长、学习委员、文娱委员、体育委员、生活委员等。

1. 班干部的基本条件

班干部应具备如下基本条件：思想进步，性格开朗；团结同学，善于沟通；顾全大局，乐于奉献；勇于责己，能纳善言；勤奋好学，成绩优秀；群众威信高，工作责任心强；全面发展，有个人特长。

一般情况下，班长、副班长应具有全面协调能力，学习委员、文娱委员、体育委员人选应是负责此工作方面的尖子生；生活委员和卫生委员应该是大家承认的热心人，乐于为集体、为大家服务。这样的干部容易被同学们所认同，工作起来影响力大、说服力强。[①]

2. 班干部的选拔

开学伊始，班主任就要善于观察，初步掌握哪些学生比较好学，哪些学生工作能力比较强，哪些学生比较活泼，哪些学生热心为班级服务……班主任可以让学生进行自我介绍，了解学生的感受、想法和打算，在对学生有一个较全面了解的基础上，物色班干部人选。刚接班时，班主任可以先指定某些素质好、组织能力强的同学做各方面工作的临时负责人，经过一段时间的观察、考验和培养后，就可以在班级内组织民主选举或竞选的方式，让学生当家做主，把那些真正有能力、有威信、大家信赖的好同学推选出来，使他们一开始就得到同学的信任、支持和拥护，就具有良好的群众基础。由于民主选出来的班干部是班级同学的真正代表，他们在工作中会得到同学心悦诚服的配合与支持。一个好的班干部队伍一旦形成，班级就有了核心，就可能形成集体，班主任也自然会从繁杂的琐事中解脱出来，

---

① 郭毅. 班级管理学. 北京：人民教育出版社，2002.

更好地集中精力研究教育教学工作。①

3. 班干部的培养

班干部产生以后就要开展班级工作。班主任要对他们进行有计划、有步骤的培养和指导，增强他们的工作意识，激发他们的工作热情，使他们懂得带领全班同学共同进步的意义。

(1) 班主任对班干部要做深层次的了解，熟悉他们的性格特点、活动能力、服务态度、集体精神等，做到知人善任，这样才能发挥每位班干部的特长，从而让他们在最能发挥自己才能的岗位上积极工作，施展才华。

(2) 要遵循用而不疑、疑而不用的用人原则，充分信任，大胆使用，放手让学生干部锻炼，支持他们独立地开展工作，充分调动他们的主观能动性，坚持在任用中锻炼他们的工作能力，利用他们各自的优点帮助其牢固地树立起威信。如经常让班干部当着班主任的面总结班级的工作，让全班学生都感到班干部是班主任的得力助手，班主任信任班干部。

(3) 要教给学生干部工作的方法，鼓励他们创造性地完成任务。班主任不仅要帮助班干部明确职责和权力，而且要教育学生干部树立为集体服务的思想，摆正自己与同学的关系，使他们认识到当干部就要为同学服务，为集体做贡献；肩负着老师和本班同学的信任，在许多方面要成为一般同学的榜样，做到以身作则；要牺牲一部分的业余时间，经得起批评和抱怨。更重要的是教给学生干部工作的方法，如对学生纪律督促的态度，讲解要求时的语气等，做到既不伤害同学的自尊心，又能很好地完成工作任务；在各项具体工作之前，请小干部提前设想，提前安排，自己充当参谋；定期组织召开干部例会，让小干部互相交流经验，取长补短，使他们尽快成熟起来；要与学生干部一起讨论和制定班级的奋斗目标及各项管理规章制度，使他们分工明确，各司其职，做到事事有人管，人人有事做，从而有效地开展工作。班主任由领到扶再到放，培养学生自主管理的能力。班主任要耐心地对学生干部进行工作指导，年级越低，指导得就越要细些。

(4) 民主评议班级干部，增强其自律意识、竞争意识和责任心、进取心。每学期或学年结束时，可以先召开班委会，让学生干部对自己的工作表现进行自评，充分肯定自己的成绩，勇敢地面对自己的不足。然后，组织全班同学对学生干部进行民主评议。

在学生民主评议中，对于评为优秀的、合格的班干部，要给予表扬或奖励；对于不合格的班干部，班主任要根据具体的情况，采取适当的方法予以帮助和教育。对于班干部在工作中的不足和失误，班主任要勇于承担教育责任，帮助学生总结经验教训。②

4. 班干部的换届

在班干部培养的过程中，班主任可采取常任制和轮换制相结合、学生自荐竞选与民主选举相结合的方式，实行班级角色动态分配，保证班级工作既有稳定性和连续性，又能调动全班同学的积极性，使每个同学都有机会参与班级管理。这是一种民主管理的方式，它不仅可以极大地调动学生参与班级管理的积极性，而且能锻炼他们自主管理的能力，培养

---

① 薛忠英. 小学班主任工作. 北京：开明出版社，2006.
② 薛忠英. 小学班主任工作. 北京：开明出版社，2006.

学生的独立性、自主性、创造性等心理品质，使学生得到更大的发展。同时，也可以让学生切实体验到民主、平等，产生主人翁责任感，有利于民主教育。

(二)团支部(或少先队中队委员会)

团支部是共青团在班级中的基层组织，它对组织团员、青年奋斗向上，协助班委会搞好班级工作有着不可低估的重要作用。

中学班级的团支部一般配备团支部书记一名、组织委员一名、宣传委员一名。有经验的班主任非常注意团支部与班委会的配合协调工作，有的安排团支部书记进入班委会，担任班长，一般情况下是担任副班长，主要负责所在班学生的思想工作和组织发展工作，既做到了与班委会的步调一致，又把团员、青年的工作落到了实处。

小学一般在班级中不单独设立团支部，主要靠少先队中队委员会来组织少先队员开展工作，进行活动。中队委员会通常配备中队长一名、副队长一至两名。

(三)全员管理岗位的设置

每个学生都希望得到锻炼的机会，因而不少有经验的班主任还会在班级常设岗位以外增设多个岗位，让更多的学生能够施展才华、参与管理。

1. 常规管理岗位

班级常规管理可设不少岗位，在管理中能够培养学生良好的行为习惯和个性品质。例如纪律检查员，维持课间、活动纪律，调解同学纠纷等；电器保管员，负责电灯、电视、广播、饮水机等电器的开关、保洁等；眼保健操监督员，为同学们提供正确的眼保健操示范，指导、监督同学做眼保健操；礼仪监督员，督促同学佩戴红领巾、校徽，注意队礼规范等。

2. 学习示范岗位

按各门学科要求设立岗位，例如各学科课代表。语文课代表为同学做榜样，阅读、写作起到导向示范作用；音乐课代表悦耳动听的歌声感染着每一个同学；体育课代表良好的身体素质和运动技能，成为同学们锻炼身体和提高运动水平的榜样；读写示范员提醒同学们用正确的姿势读书和写字等。

3. 活动岗位

如增设科技、欣赏、文字等兴趣团体，尽可能地让更多的学生参与。除设立组长等岗位外，还可以在实践活动中寻找岗位，如小台长、小编导、小摄影师、小美工、小主持、小记者、板报主编等，最大限度地发挥每个学生的特长。如有个学生平时学习成绩一般，但表达能力还可以，在一次偶然的课本剧表演中表现出良好的编导才能，教师根据这个学生的特点，可以让他做"小编导"，增强他的自信心。

4. 社区岗位

社区为学生提供了更广阔的锻炼空间和更多彩的岗位：小小超市员、绿化小天使、小交警、小小物业管理员……班主任可以利用双休日，以"就近"为原则，组织学生组成"雏鹰假日小队"，要求学生开展实践活动。通过这样的社区岗位，为提高学生的综合素质提供了更有利的条件。

班主任要引导每个学生找到适合自己的岗位，让每个学生都得到锻炼，尽可能发挥每个学生的特长，提高每个学生的能力。使全班同学人人有事干，班上事事有人干，增强学生的主人翁意识及集体荣誉感。[①]

三、班级组织规范建设

任何一个群体，为达到群体目标而开展共同活动，都必须制定一定的行为准则，这就是规范。班级组织规范就是班级成员在教育教学和日常行为活动中必须共同遵守的准则。班级组织规范建设要从规范的制定入手。

在班级管理中，要制定出统一的"规范"和"标准"，使各项工作都有章可循、有据可依。因此，班规有它的科学性、稳定性、群众性和严肃性。这就使我们在班级管理中可以克服盲目性和随意性，使学生养成遵纪守法、认真负责的良好道德风尚，也便于我们对工作进行检查和验收。

(一)班级组织规范的表现形式

班级组织规范有正式规范和非正式规范之分。正式规范是由正式文件明文规定的规范，如学校和班集体规章制度以及学生守则等。它强制学生该做什么、不该做什么，对学生的行为起定向、约束作用。非正式规范是班级自发形成的或学生之间约定俗成的规范，如校风、班风、班级舆论等。这些规范虽是自发形成的，但却是一种无形的制约力量。学生违背它，就会受到舆论的谴责，从而迫使学生顺从和遵守。

班级组织规范既可以统一班级学生的意见和看法，调节、规范他们的言行，也可以使学生形成共同的认知，与规范保持一致。在班级管理过程中，班主任要组织学生认真学习《中(小)学生守则》和《中(小)学生日常行为规范》的内容，同时要组织学生制定班级的各项规章制度，如《班级公约》《一日常规》等，制定包括学习制度、值日生制度、纪律规范、文明礼貌规范等在内的各项具体规范。学生通过对这些规范的学习，可以明确国家对中小学生的要求、学校的培养目标要求和班级的管理目标要求。班主任可引导学生将班级的组织目标作为其个人目标制定的依据，内化在个人的目标之中。魏书生老师是我国当前著名的教育家，他非常重视班规的制定，他在和学生共同了解《学生法则》和校规校纪的条件下，全体共同讨论确定班规，并不断进行修改完善。他将规章分为日常规、一周常规、每月常规、学期常规、学年常规等，使学生明确每天的目标，减少了随意性和盲目性，并建立了一套行之有效的监督和反馈系统，使班规的制定能顺利地执行和完善。

[①] 周鸿辉，马甫波. 中小学班级管理策略集萃. 杭州：浙江教育出版社，2005.

(二)班级组织规范的功能

班级组织规范具有如下功能:一是协调作用,班级组织规范可以协调集体与个人的行为,以保证共同的目标得以实现;二是保障作用,班级组织规范还可以保障成员在集体中享有的权益,既要个人服从组织,组织也要保障个人的安全与发展;三是塑造作用,班级倡导性的规范为组织成员提供了一种参照模式,班级规范成为组织成员的行动指南,成为成员行动的准则,并潜移默化地塑造着组织成员;四是警示作用,班级规范中禁止性规范起着防范作用,用以警示组织成员。

(三)班级组织规范的作用过程

班级组织规范要讲求实效,规范变成自觉的行动,取决于学生对规范的遵从水平。一般认为,学生遵从规范有三种水平,即服从、认同和内化。在新建班初期,学生对规范的认识程度是服从。学生在外力的控制下对规范的遵从,是学生为了获得奖励或避免批评而遵从规范。随着班级的发展,班级组织规范逐渐被学生认同。认同是学生以他人为榜样进行模仿而表现的遵从。在班集体的形成时期,学生对规范的认识达到内化程度。内化是学生真正认识到规范要求的重要性、正确性以及它的价值,认为自己必须按照规范行动,把规范内化为自我要求。这是一种自律的遵从,规范成为个人较为稳定的观念和行为习惯。要想使班级组织规范建设有序的进行,班主任教师要在学生对于规范已有认识的基础上,逐渐引导,从而使班级大多数学生达到内化的水平。[1]

(四)制定班级组织规范的注意事项

制定班级组织规范应注意如下事项。

(1) 班级法规,一定要符合《学生守则》等教育法规以及学校规章制度的要求,从班级的实际出发,做到切实可行。

(2) 制定班规时,一定要尊重学生的意见,要经过全体学生讨论之后确定,并不断完善。现在学生主体意识很强,作为班主任,不可以领导者自居,充分发扬民主是培养学生创新能力的需要,而创新是一个民族发展的灵魂。

(3) 要建立相应的监督和反馈机构,要有高的透明度,班主任要以身作则,严格遵守,师生共同维护班级规章制度。

(4) 在班规的制定和执行过程中,班主任一定要把握全局,抓住关键,全面考虑,一旦执行过程中发现问题应及时调整,使班规有效运行,落到实处。[2]

---

[1] 李学农. 班级管理. 北京:高等教育出版社,2004.
[2] 孙玉洁. 给班主任的一百条新建议. 北京:开明出版社,2006.

📝 典型案例 2

"特别"班规[①]

新学期开学，我接了一个新入学班级，并担任班主任工作。

开学之初，我就组织班干部制定了班级操行评分表以及一系列的班纪班规，再加上学校和教学部下发的各种条条框框，教室里的宣传栏都贴得满满的了。我相信好的开始是成功的一半，只有从学生入学之初就进行严格规范的管理，奖罚分明，才可能培养出一个优秀的班集体。

可是事与愿违。才开学不到一个月，迟到的、忘记戴校牌的、自习课讲话的等违纪现象层出不穷，班上收到了不少的扣分单。于是，扣操行分、写检查、谈话批评，班干部和我忙得晕头转向。但是该教育的都教育了，大道理小道理也都苦口婆心地说了，学生们却似乎并不理解老师和班干部们的一片苦心，结果是受罚的越来越多了。

我百思不得其解，和其他班主任交换意见，情况也都差不多。可是，法不责众，一个班级如果大半的学生天天急着写检查，还学什么呢？我心乱如麻。

一次偶然的机会，我在一本书上读到了一条经济学法则：监督机制的崩溃，往往是因为在需要小成本的时候没有支付(也就是没有采取"杀一儆百""杀鸡给猴看"的措施)，而到了要支付大成本的时候，已经支付不起了(杀猴杀不起)。当监督力度和可支付的成本有限的时候，要利用人们都有趋利避害的动机，并愿意从众、搭便车的心理，加大对第一个违规者的处罚力度，使之违规的机会成本大到足以遏制他产生机会主义的动机。

这是否能够借用到班级管理中来呢？于是我仔细考虑之后召开了一次班干部会议，征求大家的意见。经过一番讨论后，我们共同制定了一条独立于其他所有班规之外的"特别"班规。该条规定，每周日晚上统计上周第一个违纪的同学为本周本班"需要帮助同学"，由班主任在全班点名批评，而且须写 500 字以上"求上进书"，张贴一周，并于周日晚当着全班宣读。这样，我们班就开始了每周"只罚第一人"的"特别"班规。

"特别"班规执行之后接下来两个星期，班上还真没有出现"第一人"，情况朝着好的方向发展。因为谁都清楚，如果自己跟在别人后面违规，风险一下子就降到了零；但如果自己来充当第一个违规者，则风险就全部落到了自己身上，这时其他人却可以"搭便车"，这显然是个最次的选择。一旦大家都这么想，也就没人愿意第一个违纪了。

可是正当我暗自高兴之时，却发生了一件意想不到的事。平时最听话、从不违纪的团支书竟然当了这个"第一人"。周一寝室卫生大扫除时，她怕把校牌弄脏，就将其放到了箱子里，结果，卫生完了之后因为急着上晚自习就忘戴了，刚好学生会组织检查校牌她没有戴。虽然于心不忍，可是王子犯法与庶民同罪，我不得不"挥泪斩马谡"。

这件事对我触动很大，我意识到学生毕竟都还是孩子，其实偶尔犯点小错也是难免的和正常的，而且隐隐觉得这条班规似乎有什么不妥的地方。很快令人头疼的事就来了，既然"第一人"已经出现，班上几个不安分的同学马上就蠢蠢欲动，居然大张旗鼓地迟到，

[①] 杨瑞桥，董习德. 今天，我们这样做班主任. 长沙：湖南科学技术出版社，2007.

可是班干部却无可奈何。

显然，直接把经济管理法则套用到班级管理之中还是不行的。为此，我组织召开了一次修订班规的主题班会。学生们在激烈的讨论之后达成一致：每周日晚上统计上周第一个和最后一个违纪的同学，相比较扣分多者为本周本班"需要帮助同学"，班主任在全班点名批评，而且须写500字以上"求上进书"，张贴一周，并于周日晚当着全班宣读。

有了这个改进方案之后，我班的违纪行为逐渐减少，学生们的思想也慢慢稳定下来，学习氛围越来越浓。

当然，"特别"班规只是一种班级管理手段而不是最终目的。在接下来的日子里，我不忘加强对学生思想品德的培养，注重引导学生树立高度的集体荣誉感和主人翁意识，努力营造出一种团结互助、积极向上的班级氛围。功夫不负有心人，我班的纪律情况从根本上发生了好转，学生们逐渐养成了好的行为习惯，并把更多的精力用到了学习上以及学校组织的各项活动中。连续三个学期，我班在各个方面取得了一系列优异的成绩，并且期期均被学校评为双先班集体(先进班集体和优秀团支部)。作为班主任的我，在感觉轻松的同时，尤其欣慰。

案例分析：

班规不只是冰冷的条文，它们应像一座搭在师生之间的桥，民主程度越高，这座连接心灵的桥就会越坚固、越宽阔。在班规制定过程中，我们要尊重学生的独立地位，尊重学生的参与权和选择权，让学生参与到制定中来，体现充分的民主性。班规出台后，也并非一成不变，实行一段时间后，再让作为亲身体验者的学生参与到制度规范的评价中来，就其中好的方面和存在的问题谈谈自己的看法，倡导大家提出相关的改进措施。这既可以考查班规的科学性、可行性，又可以深化他们对班规的认知。通过这种参与及体验，充分实现了班级组织规范对学生的自律和他律效果，并激起学生主人翁的责任感和参与班级管理的积极性。在班级管理中，我们需要建立民主、平等、和谐的师生关系，而科学有效的班级组织规范正是推动这种关系向良性发展的动力，对学生的成长起着不可估量的作用。

第三节 班集体建设

班级组织建设的动态过程就是教育者通过各种手段将班级这一学校最基层组织培养成班集体的过程，它是班主任的中心工作，是学校教育教学和管理工作的基础，所以习惯上也把这一建设过程称为班集体建设。关于班集体建设的基本理论，有很丰富的内容，在此着重从班集体的概念、功能、形成的标志、建设途径与方法等方面进行阐述。

一、班集体的概念

什么是班集体？有人把组织有序的教学班看作班集体；有人认为，"班集体是一个有凝聚力和积极向上的班级学生群体"；还有人常常笼统地把任何一个班级都称作"班集体"

或"班级集体"。其实，组织有序的班级作为一种教学组织形式，仅仅提供了班集体发展的基础，班集体又不同于一般意义上的班级群体，班集体是班级群体发展到一定水平的结果。当然每个班级不都是一个班集体，班集体有特定的内涵，需要经过大量的组织教育才能形成。

班集体是按照班级授课制的培养目标和教育规范组织起来的，以共同学习活动和直接性人际交往为特征的社会心理共同体①。对于班集体的概念可从以下几方面来把握。

(1) 班集体是一个以学生亚文化为特征的社会群体，它传导和积淀着班级制度的社会文化基因(教育目标、规范和组织模式)。

(2) 班集体又是一个以教学为中介的共同活动体系，它以课堂教学为中介，整合学校、社会、家庭的教育影响，社会化的共同学习活动是班集体形成和发展的主要整合因素。

(3) 班集体还是一个以直接交往为特征的人际关系系统，通过交往和人际关系，动态地反映了集体与个体、个体与个体、集体与环境的相互作用，标志着集体形成的过程。

(4) 班集体是一个以集体主义价值为导向的社会心理共同体，集体心理的统一性和社会成熟度综合反映了集体主体性的水平。

二、班集体的功能

班集体的功能很早就被一些教育家们所认识。马卡连柯认为："集体是一种很大的教育力量，在班集体中不用任何专门的办法，就可以发展关于集体的价值、关于集体尊严的概念。"苏霍姆林斯基指出："集体是培养全面发展个性的重要手段。"良好的、成熟的班集体具有多种功能，使每一个学生在其中受到教育、得到发展。在实践中，我们能经常感觉到集体影响力的存在，有时它甚至可以产生教育者无法企及的教育影响。

(一)社会化功能

人的社会化，一方面可以通过学校教育教学过程而获得相应的知识、观念、能力等；另一方面，必须通过直接参与社会生活过程，把社会文化、规范内化为自己的社会文化素养。班集体是学生直接生活于其中的微观的社会体系，是实施教育教学活动的组织，也是学生参与社会生活的主要场所。班集体具有积极的价值导向及符合社会发展要求的目标和教育内容，拥有组织机构和制度规范。学生进入班级集体，要成为其中的一员，必然要遵从和依照集体的规范行事，并承担一定的社会角色和责任，与他人合作共事、处理人际冲突、参与制定集体规范和评价集体中的人与事等，这些社会化的角色和行为均为养成一个社会公民的基本品质奠定了基础。

(二)教育功能

班集体能有目的、有计划地把全面发展的教育目标落实到每个成员的身心发展上。既

---

① 王宝祥. 实用班主任辞典. 北京：中国工人出版社，1992.

能向他们传授科学文化知识，教他们社会生活的基本技能，又能教导社会生活规范，训练社会行为方式，培养学生的社会角色。同时根据马卡连柯提出的"平行教育"原则，培养出一个好的集体，就会有效地教育影响"一伙人"中的每一个人。集体是教育学生的有效手段，在教师的教育实践中，应通过科学的方式教育影响集体，提高集体的素质，并用集体影响个体，达到关注和促进每一个学生发展的目的。同时，教育者要把针对个别学生的教育置于集体教育背景中来加以考虑，在教育个别学生的同时，科学地运用集体教育的因素，达到既教育集体又教育学生个体的作用。

(三)归属功能

良好的班集体具有相互关爱、尊重平等的人际关系和自由安全的心理氛围。学生作为其中的成员，能得到集体的尊重、关爱，能感受到自由、安全、愉悦的集体心理氛围。这对学生的心理健康而言，无疑是一种最好的保护剂。同时，学生作为集体中的一员，能在关爱、尊重他人和承担集体责任中发现自己的价值，从而获得人格上的自尊感。每个学生在班集体中都有自己要好的朋友，他们可以通过交流、沟通排解各种不良情绪，理解他人和被人理解，进而调整自己的不良心理和行为。同学之间的交流不仅能满足学生求知的需求，还可以在相互理解中获得心理上的支持。良好的班集体具有积极的价值追求，而集体积极的价值能对学生心理、行为起着促进、引领的作用，它使学生能感受到来自集体的精神力量，感受到生活的乐趣和生命的意义。

(四)发展功能

良好的班集体是学生个性和谐发展的平台。

(1) 班集体的自主管理为学生提供了不同的责任岗位，使学生担任不同的角色，学生在承担集体责任和角色时，产生对自我的积极期望，并在努力发挥作用中促进个性情感、能力、社会性、行为等方面发生积极变化。

(2) 班集体具有丰富多彩的活动和精神生活，在集体活动中，每一个学生都有展示自己才能、发挥个性创造潜力、获得集体成员肯定的机会。

(3) 集体生活中展开的各种评价，有利于形成学生积极客观的自我意识，唤起积极的自我价值追求，从而促使其个性和谐、健康地发展。

在集体生活中，学生之间、师生之间的交往，也是学生个性发展不可缺少的养分。班主任、教师积极健康的个性及其与学生的和谐关系，是学生个性健康发展的重要保障。能为学生个性的自我塑造提供现实的精神榜样，学生之间和谐的人际关系和交往能为学生个性和谐发展提供丰富的精神内涵，并提供相互借鉴、学习的榜样。

三、良好班集体形成的标志

班集体作为一个不断运动、不断发展变化的有机整体，它由雏形到真正形成集体，必然有可以考查和评判的具体内容和标志。实践证实，良好的班集体对学生的身心发展能产生极大的推动作用。一个良好的班集体应该具有如下四个标志。

(一)有共同的奋斗目标

共同的奋斗目标，是唤起集体内在发展动力和达成共识的重要手段，是良好班集体的重要特征。共同奋斗目标对集体发展具有激励和导向作用，能够把大家吸引到集体中来，充分发挥集体中每个成员的积极性，在逐步实现目标的过程中分享集体的欢乐和幸福，从而形成集体的荣誉感、责任感和强大的班级凝聚力。

(二)有坚强的领导核心和健全的组织机构

班集体中组织设置健全、人员构成合理、岗位分工明确，构成了有层次的工作关系的网络系统，班集体的领导核心——班委会、少先队中队委员会或团支部委员会，具有很强的工作能力，能够很好地履行工作职责、完成工作任务，且班干部之间形成分工合作、民主团结的关系，在同学中有威信，以身作则，能带动全班同学实现共同的奋斗目标。

(三)形成健康的舆论和优良的班风

集体舆论，就是班级中占优势的、为多数人赞同的言论和意见。它以议论、褒贬等形式肯定或否定集体的动向和集体成员的言行，成为个人和集体发展的一种力量，是学生自我教育的重要手段。马卡连柯说过："儿童集体里的舆论力量，完全是一种物质的、实际上可以感触到的教育因素。"正确舆论树立与否，是衡量班集体是否形成的重要标志之一。一个班级形成了正确舆论，能使班集体更加团结，更加富有朝气，更能帮助每一个成员健康成长。因此，必须重视集体舆论这一集体成员变化的"晴雨表"，保证正确的舆论导向。正确的舆论能使正气发扬，不正之风无立锥之地，以至不能存在，这是形成优秀班风的基础。

班风是班集体中长期形成的情绪上、言论上、行动上的共同倾向，是班级特有的一种风气。这种风气一旦被巩固和保持下来，就形成了传统。在优秀的班集体中总会有一种特别的空气，这种空气，就像雨后田野上的春风，清新、温暖、沁人肺腑、令人振奋。那些不守规矩的孩子，一走进那个教室就情不自禁地有所顾忌和收敛，时间久了，就会被教育和熏陶过来。这种能对集体中每个学生都产生强大影响的力量就是班风。优良的班风要靠正确的集体舆论来支持，正确的集体舆论和优良的班风不是自发产生的，而是相互强化、相互影响的，是班主任正确引导和全班师生共同努力的结果。

(四)建立和谐的人际关系

班级人际关系主要包括五个方面，即学生和学生之间的关系、学生和老师之间的关系、学生和家长之间的关系、班主任与任课教师之间的关系、教师与家长之间的关系。和谐丰富的人际关系是班集体建设的重要内容，是班集体凝聚力的黏合剂，也是良好班集体的重要特征。良好班集体的和谐人际关系，能够使班集体健康成长，也能使集体中的每个学生茁壮成长。

典型案例3

李镇西的"未来班"管理

在李镇西多年的教育生涯中,他曾经和学生们共同努力,在他的"未来班"中渐渐形成了自己一些独特的班级管理模式。这些做法,在今天看来仍然显得很有新意。

(一)轮流"执政"的干部制度

"未来班"的班委干部都是自愿报名,通过竞选产生的。班委一般成员半学期更换一次,班长一学年更换一次,不得连任。到了毕业时,全班绝大多数同学都已担任过班干部。这种学生干部制度,体现了学生高度自觉的班级主人翁责任感,同时,又有利于学生在竞争中培养自己的各种创新能力和奉献精神。

(二)宜于竞赛的小组结构

"未来班"的每一个学生小组都是由五六位学生组成的有利于全面竞赛的综合性小组:既是学习小组,也是劳动小组、体育小组,还是文娱小组等。李镇西在编组时,尽量考虑"人才"(学习、体育、文娱等方面)的和谐搭配,使小组之间的各种竞赛条件尽可能公平统一。实践证明,这种宜于竞赛的小组结构,既有利于小组内同学之间凝聚力的产生、上进心的培养、互助精神的发扬,更有助于整个班级集体主义向心力的形成和进取创造精神的激发,使班集体充满温暖和活力。

(三)发展个性的兴趣社团

除了统一组建的学生综合小组外,为了发展学生个性、培养学生多种能力,"未来班"还有不少课外兴趣社团:"凌云"文学社、小发明组、集邮小组、学生记者组、小剧团、"攀谈社"、小篮球队、小足球队等。这些兴趣社团活动的时间一般是午间、周末、星期日或节假日等课余时间。

(四)多元交流的友谊班级

"未来班"先后与乐山市五通桥中学、成都十二中和北京外国语学院的学生班级结成友谊班,把班级建设置于一个更广阔的天地,变思想教育的封闭性为开放性,利用班外的一些积极因素增强班级教育;同时,让学生在与友谊班的交往中增长社会知识,扩展胸襟视野,培养社交能力。

(五)共同享用的集体财物

在班级内部有意识地创设一部分属于大家的共同财物,交给学生自己管理、使用,这也是培养学生集体主义情操的有效方法。在"未来班",服务性工作都是学生们自愿承担的。每天早晨,教室里保温桶里的开水总是同学们抢着灌满的;课间休息时间,小书柜里几百本书,同学们随看随取,看完后放回书柜,从来没有丢过一本书;讲桌上、窗台上的花,不时有同学松土浇水,一年四季,鲜艳芬芳。

(六)陶冶心灵的口琴乐团

"未来班"的口琴乐团是颇具特色而全校闻名的。全班每一个同学都是演奏者。学生进校第一天,李镇西便要求全班同学每人必备一支口琴,口琴乐团便这样自然组成了。他常常利用班会课或其他课余时间教学生吹奏口琴。到了初三，口琴乐团已初具规模，除了大多数学生的口琴之外，还有两名小提琴手和十来名手风琴演奏者。

(七)独立主编的《未来日报》

《未来日报》是由全班同学轮流担任主编"出版"的手抄报。从"未来班"正式成立之日起出第一期，以后每天按时"出版"，星期日、节假日也不中断，直到毕业。《未来日报》的统一要求有：①一律四开大小。②报头必须有班名、班训、班徽图案、主编姓名、期数和"出版"日期。③报纸的所有内容均是主编一人撰写，不得有一点转抄。④排版、抄写、美工等也由主编一人独立完成。《未来日报》确实体现了学生集体观念与创造精神的有机统一。

(八)记录班史的班级日记

从新生进校的第一天起，便由值日生写每天的班级日记。班级日记有两个基本要求：一要认真按时完成，不得有缺漏。二要忠实地记录下班上的各项成绩、存在的问题以及班内当日发生的各种大事或变化等。

从初一到初三，两年多时间过去了，当初学生们给自己提出的目标基本达到，成立"未来班"的条件基本具备，于是举行了隆重的"未来班"成立大会。在热烈喜庆的气氛中，唱起了班歌，宣读家长的贺信，老师致辞，同学们互相祝贺勉励，大会还通过了将收到的一笔家长祝贺款捐赠给北京圆明园修复工程处的决定。最后，同学们表演了自己编写的三幕话剧《相会在未来》。第一个"未来班"毕业以后，李镇西在总结经验的基础上，又开始了更多个"未来班"的建设。

案例分析：

班级是教育者培养青少年的最基层单位，班级是青少年成长的最基本环境，因而它应是被精心培育的集体。

李镇西通过自己的思考和尝试，通过组织学生积极参与班级管理，锻炼学生自治、自理、自育能力，构建起具有丰厚内涵、功能齐全、民主平等、宜于竞赛、利于合作、发展个性、开放交流、滋养心灵的班集体。这是李镇西的经验积累、阅读思考、改革创新的结果，是李镇西在班级建设方面的独门秘籍。当然班集体的建设方法多样，每位班主任都可以摸索出适合自己班级的特色之路。

四、班集体建设的途径与方法

将一个松散的班级建设成良好的班集体需要经历长期的过程，付出艰辛的努力，但班集体的建设过程也是有路径和方法可循的。下面介绍几种可供借鉴的有效途径与方法。

(一)班集体建设的途径

班集体不是教师简单教育出来的，而是在共同活动和交往中形成和发展的。活动是班集体和学生个体相互作用、协调发展的中介。因而，共同活动是班集体建设的基本途径。

根据班集体共同活动的性质和活动方式的不同，我们把班集体建设的基本途径分成以下四个方面。

1. 在教学活动中建设班集体

教学活动是班集体最主要的共同活动方式。传统意义上的班集体建设往往把课堂教学活动排斥在外，在教学活动之外进行班集体建设。同时，以知识、技能教学为中心的课堂教学，又忽视了来自学生群体的动力和课程资源，致使班集体建设的过程和教学活动相分离。在新课程理念的指导下，课堂教学不仅是学生的认知过程，也是集体成员的社会性合作、互动分享的过程，还是集体成员情感、态度、价值观的建构过程。这就需要在教学活动中关注班级学习共同体的建设。

在课堂教学活动中建设班集体的关键是：①应把班级学习共同体(即班集体)建设作为教学活动的重要目标之一。②充分挖掘教学活动，促进班集体建设的各种教育因素。如：借助教材引领集体价值；创新学习活动方式，激活集体学习氛围；平等对话，优化集体人际关系；开展班级集体成员间的合作、互助、分享等，把教转化为学生的主动学习。③开展集体性学习评价活动。④营造快乐、有序、有效的集体学习心理和文化。

2. 在发展性班级管理中建设班集体

发展性班级管理是相对于传统的规范性班级管理而提出来的。发展性管理不仅考虑班级管理对集体的规范功能，更关注管理对班集体和每一个学生的发展功能，注重班级管理在目标、组织、制度、方式上的变革、创新。

在发展性班级管理中，首先，应确立以学生集体与个体的和谐发展为本的理念，把管理作为发展的手段，强调管理方式应随着学生集体和个体发展的需要而不断变革；其次，强调教师对班级的管理方式应有利于发展集体的自我管理与自我教育；再次，在班集体不同发展水平和阶段中应有与之相适应的集体管理目标、规范和方式，不能一成不变；最后，教师应尊重集体意愿，运用对话、合约及集体决议等方式形成集体目标与管理规范，让集体逐步成为班级管理的主体，让每一位学生拥有在集体管理中"自我满意"的角色。

总之，班级发展性管理应随班级学生集体与个体的发展而动态变革，不存在某种一成不变的最好的班级管理模式。

3. 在班本化教育活动中建设班集体

班本化教育活动是指在班级教学活动、班级管理活动之外的根据班级特点和需要开展的集体活动，如主题班队会、班级特色活动、社会实践活动、集体心理辅导活动以及课外集体体育游戏活动等。由于班本化教育活动在目标、内容及形式上的多样性、丰富性，因而对丰富班级集体和个体的精神生活，形成集体精神、丰富集体体验、发展每一个学生的个性具有十分重要的意义。

开展班本化教育活动应注意以下几个方面。

(1) 班本化教育活动应从本班级特点和发展需要出发，形成有机的活动体系，确保能有效地促进班级集体和个体的整体发展。

(2) 班本化教育活动应关注针对班级集体和个体发展中的关键性的主题。

(3) 要精心设计集体教育活动，不仅要考虑活动的教育内容，还要考虑活动结构、过程、情境和角色的设计，分析活动对集体心理和不同个体心理的影响。

(4) 实施中要让学生真正成为班集体活动的主体，教师在活动中要随机引导，组织集体性的自我评价，使集体活动过程成为学生的自我教育过程。

当然，班本化教育活动也不是开展得越多越热闹越好，而应当选择班集体发展中必需和关键性的活动，注重集体活动的教育内涵。

4. 在随机教育中建设班集体

班集体建设过程往往不是一帆风顺和直线式的，由于种种原因，班级生活中总会发生各种随机情况，如学生之间的冲突、班里出现的不良现象、突发事件、好人好事等。虽然这些情况发生是偶然的，但却是集体心理和观念的客观反映，可以成为教师深入了解集体的窗口、进行集体建设的活的课程资源。如能抓住这些契机，进行随机教育，可以引导学生集体在解决问题中达成共识，提高学生解决集体问题的能力，从而使班集体得到健康的发展。因此，随机教育也是班集体建设的一条重要途径。

班级中发生随机情况往往是难以预测，甚至有时是不易觉察和稍纵即逝的，作为教师应善于观察，分析事件背后所反映出的集体现象和问题本质，切忌就事论事、主观臆断，而应抓住时机。在开展随机教育中应注重唤醒班级成员的集体意识，尊重和引导集体在真诚的对话和沟通中，共同解决问题，关键是要使集体在问题解决中得到成长。

上述班集体建设的各种途径在实践中是相互联系、相互影响的。班主任应当在促进集体和个体共同发展的主线下，整体思考和设计班集体建设的活动，这样才会取得更好的效果。[①]

(二)班集体建设的方法

做任何事情都涉及方法的问题，班集体建设当然也不例外。多年来，广大班主任积累了班集体建设的许多经验，总结出了一些班集体建设的方法，这里主要介绍以下几种方法：目标管理法、立体教育网络法、系统教育活动法、规范制度管理法、自我教育法。

1. 目标管理法

目标管理法是指在班级建设中，科学地确立集体奋斗目标和个人奋斗目标，以经过努力可以实现的目标推动班集体建设的方法。运用目标管理的方法建设班集体，把建设班集体的工作引向科学化的轨道。班集体的目标管理是一个完整的过程，它包括制定目标、制定实施措施、检查与评价、最终鉴定等内容。

目标管理法在班集体建设过程中是主导性的方法，通过确立切合实际的目标，可以凝聚学生团结进步的力量。每一个具体目标的实现，都会使班级在前进的道路上发生小的质变，集若干小的质变就会引起班级发生根本性的变化，实现形成团结友爱、奋发向上的班

[①] 胡麟祥. 班集体建设的含义和实践途径. 中国德育, 2007(5).

集体的总目标。

2. 立体教育网络法

立体教育网络法是现代系统思想在班集体建设中的一种体现。班集体是一个大系统，班集体的建设过程，是各项教育力量的综合运动过程。各种教育力量的交织作用，就成为班集体的立体化教育网络。有没有教育网络，意味着有没有教育合力，这关系到班集体建设速度的快慢和质量的高低。班集体建设立体教育网络的基本构成因素包括班委会、任课教师、家长、少先队(共青团)、课外活动等。充分发挥各种构成因素的作用，对于班集体的建设具有重要的意义。

3. 系统教育活动法

系统教育活动法是指在班集体建设中，围绕班集体奋斗目标所开展的一系列教育活动，使班集体建设通过各项活动来实现的方法。从班级实际出发所开展的一系列互相衔接的有实效的教育活动，即系统教育活动。教育活动的根本目的是育人，让学生在活动过程中提高认识能力、实践能力，培养良好个性，学习做人。教育活动的实效性如何，取决于活动的内容、形式和学生参与的程度。要取得好的效果，活动的内容必须正确、科学、深刻，要符合班集体建设和学生个体发展的需要，符合学生的年龄特点、生理特点、心理特点、知识水平、品德水平、能力水平；活动的形式必须新颖、活泼，为学生所喜闻乐见。

4. 规范制度管理法

规范制度管理法是班主任以规范和制度去引导规正学生的言行，从而推动班集体的形成和发展的方法。规范制度管理法要求班集体根据《学生守则》和学校规章制度的要求，从本班实际出发，制定出切实可行的有关规章制度和常规，使班级进行的每项工作、开展的各项活动，都有相应的规范和制度标准。所制定的有关规章制度要简单明确，具体可行。多从积极方面鼓励，避免从消极方面限制防范；规章制度一经建立，要保持相对的稳定，不能朝令夕改；要坚决执行，不能流于形式。

5. 自我教育法

自我教育法是指在班集体建设过程中，班主任指导学生充分发挥自我教育的作用，从而使班集体健康发展的方法。自我教育，既包括个体的自我教育，又包括集体的自我教育，在班集体发展过程中，二者是辩证统一的。

集体的自我教育，能够引发、促进每个成员的自我教育，而集体中个别成员的自我教育，也会促进集体其他成员的自我教育。

学生的自我教育能力是其主体性发展的表现，教育者应注重挖掘学生自我教育的"潜能"。实施自我教育法，要尊重学生，相信学生，把握学生特点，给学生创造自我教育的机会。

本 章 小 结

　　班级组织建设是班级管理的核心任务，本章主要讨论了班级组织建设问题。概要地介绍了班级组织建设的意义、基本要素及一般过程，并分别从静态和动态两个角度阐述班级组织建设的操作过程。在静态层面阐述如何建立起班级组织的结构问题，即提出组织目标、制定组织规范和建立组织机构；在动态层面讨论怎样把一个松散的群体，凝聚为一个组织，进而把这个组织建设成为集体的问题。班集体是班级组织建设的最高阶段，也是班级组织建设追求的最终目标。

【推荐阅读】

[1] 熊华生. 班级管理智慧案例精选. 上海：华东师范大学出版社，2011.
[2] 李镇西. 我这样做班主任：李镇西30年班级管理精华. 桂林：漓江出版社，2012.
[3] 魏书生. 班主任工作漫谈. 桂林：漓江出版社，2005.
[4] 万玮. 班主任兵法. 上海：华东师范大学出版社，2005.
[5] 万玮. 班主任兵法2(实战篇). 武汉：长江文艺出版社，2008.
[6] [美]雷夫·艾斯奎斯. 第56号教室的奇迹. 北京：中国城市出版社，2009.

思考与练习

一、名词解释

班级组织建设　　班集体

二、简答题

1. 班级等同于班集体吗？说说二者的联系与区别。
2. 谈谈你对班集体概念的认识，并说明一个良好的班集体应具备哪些特征？

三、案例分析

阅读下面的案例[①]并思考问题。
　　网络，在多方面影响着初中学生的发展。在我们的一个实验中，曾尝试借助网络改造班级组织，利用网络为个人服务、为班级发展服务。

一、直面问题

　　班级建设对学生的成长有着重要的作用。通过研究，我认识到当时自己负责的班级存在以下问题。

---

① 马海涛. 网络介入班级组织建设的案例分析. 思想理论教育，2007(10).

一是共性有余但个性不强。这个班虽说是有体育特色，但真正在体育队里训练的学生也只占班级成员的一小部分。我考虑的是，如果我们班没有体育这个特色，还有比人家强的地方吗？我认为首先需要突破这个关口，创造出班级个性，提高综合实力。

二是就想法而言，全班同学还不能把班级当成自己的家。我一直在思考这样一个问题：如何让同学们更加积极地参与班级的活动，产生对班级的归属感？

三是以往的班级管理主要由班长管理，而班长的管理目标没有明确规定(其主要原因是目标没有写成文字，故无法按照被量化的条文行使)，以至于做事条理不清晰，甚至不分急缓轻重。如此解决班中大事，既有独裁的倾向，也可能造成个人意见纷争的局面。

如何克服这些难题，我们准备借助网络载体更好地建设班级。

二、以班级网站建设为起点

我们以班中八位电脑技术比较熟练的同学为骨干，将全班分成两个制作小组，依照已定的栏目，如班级简介、作品展示、生活点滴、每日之星、难言之隐、友情链接等，再加上显示班级特色的班徽、班训、班旗，班级网页初具形态。许多栏目需要花一些工夫，比如作品展示，就要搜寻同学们平时所做的课件、小报等作品，还要合理排版，适当美化。网站选取了同学们平时所制作的课件、美术作品及撰写的佳作等，从这些既有内涵又有个性的作品中，不仅能感受到我们班级其乐融融的学习与生活氛围，同时网站上对体育训练、学习进度详细而透彻的规划与安排，更能体现出我们班体育与学习共同发展的优势与特色。

此刻，同学们也纷纷开始制作自己的个人网页，彰显自己的个性与风采。不甚精通电脑的同学也在同伴的帮助下完成了自己的作品。每一位同学的责任心在这一过程中显露无遗，许多制作上的难题在老师的指导、同学的帮助和同学们自己的钻研下迎刃而解。

待两个制作小组的网页完成之后，同学们通过浏览，看到了网页的闪光点，也看到了许多不足之处：网页排版清晰，内容却太枯燥；文章新颖，却没有动听的音效及精美的插图。于是，两个制作小组互相交换了意见，取长补短；还在网上浏览了其他学校的班级网页，从中吸取经验，产生了不少灵感。

三、网络全面影响班级组织生活

在网站建设过程中，形成了一系列需要承担责任的网络岗位。岗位责任人身上都有了一份使命感，为完成自己的任务而努力着，对自己的作品力争精益求精，绝不会半途而废。在潜移默化中，同学们的责任心增强了，成就感也提升了。

现在，班级的发展目标、具体计划、实施方案、教育资料等，都可以在网站上展示，同学们能更有层次地了解班级的特色，体会班级生活。在利用网络建设班级的过程中，同学们懂得了如何正确利用信息科技为班级、集体服务，在掌握信息技术的同时，实现了自己的健康成长。网络随着班级的建设而建设着，不断地形成学生的个性与班级的个性，同时也增强了同学间互助、合作的意识，形成了和谐向上的班级氛围。

班级主页面基本完善之后，全班每一位同学的个人网页也已制作完成，八位主管同学则将所有网页一一整合链接。

一切准备就绪，我们举行了开通仪式，由同学们自己主持。男女生的网页各具特色，女生的漂亮可爱，男生的简约明了；女生给网站起名为"白e时代"，而男生则起了个十分有气势的名字——"纵横校园"。再次浏览成型后的网站,同学们感觉到自己的心血没有白费,找到了一种家的感觉。

网站既然已经开通了,就不能搁置在原地,应得到更好的维护,为此我们也形成了新的"网络岗位"。有的担任网站维护员;有的担任新栏目的制作员,比如英语课代表就为自己量身定做了"英语问答"栏目。每个同学都要为自己设定网络岗位,对其所负责的板块进行规划与制作,不仅培养了自己的兴趣,而且丰富了班级的课余生活。这些分工具体细致的网络岗位的形成,不仅完善了网站内容,也让同学们多了一份认真与敬业。

管理网络化后,班级的长远计划和近期计划也公布在班级的网页中,从班长原先勾画的雏形,逐步加入同学们的建议或意见,在此过程中,网页内容日益丰富,同学们对这个班集体的关心程度也大大提高。开放、互动的管理模式,使班级管理进一步民主化。而且,班级网页的建成提高了班级的办事效率,也真实地记录了这个大集体和每一位成员的成长。

问题:
1. 结合案例深入分析该班级是如何挖掘本班优势、采用创新手段进行班集体建设的?
2. 你还能想到哪些特色的班集体建设方式?

【实践课堂】

深入一个班级,考查该班的班级组织建设状况及班集体发展水平,并提出改进方案。

> 班级日常管理是班级管理的重要内容，是班级工作的重要基础。
>
> ——题记

第五章　班级日常管理

本章学习大纲

- 环境管理是班级管理活动的基础。
- 学生的管理与指导是班级日常管理的核心。
- 学生的评价有助于教师进行有效的管理。

核心概念

制度环境管理(system environment management)；物质环境管理(substance environment management)；物质生活管理(substance management)；班级座位编排(classroom scating arrangement)；时间管理(time management)；奖励与惩罚(reward and punishment)

引导案例

桃花依旧笑春风[①]

　　春天到了，距离高考一天近似一天。虽说还有三个月的时间，但是同学们的心情已十分紧张，教室里没有歌声，甚至没有笑声，连性格一向开朗的学生都整天紧锁眉头。有不少学生把高中三年所有的课本，连同各科参考书一起堆在书桌上，他们躲在这堵"墙"后，与世隔绝，埋头苦读。不少学生天天学习到深夜，似乎变成了不食人间烟火的隐士。班长在后面黑板上挂出了倒计时的告示牌。教室里空气紧张得似乎划根火柴都会点着。作为班主任，我看到这一切，十分焦虑。心想：高考临近，学习紧张是合情合理的，但过分紧张却会形成心理压抑感，而压抑感会限制学生的情感、精力和智力，使之不能正常流露和发挥。如不及时疏导，会破坏心理平衡，导致心理疾病。那么怎样才能稳定他们的情绪，使

---

① 张万祥. 班主任工作创新艺术100招. 南京：江苏教育出版社，2002.

之具有健康的心态，让他们该学则学该笑则笑呢？我陷入了深深思索之中。以后的几天，我几次要求学生放松心情，指出过分紧张的危害。道理讲了一大堆，但收效甚微。

一天，放学后，我在校内小花园散步。抬头一看，满树桃花开得正艳，真是"万树丹彩灼春融"。我豁然开朗，觉得找到了调节学生紧张情绪的钥匙。我决心把学生拉到五彩生活中，拉到明媚的春天中。我相信烂漫的桃花会引起学生的遐思，激起他们对生活美的追求，于是，我兴冲冲地走进教室，按捺不住地告诉同学们："去小花园看一看吧！春天来了，桃花开了！"埋头读书的学生抬起了头，布满血丝的双眼有了神采，紧锁的眉头舒展开来。他们三三两两随我走进小花园欣赏桃花。他们欣赏，他们感叹，他们欢笑。李春晓摇头晃脑地吟道："忽如一夜春风来，千树万树桃花开。"王玲叫道："甭瞎诌了，是'千树万树梨花开'。"李春晓慢慢悠悠地说："你说的是岑参岑诗，我吟的是李春晓李诗也。"周围的同学都笑了，我不禁也笑了。第二天，班干部组织全班同学在校园里栽下了50棵芙蓉树。以后，课余时间，同学们常常提着水桶、端着脸盆去给芙蓉树、桃树浇水。从那以后，课上，他们全神贯注地学习，专心致志地读书；课外，他们长跑、赛球、开展智力竞赛，教室里又响起了笑声、歌声。

高考是学生一生中最重要的阶段，在高考前学生背负着巨大的心理压力。如果教师不能对学生进行有效的心理疏导，巨大的压力会影响学生的考试成绩，导致学生心理失衡。在本案例中，班主任成功地把人本的理念渗透到学生管理中。首先班主任能够发现问题。班主任通过敏锐的观察，发现因为高考临近，学生背负了沉重的心理负担。这种压力不仅影响学生的学习，而且损害了学生的身心健康。其次，班主任找到了打开学生"心结"的方法。学生的心灵是美好的，只是在沉重的压力下，阴霾遮蔽了心窗。教师借助盛开的桃花，巧妙地引导学生欣赏桃花，丰富他们的精神世界，使他们调整好心态，以微笑面对未来的挑战。班级日常管理需要细心、耐心和爱心，只有用心去哺育，才能使学生健康地成长。

班级日常管理的能力是班主任必须具备的基本素养之一。班级日常管理不仅需要掌握必要的班级环境管理理论，学会对学生进行常规管理与指导，而且要熟练掌握学生评价的艺术。在班级常规管理内容的学习过程中，不仅要关注理论，更重要的是通过相关案例的研讨以及实践探索，掌握班级日常管理所需要的基本技能。

班级日常管理是指根据班级规范对班级的日常工作进行管理。日常管理既是一种管理对象，又是一种管理手段。班主任通过日常管理使班级正常运转，建立基本的秩序，为学生创造一个有序的学习环境。

第一节 班级环境管理

环境是影响人们生活和发展的各种因素的总和。环境对人的发展具有一定的影响，人可以改变环境以适应自身的需要。班级环境管理就是对影响班级的环境进行人为的控制和调节，为学生发展创造良好的条件。班级环境管理包括班级制度环境管理和班级物质环境管理两个方面。

一、班级制度环境管理

制度环境主要指班级日常生活常规，包括日常必须遵守的行为规范等。制度环境中有些是非正式的、约定俗成的，有些是正式的。但无论是什么样的制度环境都在学生发展中发挥着重要的作用。学生在班级生活中所感受到、接受到的规则、制度与价值在保证他们融入班级组织、顺利开展各种教育活动的同时，还以潜移默化的方式引导学生理解班级的规则、规定和常规，为其在现在和将来适应范围更加广泛、内涵更加深刻的社会生活进行着预期的社会化过程。[1]

(一)考勤制度

班主任按照《中学生守则》的要求，督促学生遵守作息时间，严格考勤制度，为教育教学以及班级管理创造良好的环境。考勤制度的基本内容包括考勤范围、考勤的标准、考勤的计算、考勤程序、考勤审批手续、考勤注意事项等。

(二)课堂学习秩序

课堂学习是目前学生学习的主要形式，建立课堂学习秩序是班级管理的重点。课堂学习中常见的问题行为有中断教学、反抗行为、分心行为、攻击行为等。[2]不良的行为会影响课堂学习秩序。课堂学习秩序包括听课秩序和作业秩序。听课秩序具体要求为：[3]上课预备铃声响后，学生应该迅速进入教室，准备好上课用品，静候上课；凡迟到者要打报告，得到老师允许方可进入教室；上课时未经老师同意，不得擅自离开座位；上下课应听班长口令全体起立，向老师致敬、问好；上课要专心听讲，积极思考，认真做好笔记；提问先举手，回答问题应该起立，声音洪亮；上课不干扰正常课堂教学，不看与课程无关的书籍；课堂交流要在老师安排的时间内进行，交流中不谈与主题无关的话题。作业是学生复习、巩固应用知识的重要形式，作业的基本要求是课前预习，课后认真复习，按时完成作业，

---

[1] 李乔生. 班级制度规范的隐性德行分析. 小学德育，2008(1).
[2] 林进材. 班级经营. 上海：华东师范大学出版社，2006.
[3] 田恒平. 中小学班级常规管理. 上海：华东师范大学出版社，2008.

书写工整，卷面整洁。

(三)考试管理

考试是主考者根据一定社会要求，在一定的场所，采取一定的方法，选择一定的内容，对应试者的德、才、学、识、体所进行的有组织、有目的的测度和甄别的活动。[①]考试不仅是对学生知识的考查，更是对学生人格的检验。因此班主任要做好考试管理工作。一般而言，班主任首先要做好思想教育工作。考试前，班主任要对学生强调考试的意义以及基本要求，使学生明确考试的价值。其次，要公平合理地处理好考试成绩。

二、班级物质环境管理

班级的物质环境是以物质为载体的环境，它是由人工创设的，能发挥育人功能的环境。班级物质环境一般包括教室的空间大小、色彩、灯光和照明，教室的布置和班级座位编排等几个方面。其中与班级日常管理密切相关的是教室的布置和座位编排。学习(班级、课堂)环境作为儿童发展的微系统，儿童在个体发展的基础上与微系统中的同伴交流、学习、成长，班级氛围不可避免影响到学生的学习和发展。[②]因此，作为班主任，应该重视班级物质环境的建设，为学生学习和发展创造良好的条件。

(一)教室的布置

广义而言，任何一个学习的空间均可视为教室，而教室中引导学习的每个情节是明确的、独立的，是广义课程内涵的一部分。在现代教学理念下，教室要集中体现以学习者为中心。因此，教室布置的意义不仅仅是为学生提供学习的场所，更重要的是如何发挥其应有的教育价值。教室的布置主要体现在教室环境的创设上，不同的教室环境发挥不同的作用。

1. 教室布置的原则

教室布置应遵循如下原则。

(1) 教育性。教育性指教室布置的内容要符合其中的某一项教育目标。如是否具有道德性，是否承载了一定的知识量，是否反映了一定的教育理念，是否具有一定的审美教育性，内容是否鼓励个性化和创新性，是否体现了一定的互动性(互动包括学生指向环境和环境指向学生两种不同方向的互动)，是否体现合作性与生成性。[③]

(2) 实用性。教室布置不仅为了好看，更重要的是要发挥教育功能。环境布置不能仅仅是一种物化环境的装饰，需要超越，把教室环境看作物理层面的美化，应该关注其之于个

[①] 廖平胜. 考试学. 上海：华中师范大学出版社，1988.
[②] 桑青松，黄卫明. 班级环境、学习方式对中学生成功感的影响. 宁波大学学报(教育科学版)，2007(12).
[③] 谢翌，徐锦莉. 教室环境：一种被忽视的课程. 教育理论与实践. 2008(11).

体的教育意义来设计，作为一种课程进行开发。一方面，要重视教室环境的设计，应该当作一种重要的课程来研制；另一方面，不能走另一种极端，要避免"圣诞树"式的环境设置，即并非设置的东西越多越好、越全越好，而需要有清晰的主题，需要关注美感和教育意义。[①]基于现实的思考，需要重视以下问题：教室布置如何为学生学习服务，如何为教学服务。在布置教室的时候可以适当添加一些与教学有关的适用资源，这是教室布置增加实用性的有效方法之一。

(3) 个性化。教室的布置要体现个性化。所谓的个性化要求每间教室的布置都要体现教师的价值追求、班级文化的取向、学生个性的张扬。教室布置要避免统一化的倾向，真正发挥教室的功能。

(4) 艺术性。教室不仅是学生学习的地方，也是潜移默化影响学生的场所，教室布置本身就是显性课程和隐性课程的结合体。教室栏目的大小、字体的选择以及色彩的搭配要适宜。

(5) 针对性。传统的以不变应万变的布置方式不适合学生发展的需要。因此，教师在布置教室的时候，要根据班级的特点，考虑不同的布置方案。

(6) 主体性。教室布置的主体是教师和学生。教室布置是教师与学生共同完成的。教师提供主体设计思路，学生动手操作。涉及学生相关问题的时候，师生共同协商解决问题。在教室布置的过程中，要避免两种倾向：一是放任自流，完全由学生来布置；二是教师独断专行，完全不考虑学生的意见。

2. 教室布置内容与操作

依据不同的功能可以把教室布置划为不同的类别：教学单元类、作品展示类、荣誉榜、时事与时令、生活辅导、休闲娱乐类、工具类、装饰类、杂物类和置物柜等。[②]

一般而言，对于教室布置的具体操作主要包含以下几方面。[③]

(1) 班训与班徽。班训和班徽一般张贴在黑板的正上方，起到提醒、告诫和激励作用。班训一般由全班共同制定，字数不宜过长。班徽由班级学生共同讨论决定，具有一定的价值内涵，是班级思想的精华。

(2) 管理园地。管理园地的设立不仅可以杜绝学生在教室里胡乱张贴的现象，同时可以保证对班级规范化的管理。管理园地可以张贴如下一些内容：《学生守则》《班级公约》《干部名单和职责》《分组名单》《值日表》《课程表》等。一般将管理园地设置在教室前墙黑板右侧前门进门处。

(3) 公布栏。公布栏主要张贴一些临时性内容，比如各种通知、获奖情况、检查评比结果以及出勤竞赛情况等。

(4) 荣誉栏。荣誉栏一般设置在教室后墙上方，会张贴班级荣获的各种荣誉和奖牌。

---

① 谢翌，徐锦莉. 教室环境：一种被忽视的课程. 教育理论与实践，2008(11).
② 林进材. 班级经营. 上海：华东师范大学出版社，2006.
③ 田恒平. 中小学班级常规管理. 上海：华东师范大学出版社，2008.

(5) 板报或者墙报。教室后墙的板报或者墙报占据的空间比较大，在教室布置中具有重要的地位。板报或者墙报的设置要选择好设计版式、主题，而且要装饰美观。

(6) 学习园地。学习园地一般是配合教学来设计的。学习园地可以开辟出很多专栏，比如"五色土""金手指""百草园"等。

(7) 其他。其他内容主要指壁柱布置、阅读栏等。这些布置也是教室布置的重要组成部分，发挥着重要的教育功能。

(二)班级座位的编排

座位编排是指学生日常座位次序的排列方式。[1]座位编排主要包含两个方面：班级座位排列以及学生座位安排。班级学生座位排列的空间形式，潜在地影响着整个课堂气氛，并对学生的学业成绩、学习态度和课堂参与产生着不同的影响。[2]尤其是在新课程理念下，班级座位排列对于实现课程改革的目标，实现班级日常管理的转型具有重要价值。

1. 座位编排方式

座位编排方式通常有秧田式、新月式、圆形或者方形、模块型、分组编排、自由式编排等几种。

(1) 秧田式座位编排模式比较适合班级授课制。在这种座位排列中，学生左肩邻右肩，后面学生面对前排学生后背，横排和竖排对齐，因其酷似秧田而得名。秧田式的座位编排方式体现了教师中心的思想，便于教师对学生管理和监控。它的主要弊端在于：不利于学生个性的发展，不能关照到全体学生。随着社会的发展，秧田式座位编排样式出现了几种形态：4×2样式、队列式以及扇面式。

(2) 新月式座位编排方式也称为马蹄形、U字形。这种座位编排方式比较适合学生讨论，便于学生之间交流。教师位于U字形缺口的顶端，可以直接进行板书，也可以进行相关的讲课活动。而U字形中间的部分学生可以从事角色扮演等相应的活动。这种座位编排方式的缺点是增加了学生对视行为，容易影响课堂纪律。受到人数的限制，如果人数超过30人，可以采用双马蹄形编排。

(3) 圆形或者方形编排主要便于学生相互学习与开展讨论。学生可以组成环形小组。由于这种编排方式容易受到对视以及非语言交流的影响，教师可以采取如下策略：①把具有领导潜力的小组长安排在醒目的位置；②把特别安静的人安排在小组长对面，或者安排在健谈学生的对面；③把特别愿意说话的学生安排到小组长旁边。教师可以坐在角落，也可以坐在学生中间，这样便于监控，避免学生左顾右盼，扭动身体。

(4) 模块型设计主导思想在于学生都有自己的活动空间，避免相互干扰。这种座位编排方式主要适用于学生自学，常常用于个别化教学。

(5) 分组编排是适应新课程改革中学生自主学习、合作学习和探究学习需要而设计的一

---

[1] 李学农. 班级管理. 北京：高等教育出版社，2004.
[2] 孔德利. 班级学生座位人本编排的实践与思考. 上海教育科研，2006(5).

种排列方式。每个小组 3～5 人，学生可以讨论、探究、发表意见，为学生个性化发展提供了条件。

(6) 自由式编排是教室内装有"万向轮"的课桌，平时采用单人行列编排方式。一旦有需要，可以把课桌随意组合成任何一种方式。

2. 传统班级座位编排方式的弊端

中学教室班级座位排列方式缺乏科学依据，随意性比较大。总体来说，传统班级座位编排方式不合理现象主要表现在以下几个方面。

(1) 高矮型。在座位排列方式上严格按照学生的身高考虑座位编排。一般来说，身材矮的在前排，身材高的在后面。这种倾向有其合理性，在一定程度上能保证公平性。但是，也会对学生产生一些影响，特别是在秧田式座位编排中，学生受到关注程度会降低。

(2) 成绩型。不少班主任按照学生成绩优劣来编排座位，座位成为教师奖优罚劣的工具。哪个学生成绩好，哪个学生就有机会挑选好的座位。这种座位编排方式很容易挫伤学生学习的积极性。

(3) 表现型。有些班主任根据学生平时的表现好坏来编排座位，表现好，编排上等座位；平时表现差的学生只能坐下等座位，甚至给表现不好的学生以"专座"的形式，以示惩罚。这种编排似乎有一定的道理，殊不知这样做不但不能促使学生的不良品行得到改正，反而容易致使学生产生逆反心理和自暴自弃的行为，很明显是不可取的做法。[①]

(4) 任意型。没有任何的依据，学生或者自己选择或者由教师随意安排。看似公平的背后体现的是不负责任的态度，很难考虑学生的特殊情况。

(5) 关系型。教师在编排座位时，依据自己与家长关系的远近来安排座位。与其家长关系密切的学生排在好的位置，反之则安排在较差的位置。这种座位编排带有明显的功利性，严重损害了教师的形象。

3. 班级座位编排的原则

班级座位编排的主导思想是以人为本。以人为本的座位编排不仅能够促进良好班风的形成，而且有助于培养学生的交往能力和团队合作精神，为学生的全面发展营造健康的教育环境。[②]从以人为本的角度出发，班级座位编排应遵循下列原则。

1) 互补性原则[③]

所谓互补性原则就是要打破传统的座位格局，达到优势互补，为学生提供一个能够充分发展自我的环境。主要包括以下几个方面。

(1) 品行互补。把不同性格、气质、品德的学生安排在一起。结合学生综合情况，教师可以做出如下的搭配：独立性较强的学生与依赖性较强的学生，脾气急躁的学生与稳重有耐心的学生，意志不坚定、缺乏顽强刻苦精神的学生与勤奋踏实、孜孜不倦学习的学生等。

[①] 黄文彬，许召强等. 对中小学座位编排的若干思考. 现代中小学教育，2002(6).
[②] 孔德利. 班级学生座位人本编排的实践与思考. 上海教育科研，2006(5).
[③] 冒树明，朱圣宏. 学生座位编排管见. 中小学管理，1999(2).

这种互补效果胜过教师的直接教育，并且可最大限度地减少性格冲突，有利于营造宽松和谐的人际关系。

(2) "智能"互补。要尽量把知识和能力不同者编排在一起，实行智能互补，达到优化组合、共同进步的目的。

(3) 环境互补。不同环境培养出来的学生会有不同的个性。如城镇与农村、生活富裕家庭与生活贫困家庭、幸福家庭与不幸家庭之间的差异会给学生造成一定的影响。因此，在编排座位时，也要有所顾及，使学生都能健康、和谐地发展。

(4) 性别互补。性别因素也同样具有很大的互补和诱导作用，如女生的含蓄和善于观察与男生的粗犷和喜欢表现，女生的形象思维、注重感情与男生的抽象思维、注重理性，女生的认真细致与男生的坚毅敏捷等，均可优势互补。

2) 灵活性原则

所谓灵活性，就是教师要根据教学实际需要灵活选择座位编排方式。因为不同的教学活动、不同的互动形式对学生学习以及管理会有不同的影响。Sommer研究指出，学生活动中所选择的互动类型和座位有很大关系。①个别的工作。此类型的学生选择远离别人的座位，或是以各种布幕隔开别人的视线，在不能避开他人的时候，也常选择桌子的尽头，或者远离教室中心、靠近墙的位置，并试着保持距离来保护自己的隐私不受干扰。②分工的工作。此类型的学生当进行合作性质的工作时，通常会选择靠得很近，以方便相互讨论议题，所以教师在安排座位时应该考虑分工的情况。③竞争的工作。当工作本身具有竞争性时，一般人会选择坐在比较靠里的座位，以理解别人的进行情形。学生在参与竞赛时，比较喜欢坐在对手的对面，如此可以增加彼此目光的接触，计划彼此竞争的动机。①

从上述观点出发，教师需要根据不同学科、不同课程类型的需要，灵活选择座位编排方式。学生排列好座位次序之后，需要定期变动。变动的方式主要有两种：①采用座位轮换方式；②定期重新排列座位。

第二节 学生的管理与指导

班级常规的制定为学生成长与发展提供了保障。学生是处于不断发展中的人，需要教师在生活、个人生涯规划、学习和健康方面给予必要的指导。

一、生活管理与指导

班级是一个集体，在集体中学生必须学会与同学、教师和舍友和睦相处，学会合作，生活管理与指导的意义正在于此。在班级常规中，教师要帮助学生过好集体生活，合理利用时间，开展集会活动。

---

① 林进材. 班级经营. 上海：华东师范大学出版社，2006.

(一)集体物质生活管理

班级是以年龄或者能力为标准组成的一个特殊群体。由于学生来自不同的背景,有着不同的爱好,在班级中难免会发生各种各样的冲突,因此,班主任要加强对学生集体生活的指导。

集体物质生活管理是班主任通过制度、约束等手段,对班级公物、学生着装以及宿舍等进行管理,使学生形成基本的规范,保证班级稳定运行。集体物质生活管理包括班级公物管理、学生着装管理和集体宿舍管理。

1. 班级公物管理

班级公物管理的主要任务是培养学生爱护学校和班级公共物品的品质。在班级公物管理中,班主任要做好以下工作:①明确公物管理的依据;②制定公物管理办法。

2. 学生着装管理

着装能体现一个人的气质,得体的着装是个人社会交往中不可缺少的礼仪规范。着装管理主要是指对学生的日常着装和校服着装进行管理。班主任首先要向学生明确着装管理的依据与意义。其次,班主任要明确着装的基本要求。例如:穿戴整齐,朴素大方,提倡穿校服,禁止穿紧身透明衣、无袖衫、超短裙、露脐装,不得披挂衣服,不得穿高跟鞋、拖鞋和过厚底的鞋等;头发干净、整齐,男生不留长发,不烫发、不染发、不留怪异发型、不剃光头;女生不化妆,不佩戴首饰,禁止描眉、涂口红,戴太阳镜、戒指、手链、脚链、耳环、十字架等饰物;不留长指甲,不得染指甲;每周一必须按学校规定穿校服;学生如果违反班级要求,应进行教育并责令改正。[1]

3. 集体宿舍管理

在一些寄宿学校,班主任还要对学生宿舍进行管理。学生宿舍管理主要关注宿舍卫生、宿舍的纪律以及宿舍安全等。

(二)学生时间管理

学生时间管理旨在使学生养成合理规划和利用时间的习惯。学生时间管理主要有班集体时间管理和学生个人时间管理。

1. 班集体时间管理

学校是一个具有高度组织性的机构,一切都按照相应的流程有条不紊地进行。因此,在学校中,学生的各项活动都要有明确的时间要求。依据学校教育的特点,为了更好地促进学生的发展,班主任要做好班集体时间管理工作。班集体时间管理的核心是课堂时间。教师应该根据学科性质,规划运用好班级学习时间。课堂时间管理首先要充分做好教学准

---

[1] 田恒平. 中小学班级常规管理. 上海:华东师范大学出版社,2008.

备，合理安排教学流程。其次，根据教学活动需要，合理安排时间，明确学生在教学既定时间内的基本活动。除了对上课时间进行管理外，班主任还要对值日生分配、用餐时间、休息时间和放学时间进行管理。

2. 学生个人时间管理

学生除了在教学过程中要遵守既定的时间安排外，还有很多个人支配的时间。这些时间管理成效如何，不仅影响学生的学习成绩，而且对学生个人的发展具有重要影响。班主任对学生个人时间管理主要目的是使学生正确认识时间的价值和意义，帮助他们在学习工作中制订计划，合理使用和安排时间。班主任对学生个人时间管理上要关注以下几个方面。

(1) 要求学生做好时间规划。班主任可以指导学生制定比较详细的规划，列出详细的任务，合理安排时间。

(2) 指导学生有效支配时间。班主任要指导学生做好时间统筹管理，有效地利用时间。

(3) 教给学生时间管理的方法。在日常生活中，人们常用的时间管理的方式有两种：备忘录和规划表。备忘录是记录自己的时间安排，反思自己安排不合理的地方，不断进行改进。规划表是按照预定的时间规划，完成相应的任务。

(三)集体社会生活管理

1. 集会活动管理

集会活动属于全校性的集体活动，是班级精神最集中的体现。班主任在集会活动管理中要注意以下几点：①做好集会的组织工作。在集会过程中，班主任要充分发挥班干部的优势，做好相应的组织工作；②明确相关的纪律要求。在日常工作中，班主任要对学生进行集会纪律方面的引导和教育，让学生养成自觉遵守集会活动纪律的习惯。

2. 人际交往的指导

人总是生活在一定的群体中，在群体生活中，人际交往是传递信息、增加相互了解必不可少的方式之一。人们通过交往的方式，了解交往的规则，适应社会。从这个意义上说，人际交往是人社会化的基本方式。人际交往指导的最终目的是促进学生形成健康的人格，形成健康交往的品质。教师指导学生人际交往时主要应采取如下措施。

(1) 提高对人际交往的认识。现代社会是一个开放的社会，人与人以及与周围的环境无时无刻不在进行着复杂的联系和交流。交往不仅是人们获取信息的渠道，而且也是适应现代社会生活的重要手段。积极的人际交往也为个人的发展创造良好的氛围，更有利于创造性的发挥。因此，掌握必要的交往技能和技巧、进行合理的人际交往对学生个人发展尤为重要。

(2) 了解学生人际交往的特点。现代学生大都是独生子女，他们有自己既定的特点，同时受社会等因素的影响，学生人际交往特点具有一定的复杂性。总体来说，现代学生人际交往的特点主要有：友谊是人际交往的首要因素；学生人际交往是通过非正式群体实现的；缺少与父母的沟通；人际交往具有很大的局限性，具有明显的校园属性。班主任只有了解学生人际交往的特点，才能有针对性地对学生进行指导。

(3) 转变错误的交往观念。受社会的影响，学生在人际交往过程中，往往会形成错误的交往观念。现实中学生错误观念常表现为：以自我为中心；自我封闭，缺乏交往意愿；盲目追随，缺少交往原则；急功近利，把交往当作达成某种目的的手段。这些错误的交往观念会对学生产生不良的影响，班主任要及时更正和指导。

(4) 教给学生交往的技能和技巧。人际交往是一门艺术，也是一门学问。班主任要定期对学生进行培训，教给学生必要的人际交往的技能和技巧。这些技能和技巧包括沟通的技能、语言能力、口语交际的能力、交往的基本礼仪、交往的心理等。

二、个人生活指导

个人生活指导是指就学生个体人生的整个生活领域，结合生活实际给他们的学习和生活给予具体引导和帮助，使其获得尽可能充分和全面的发展，并通过生活实践的磨炼，帮助他们形成自我选择和自我决定的能力。[①]在班级管理中，班主任对学生个人生活指导主要包括两个方面：人生规划和解决学生困惑。

(一)人生规划

教育教学的基本目的之一是为学生未来发展奠定基础，合理的人生规划对学生未来的发展至关重要。随着社会的变革，学校教育中统一的人生规划不再适应社会发展的需要，追求个性化发展成为人们的一种选择。每个人都有自己的追求，都有自己的选择，学生也不例外。人生规划是职业生涯规划的预备，是学生必备的技能。人生规划主要包括生活规划、学习规划、工作规划和成功规划。一般而言，人生规划主要包括以下步骤：认识自我，确立目标，确定目标达成的途径，职业发展规划，职业行动，修正规划。在中学阶段，班主任首先要指导学生正确认识自我，进行自我定位；其次，根据个人需要和特点选择不同的职业发展方向；最后，班主任指导学生选择合适的途径，实现既定的目标。

(二)解决学生困惑

中学生在学习及生活中会遇到各种各样的困惑，班主任要给予指导和帮助。中学阶段，班主任主要关注两个方面：关怀生活困难的学生和解决学生异性交往的问题。

对于生活困难的学生，班主任要积极予以关怀。这种关怀不仅局限于物质方面的支持，还在于精神方面的鼓励。班主任在关怀生活困难学生时还要讲究艺术，不要伤害学生的自尊心，此外，班主任还要对学生进行正确的引导，营造人文关怀的环境，帮助学生走出心理困境。

中学生正处于青春发育期，异性之间交往是一个非常敏感的问题。班主任首先要鼓励

---

① 班华. 中学教育学. 北京：人民教育出版社，1992.

异性同学正常交往。在指导过程中，班主任要培养学生健康的交往意识，采用合适的交往方式，把握交往的尺度；其次，班主任要引导学生走出早恋的误区。

三、学习指导

学习指导是班主任的重要工作。从班级管理的角度看，学习指导不仅是指向具体学科和课堂教学，而是着眼于全体，关注课外的学习。具体而言，学习指导包括以下两个方面。

(一)关注学生非智力因素的发展

非智力因素主要是学生的学习兴趣、意志品质等。在智力因素相同的情况下，非智力因素对人的成功起着关键性的作用。为了促进学生非智力因素的发展，班主任应关注以下几方面。

1. 培养学生学习兴趣

从心理学角度看，学习兴趣是学生对学习活动或者学习对象的一种积极认识。它是学习积极性中最现实、最活跃的心理成分，是学生把"要我学"变成"我要学"的强大动力。要培养学生的学习兴趣，班主任首先要重视学生学习兴趣的培养；其次，班主任要掌握培养学习兴趣的方法和技巧。

2. 帮助学生养成良好的学习习惯

"习惯"是人们后天获得的趋于稳定的动力定型。习惯一经形成，不容易改变。学习习惯是学生在学习活动中形成的稳定的态度和行为。良好的学习习惯对学生的学习具有促进作用，也是学生取得良好成绩的重要因素。一般而言，良好的学习习惯主要有以下几个方面：①按时完成作业的习惯；②预习和复习的习惯；③良好的休息习惯；④勤于思考的习惯。

3. 培养学生的意志品质

学生在日常的学习中往往会遇到这样或者那样的挫折，在面对挫折时，意志品质会发挥重要的作用。在学习中，学生需要学会坚持，要有知难而上的勇气。

(二)学习方法的指导

方法影响学习效率，正确合适的方法对学生学习至关重要。班主任要重视学生学习方法的指导。对班主任来说，指导学习方法的目的是使学生形成自主学习的能力。

1. 指导学生选择学习的方向

中学生来自不同的家庭，有着各自的兴趣和爱好，对学习的认识水平也不相同，因而也就有着不同的学习选择。班主任要根据学生的特点，帮助学生选择适合自己的学习方向。在指导学生选择学习方向时主要依据以下四个方面：①根据兴趣选择学习方向；②依据能力优势选择学习方向；③依据社会需求选择学习方向；④依据自身发展的需要选择学习方向。

2. 指导学生掌握学习方式和方法

学生在学习过程中，需要掌握必要的学习方式和方法。班主任首先要指导学生掌握具体的学习方法。我们所说的具体学习方法主要指阅读的方法、记忆的方法、听课方法、复习的方法等；其次，班主任要帮助学生转变学习方式。在新课程理念下，自主学习、合作学习和探究学习成为主要的学习方式。每一种学习方式都包含不同的理念以及相应的操作策略。因此，班主任要使学生明确这些学习方式，促进学生学习方式的转变。

3. 指导学生学会阅读

阅读是学生获得信息的重要方式。中学阶段学生的阅读包括阅读书籍、报纸和期刊，以及浏览网页。针对这些内容，班主任要做好以下工作：①指导读书的方法。班主任要教会学生读书的方法，比如读书要做读书笔记，要勤于思考，养成积累资料的习惯；②指导学生浏览网页的方法。学生从网络获得信息的主要方式是浏览，为此班主任要指导学生掌握浏览的方法。此外，班主任还要指导学生学会选择和辨别正确的信息。

4. 指导学生参与社会实践

社会实践是学生了解社会、应用知识的过程。在社会实践过程中，学生不仅能够客观公正地了解社会，还能锻炼自己的能力。因此，班主任要有意识地指导学生养成主动参与社会实践活动的习惯。

四、健康指导[①]

为贯彻落实《中共中央国务院关于加强青少年体育增强青少年体质的意见》(中发〔2007〕7号)对健康教育提出的工作要求，进一步加强学校健康教育工作，培养学生的健康意识与公共卫生意识，掌握健康知识和技能，促进学生养成健康的行为和生活方式，依据《中国公民健康素养——基本知识与技能(试行)》及新时期学校健康教育的需求，2008年12月1日中华人民共和国教育部印发了《中小学健康教育指导纲要》。

(一)指导思想、目标和原则

1. 指导思想

健康指导以邓小平理论和"三个代表"重要思想为指导，按照科学发展观的要求，全面贯彻党的教育方针，认真落实健康第一的指导思想，把增强学生健康素质作为学校教育的基本目标之一，促进学生健康成长。

---

① 武陟县教育局. 中小学心理健康教育指导纲要. http://www.wzjyj.gov.cn/onews.asp?id=838.2009-04-08.

2. 目标

健康教育是以促进健康为核心的教育。通过有计划地开展学校健康教育，培养学生的健康意识与公共卫生意识，掌握必要的健康知识和技能，促进学生自觉地采纳和保持有益于健康的行为和生活方式，减少或消除影响健康的危险因素，为一生的健康奠定坚实的基础。

3. 基本原则

学校健康教育要把培养青少年的健康意识、提高学生的健康素质作为根本的出发点，注重实用性和实效性。坚持健康知识传授与健康技能传授并重原则；健康知识和技能传授呈螺旋式递进原则；健康知识传授、健康意识与健康行为形成相统一原则；总体要求与地方实际相结合原则；健康教育理论知识和学生生活实际相结合原则。做到突出重点、循序渐进，不断强化和促进健康知识的掌握、健康技能的提高、健康意识的形成、健康行为和生活方式的建立。

(二)健康教育具体目标和基本内容

中小学健康教育内容包括五个领域：健康行为与生活方式、疾病预防、心理健康、生长发育与青春期保健、安全应急与避险。

根据学生生长发育的不同阶段，依照小学低年级、小学中年级、小学高年级、初中年级、高中年级这五级水平，把五个领域的内容合理分配到五级水平中，分别为水平一(小学1、2年级)、水平二(小学3、4年级)、水平三(小学5、6年级)、水平四(初中7～9年级)、水平五(高中10～12年级)。五个不同水平互相衔接，完成中小学校健康教育的总体目标。

1. 初中阶段的目标和基本内容

1) 目标

了解生活方式与健康的关系，建立文明、健康的生活方式；进一步了解平衡膳食、合理营养的意义，养成科学、营养的饮食习惯；了解充足睡眠对青少年生长发育的重要意义；了解预防食物中毒的基本知识；进一步了解常见传染病预防知识，增强卫生防病能力；了解艾滋病基本知识和预防方法，熟悉毒品预防基本知识，增强抵御毒品和艾滋病的能力；了解青春期心理变化特点，学会保持愉快的情绪和增进心理健康；进一步了解青春期发育的基本知识，掌握青春期卫生保健知识和青春期常见生理问题的预防和处理方法；了解什么是性侵害，掌握预防的方法和技能；掌握简单的用药安全常识；学会自救互救的基本技能，提高应对突发事件的能力；了解网络使用的利弊，合理利用网络。

2) 基本内容

健康行为与生活方式：不良生活方式有害健康，慢性非传染性疾病(恶性肿瘤、冠心病、糖尿病、脑卒中)的发生与不健康的生活方式有关；膳食平衡有利于促进健康；青春期充足的营养素，保证生长发育的需要。保证充足的睡眠有利于生长发育和健康(小学生每天睡眠时间 10 个小时，初中生每天睡眠时间 9 个小时，高中生每天睡眠时间 8 个小时）；食物中毒的常见原因(细菌性、化学性、有毒动植物等)；发现病死禽畜要报告，不吃病死禽畜肉；适宜保存食品，腐败变质食品会引起食物中毒；拒绝吸烟、饮酒的技巧；毒品对个人、家庭和社会的危害；拒绝毒品的方法；吸毒违法，拒绝毒品。

疾病预防：乙型脑炎的预防；疥疮的预防；肺结核病的预防；肝炎的预防(包括甲型肝炎、乙(丙)型肝炎等)；不歧视乙肝病人及乙肝感染者；艾滋病的基本知识；艾滋病的危害；艾滋病的预防方法；判断安全行为与不安全行为，拒绝不安全行为的技巧；学会寻求帮助的途径和方法；与预防艾滋病相关的青春期生理和心理知识；吸毒与艾滋病；不歧视艾滋病病毒感染者与患者。

心理健康：不良情绪对健康的影响；调控情绪的基本方法；建立自我认同，客观认识和对待自己；根据自己的学习能力和状况确定合理的学习目标；异性交往的原则。

生长发育与青春期保健：热爱生活，珍爱生命；青春期心理发育的特点和变化规律，正确对待青春期心理变化；痤疮发生的原因、预防方法；月经期间的卫生保健常识，痛经的症状及处理；选择和佩戴适宜胸罩的知识。

安全应急与避险：有病应及时就医；服药要遵从医嘱，不乱服药物；不擅自服用、不滥用镇静催眠等成瘾性药物；不擅自服用止痛药物；保健品不能代替药品；食物中毒的应急处理；溺水的应急处理；骨折简易应急处理知识(固定、搬运)；识别容易发生性侵害的危险因素，保护自己不受性侵害；预防网络成瘾。

2. 高中阶段的目标和基本内容

1) 目标

了解中国居民膳食指南，了解常见食物的选购知识，进一步了解预防艾滋病基本知识，正确对待艾滋病病毒感染者和患者；学会正确处理人际关系，培养有效的交流能力，掌握缓解压力等基本的心理调适技能；进一步了解青春期保健知识，认识婚前性行为对身心健康的危害，树立健康文明的性观念和性道德。

2) 基本内容

健康行为与生活方式：食品选购基本知识；中国居民膳食指南的内容。

疾病预防：艾滋病的预防知识和方法；艾滋病的流行趋势及对社会经济带来的危害；HIV 感染者与艾滋病病人的区别；艾滋病的窗口期和潜伏期；无偿献血知识；不歧视艾滋病病毒感染者与患者。

心理健康：合理宣泄与倾诉的适宜途径，客观看待事物；人际交往中的原则和方法，做到主动、诚恳、公平、谦虚、宽厚地与人交往；缓解压力的基本方法；认识竞争的积极意义；正确应对失败和挫折；考试等特殊时期常见的心理问题与应对。

生长发育与青春期保健：热爱生活，珍爱生命；青春期常见的发育异常，发现不正常要及时就医；婚前性行为严重影响青少年身心健康；避免婚前性行为。

安全应急与避险：网络交友的危险性。

3. 健康指导途径

中学生健康指导途径包括以下几个方面。

(1) 学校要通过学科教学和班会、团会、校会、升旗仪式、专题讲座、墙报、板报等多种宣传教育形式开展健康教育。学科教学每学期应安排6~7课时，主要载体课程为《体育与健康》，健康教育教学课时安排可有一定灵活性，如遇到下雨(雪)或高温(严寒)等不适宜户外体育教学的天气时可安排健康教育课。中学阶段应与"生物"等学科教学有机结合。对无法在"体育与健康"等相关课程中渗透的健康教育内容，可以利用综合实践活动和地方课程的时间，采用多种形式，向学生传授健康知识和技能。

(2) 各地教育行政部门和学校要重视健康教育师资建设，把健康教育师资培训列入在职教师继续教育的培训系列和教师校本培训计划，分层次开展培训工作，不断提高教师开展健康教育的水平。中小学健康教育师资以现有健康教育专兼职教师和体育教师为基础。要重视健康教育教学研究工作，各级教研部门要把健康教育教学研究纳入教研工作计划，针对不同学段学生特点，开展以知识传播与技能培养相结合的教学研究工作。

(3) 各地应加强教学资源建设，积极开发健康教育的教学课件、教学图文资料、音像制品等教学资源，增强健康教育实施效果。凡进入中小学校的自助读本或相关教育材料必须按有关规定，经审定后方可使用；健康教育自助读本或者相关教育材料的购买由各地根据本地实际情况采取多种方式解决，不得向学生收费增加学生负担。大力提倡学校使用公用图书经费统一购买，供学生循环使用。

(4) 要重视对健康教育的评价和督导。各地教育行政部门和学校应将健康教育实施过程与健康教育实施效果作为评价重点。评价的重点包括学生健康意识的建立、基本知识和技能的掌握和卫生习惯、健康行为的形成，以及学校对健康教育课程(活动)的安排、必要的资源配置、实施情况以及实际效果。各地教育行政部门应将学校实施健康教育情况列为学校督导考核的重要指标之一。

(5) 充分利用现有资源。健康是一个广泛的概念，涉及生活的方方面面，学校健康教育体现在教育过程的各个环节，各地在组织实施过程中，要注意健康教育与其他相关教育，如安全教育、心理健康教育有机结合，把课堂内教学与课堂外教学活动结合起来，发挥整体教育效应。

(6) 学校健康教育是学校教育的一部分，学校管理者应以大健康观为指导，全面、统筹思考学校的健康教育工作，应将健康教育教学、健康环境创设、健康服务提供有机结合，为学生践行健康行为提供支持，以实现促进学生健康发展的目标。

第三节　学生的评价

在班级日常管理中，评价是一个重要的手段。评价不仅对班级成员个人行为起到调节作用，而且对于班级全体成员起到强化作用。换而言之，评价可以促使学生改进不良的行为，有助于形成良好班级氛围，以便教师更加有效地进行班级管理。一般来说，班级日常管理中学生的评价可以分为奖励与惩罚、操行评定。

一、班级日常管理中的奖励与惩罚

📝 典型案例1

老账新账一起算①

身为班主任，对自己弟子的得失是再清楚不过的了，学生一旦犯错，班主任总会翻出陈年旧账，一一清算。用意无外乎要告诉学生：你是一个"惯犯"！而学生深感一朝犯错，永无出头之日。

一日，我收到一个学生的一篇作文《老师，我想对您说……》。文中坦言："老师，我知道我身上有很多臭毛病，我也知道您期待我上进，我在心里暗暗发誓，我一定给您交上一份完美的答卷……可您，您得给我时间啊！我的点滴闪失，您都能将他说成滔天大过。这样，我一犯错误，就有一种负罪感。我知道等待我的定是您当众一一数落我的不是，还有同学那怪怪的眼神。我真的好怕这种时刻，那就如同被同学剥光了衣服站在被告席上等待审判一般。每每这时，我都恨不得结果了自己……老师，您就别老是算总账了，好吗？"

多么容易满足的要求啊！只是要我们老师算账时做到日清月结而已，而我们总痴迷于算总账，还唯恐有一笔细账落下。

案例分析：

在班级管理中教师需要运用奖励和惩罚的手段对学生的表现进行评价。本案例反映教师们在评价学生的时候容易"累积"，这种算总账的方式往往容易挫伤学生的积极性，其根源在于我们不能用发展的眼光看待学生。班级日常管理中的奖励和惩罚不仅仅是一种手段，更重要的是如何把手段变成促进学生自我发展的工具。

班级管理中的奖励与惩罚主要是运用语言对学生的行为所进行的肯定与否定的评价。

(一)奖励与惩罚的方法

1. 奖励

奖励指向那些被认为是正确的、积极的、带来正价值的行为，以确保此种行为重复出现或得到加强。②按照不同的标准奖励可以划分为不同的类型。按照内容划分，奖励可以分为物质奖励和精神奖励；按照形式划分，奖励可以分为外部奖励和内部奖励。③一般而言，中小学教师常常采用的奖励方法主要有赞许、表扬、奖赏。

1) 赞许

赞许是班级管理中即时性的评价方式。它主要是借助管理者的口头语言、体态语言对

---

① 柯琴，董继东. 我的批评失误谈. 班主任之友，2007(6).
② 申来津，赵鹏. 奖惩的学理解释及其有效性分析. 理论探索，2004(10).
③ 冯坤. 奖励和惩罚对儿童社会化功能的分析. 青海师范大学学报(哲社版)，2007(1).

学生行为给予的评价。

2) 表扬

表扬是对人的思想品德行为给予积极的评价，它是班主任最常用的一种方法，对促进学生心理健康发展、良好品德的形成具有重要作用。表扬的一般形式有：授予荣誉，对某个方面比较突出的学生给予表扬；评价赞扬，充分肯定学生的进步，对学生进行积极鼓励；默许、赞同，利用种种暗示手段表示自己对学生行为的态度；图文表扬，班主任利用班级中的文字、数表、图像进行表扬，比如插小红旗等。①

3) 奖赏

奖赏是物质奖励的一种形式。它往往会根据相关制度规定以物化的形式对学生的行为给予肯定。奖赏比表扬的程度更高，价值更大，因此班主任与学生都非常重视这种奖励的方式。一般而言，奖赏具有如下特点：①奖赏一般都有明确的制度规定，是一种正式的奖励方式；②奖赏都会有相应的仪式，通过仪式活动发挥其影响力；③奖赏都会有物化的形式，这种物化形式主要有奖状、证书，如果是比较重要的奖励还会有相关的物质奖励，如奖品、奖金等。

2. 惩罚

惩罚指向那些被认为是错误的、消极的、带来零价值或负价值的行为，以便使这种行为消除或降低其出现频率。班级管理中的惩罚一般是以教育为前提，以惩罚为手段，主要目的在于制止学生一些错误的思想和行为。惩罚包括批评、检讨、取消某种奖励以及斥责、体罚等各种能给孩子带来不愉快体验的形式。按照内容形式划分，惩罚可以分为物质性惩罚和精神性惩罚；按照方式划分，惩罚分为代偿式惩罚和剥夺式惩罚。在班级管理中常用的惩罚方式是批评和处分。

1) 批评

批评是用口头语言以及其他暗示行为对学生不正确的思想或者行为给予制止的一种惩罚方式。批评主要针对情节比较轻微的行为，一般不会给学生带来太多的伤害。批评作为一种常用的教育手段，运用的效果如何主要取决于教师批评方式、语言选择和运用。批评可以分为直接批评和间接批评：直接批评是直截了当地指出学生的错误，进行教育敦促改正；间接批评是采用比较艺术的方式让学生改正错误。在班级管理中，班主任常用的批评方法如下。②

(1) 榜样法。这是一种正面引导的方法。或者通过表扬那些做得好的同学，或者教师自己用行动来示范，为同学提供榜样，从而间接地批评错误的言行。

(2) 肯定法。教师对所要批评的事实进行分析，挖掘出其中值得肯定之处，激起学生自我批评的心理动机，从而使其获得重塑的内驱力，自觉地认识缺点和错误，进行纠正。

(3) 暗示法。教师在不伤害当事人自尊和面子的情况下，把批评意见委婉地说出来。因

---

① 田恒平. 中小学班级常规管理. 上海：华东师范大学出版社，2008.
② 程培元. 教师口语教程. 北京：高等教育出版社，2004.

为暗示是在无对抗的条件下互相影响的一种心理行为，不会引起被批评学生的反感和对立，从而能造成接受批评的最佳心理状态。

(4) 幽默法。教师也可以采用幽默的方式，避免直接针对错误而产生的负面影响，同时也可以使学生更加乐意接受老师对其错误言行的批评，更好地改正错误。

(5) 宽容法。教师采用宽大的方式，理解和原谅学生的缺点与错误，促使学生自觉改正的批评方式。

(6) 启发法。[①]事实证明，借助身边的寓言故事、逸闻传说等进行教育能够引起学生对照、联想和反省，从中受到启发从而自觉改正错误。

2) 处分

处分是根据有关政策、法律规章制度等对学生严重错误行为进行处理的一种惩罚方式。按照处分的程度可以分为警告、记过、留校察看和开除等。在班级管理中，除非学生所犯错误造成的后果相当严重，一般情况下学校里面的处分情况是极少的。

(二)奖励和惩罚的作用

1. 奖励的作用

一般来说，奖励具有如下作用。

(1) 奖励的暗示作用。在班级中学生个体行为与集体行为之间会存在一定的矛盾。有的时候个人行为会对集体行为产生不良的影响。班主任可以通过奖励的方式暗示学生哪些行为是好的，哪些行为是不正当的，从而促使学生养成良好的行为习惯。

(2) 奖励的引导作用。在班级管理中，教师通过奖励这样一种方式，引领学生提高思想认识，促使学生形成符合社会规范的行为。

(3) 奖励的激励作用。奖励是对学生行为的一种正面的肯定，这种肯定将有助于学生提高自信心，保护学生的自尊心，对其发展起到激励作用。当然，当学生完成一项任务后，适当的奖励，会成为学生追求下一个目标的强大推动力，使学生向更好的方面发展。

(4) 奖励的强化功能。通过奖励可以提高学生的认识能力和明辨是非能力，明白什么是好的、值得赞赏的行为，什么行为是被禁止的，要坚决改正。奖励就是在强化学生好行为、抑制学生不良行为过程中，发挥促进学生发展的作用。

2. 惩罚的作用

一般来说，惩罚具有如下作用。

(1) 惩罚有助于学生改正不良的行为。当一个人知道自己犯错误的时候，内心都有一种要接受惩罚的准备，这是一种心理需求。儿童犯错误时，恰恰是教育的良机，因为内疚和不安会使他急于求助，而此时明白的道理可能使他刻骨铭心。[②]

(2) 惩罚有助于培养学生的社会责任感。人们做任何事情都要付出代价。惩罚是儿童在

[①] 田恒平. 中小学班级常规管理. 上海：华东师范大学出版社，2008.

[②] 孙云晓. 没有惩罚的教育不完整. 家教博览，2003(6).

犯错误时被给予的一种他不想要的东西或使之产生不愿意体验到的消极情绪。让儿童知道做错了事就会付出代价，有过失时就要对此过失负责任，有助于培养儿童对自己行为负责的社会责任感。[①]

(3) 惩罚有助于学生适应社会生活。在社会中人们通过规则处理好人与人之间的关系，维持社会的稳定。惩罚就是对违背规则的行为做出相应的处理，因此，惩罚有助于学生适应社会，在社会生活中尽量按照规则做事。

(三)奖励和惩罚应该注意的问题

奖励和惩罚是班级管理中教育学生的基本方式，对于学生思想品德的形成、良好行为习惯的养成具有重要作用。但是，任何事物都有其两面性，奖励和惩罚是一把双刃剑，如果使用不当会给学生带来很大的伤害，因此，在班级管理实践中，教师运用奖励和惩罚的时候应该注意以下问题。

1. 正确认识奖励和惩罚

在班级管理中，奖励和惩罚是对学生评价的方式之一。奖励和惩罚有其积极作用，但是奖励和惩罚也有消极的一面。教师只有在充分认识奖励和惩罚的基础上，才能更好地加以运用。鉴于此，教师应该对奖励和惩罚的概念、原理以及与此相关的理论进行全面的了解，这样才能更加科学合理地运用奖励和惩罚。

2. 适度运用

任何事物、任何理论都有其使用范围，奖励和惩罚也不例外。在班级管理中，教师要适度运用奖励和惩罚，避免奖励、惩罚泛滥。适度应用奖励和惩罚主要体现在两个方面：①注意奖励和惩罚使用的次数。教师在运用奖励和惩罚的时候，应该注意不要频频使用，如果教师过多使用，会造成奖励和惩罚的疲劳，降低它们的作用，甚至会出现负面效应。②对于某个学生来说不能总是采用单一的奖励或惩罚的方式，应该根据具体情况采用不同的方式和方法。

3. 公平合理

公平合理是奖励和惩罚运用最基本的原则。它提醒教师，在班级管理中要慎重运用奖励和惩罚。如果教师对学生采用的奖励和惩罚有失偏颇，不仅不能发挥其应有的作用，往往会给班级管理带来很大的困难。为此，教师应该关注以下两个方面：第一，树立正确的学生观。教师对待学生要有一个正确的观念，不能因为学习成绩或者其他方面的原因，根据个人的主观臆断对学生随意进行奖励和惩罚。第二，多听听学生的意见。有的时候，在某种情境下，教师容易判断失误，因此教师要在弄清事情原委的基础上再采用奖励和惩罚。

4. 认清宗旨

奖励和惩罚的根本目的在于教育学生。因此，教师在奖励和惩罚，尤其是惩罚的时候

---

① 冯坤. 奖励和惩罚对儿童社会化功能的分析. 青海师范大学学报(哲社版)，2007(1).

应该本着对学生负责的态度,以教育为主要目的。奖励和惩罚应该在尊重学生人格的基础上进行,尽量避免对学生造成伤害。

5. 讲求艺术

奖励和惩罚需要讲求艺术。奖励和惩罚只是一种手段,而不是最终的目的,因此,教师要讲究奖励和惩罚的艺术。讲求艺术主要应注意两个方面:①选择适当的奖励和惩罚方式;②掌握奖励和惩罚相关的技能和技巧。

二、班级日常管理中的操行评定

典型案例 2

人性化的评定

×××:细看班级,发现无论什么地方都有你的痕迹:黑板报里有你每次的辛苦,班级论坛有你的才艺,教室清洁的环境里有你的付出。你用你的热诚和多才多艺在班中写下了厚重的一笔,七(3)班因为你而骄傲!

只是希望在你学习的时候,多点信心,那会给你带来更优秀的成绩;在你管理的时候,多点宽容,那会给你带来更多的同学支持。那样,生活会更令人感到美好!

×××:人家说,好汉不提当年勇,可是我依然记得你开始给老师带来的惊喜。那时候的你,表现优异,令人赞赏。可是近来的你,似乎多了点懈怠,少了点方法;多了点空余时间,少了点专注的时间;你的勇气似乎失去了不少。

我知道,人不能总是怀念过去。可是,你能告诉我吗?什么时候能见到你当时的那个潇洒自如优秀的样子?

案例分析:

操行评定是班主任日常管理中必须具备的基本技能。在案例中,教师撰写的操行评定一改以往"千篇一律"式的评定,取而代之的是个性化的语言。操行评定从关注共性转向个性,从呆板的定性转而成为促进学生发展的工具,这是新时期教育评价改革倡导的基本理念。

在班级管理中,操行评定是对学生在某个阶段思想道德等方面的状况进行评价,以帮助学生正确认识自己,进一步促进学生的发展。

(一)操行评定的意义

中学生正处在发展的关键时期,教师恰当的操行评定可使学生受到鼓舞,从而更好地发展。而不恰当的、不负责任的操行评定会起相反作用。因此,操行评定对学生发展具有重要意义。这种意义集中体现在三个方面。

1. 操行评定是学生正确认识自己的工具

操行评定是对学生某个阶段各个方面发展变化的总结。通过操行评定学生可以清楚了解自己思想道德、劳动、学习各个方面的状况。从这个意义上说，操行评定是学生在学校中表现的一面镜子，学生通过操行评定正确认识自己，形成正确的自我意识，明确今后努力的方向。

2. 操行评定是家长了解学生表现的窗口

操行评定把学生在学校方面的表现公正、客观地呈现出来，家长通过阅读学生的操行评定，可以了解孩子发展的基本状况。此外，家长还可以根据孩子的具体表现，与教师交流、合作，制定切实有效的措施，共同促进学生的发展。

3. 操行评定是教师对学生进行教育的依据

学校中的教师通过操行评定可以更加全面了解学生，在教学中针对学生的特点，因材施教，促进学生个性化的发展。

(二)操行评定的依据、内容以及原则

1. 操行评定的依据

中学操行评定的主要依据是中学培养目标。中学培养目标是依据素质教育需要、社会对人才的基本要求、学生发展的现实需要提出的。操行评定是社会对学生发展素质要求的一种反映。

2. 主要内容

操行评定主要内容包括：思想道德；学生的学习态度、能力、兴趣方法等；身心健康。身体方面主要考查学生是否养成良好的体育锻炼和卫生习惯。心理方面关注学生意志品质、社会适应能力等方面的发展状况。

3. 评定原则

教师对学生进行操行评定应遵循如下原则。

(1) 公正性原则。操行评定是对学生在学校中各个方面表现进行的评价。因此，教师在评定时应该从实际出发，真实反映学生状况，防止用有色眼镜看学生。因为只有从实际出发，客观反映学生的表现和特点，才能使操行评语具有说服力、教育力和影响力。

(2) 全面性和准确性原则。操行评定的全面性要求教师在评定时，关注学生发展的各个方面。准确性强调教师在撰写评定时要仔细斟酌，言简意赅，概括性反映学生的全貌。

(3) 激励性原则。操行评定的目的不是对学生进行甄别和选拔，更不是给学生贴标签和分类。它的主要目的在于促进学生的发展，因此，教师在进行评定时应该以激励为主，发挥学生的优势，做到长善救失。

4. 操行评语的撰写

随着素质教育的推进，传统操行评语的写法发生了一些变化。这些变化主要表现在以下几方面。

1) 平等对话成为评语主导

评语一改往日教师权威的形象，代之以平等对话。在文字的对话中，采用平等的"我与你"的关系，不是"我与他"的关系。

2) 个性化和针对性成为内容的主体

操行评语改变了传统的"大一统"的方式，针对学生的个性特点，力求凸显个性化。这种富有人情味的评语方式能起到激励学生的作用。

3) 追求形式的多样性

操行评语追求形式的多样性主要表现在以下几方面。

(1) 赞美式。这种形式主要关注学生优点，用赞许的方式鼓励学生发扬优点，克服不足。"林栋，你是三年级的乒乓球冠军，同学们都很佩服你，老师向你祝贺。打乒乓球有许多学问，你一定常常在思考怎样发球有威力，怎样防守万无一失，怎样攻打使对方措手不及。你也常常在球桌边挥洒汗水。学习与打球有很多相同的地方，也要多动脑筋，要多练习……还有什么相同的地方？希望你在假期里想一想。下学期也像对待打乒乓球那样对待学习。"[1]

(2) 忠告式。忠告包含对学生的热爱，通过对学生忠告，让学生感受教师的关心与爱护。比如：你稳重内向，一丝不苟，写一手漂亮的字；你天资聪颖，勤奋好学，同学们都佩服你；你那标准、动人、富有情感的普通话，时常博得同学的好评。近期若能积极主动做好班级工作，多为同学们做点好事，就会使你的稳重、聪明更添加朝气和魅力。[2]

(3) 宽容信任式。教师的操行评语中包含对学生的宽容和理解，同时也体现对学生的信任和期待。比如：老师非常理解你，每次公布成绩时，你总是抬不起头。你不必责怪自己，你确实已经尽了很大的努力，尽到努力本身也是一种成绩。何况你一次比一次进步呢？放下包袱，奋发努力，你一定会取得更大的进步！[3]

班主任撰写操行评语的形式有很多。评语的核心是促进学生发展，教师要以此为出发点，在教育改革中不断完善操行评语。

本 章 小 结

班级日常管理是班级规范的有机组成部分，是对班级日常性活动提出的相关要求，用以保证班级管理有序进行。班级环境管理包括制度环境管理和物质环境管理，两者都为学生发展提供必要的前提条件。在班级管理中班主任要对学生进行集体生活和个人生活的指导，帮助学生做好个人生涯规划，指导学生学会学习，关注学生的健康。此外，班主任还要学会恰当地运用奖励和惩罚的方式，使学生在和谐气氛中健康成长。

---

[1] 周立言，王朝晖. 谈学生操行评语改革. 现代中小学教育，1999(2).

[2] 朱文学. 教育评定应体现素质教育的要求. 教育评论，2004(5).

[3] 吕冲. 班主任的操行评语需要改革. 内蒙古师大学报(教育科学版)，2004(12).

【推荐阅读】

[1] 李伟胜. 班级管理新探索：建设新型班级. 天津：天津教育出版社，2006.
[2] 田恒平. 中小学班级常规管理. 上海：华东师范大学出版社，2008.
[3] 林进材. 班级经营. 上海：华东师范大学出版社，2006.
[4] 周晓静. 中学班主任. 南京：南京师范大学出版社，2008.
[5] 李佳琪. 班级经营. 南京：南京师范大学出版社，2005.
[6] 张万详. 班主任工作创新100招. 南京：江苏教育出版社，2007.
[7] 熊华生. 班级管理智慧案例精选. 上海：华东师范大学出版社，2011.
[8] 徐长江，宋秋前. 班级管理务实. 北京：高等教育出版社，2010.
[9] 郑立平. 把班级还给学生. 北京：中国轻工业出版社，2015.
[10] 吴小霞. 班主任微创意：59招让班级管理脑洞大开. 上海：华东师范大学出版社，2018.
[11] 齐学红，黄正平. 班主任专业基本功(第三版). 南京：南京师范大学出版社，2017.

思考与练习

一、名词解释

物质环境管理　　制度环境管理　　学习指导　　集体物质生活管理

二、简答题

1. 班级制度管理包含哪几个方面？
2. 座位编排应注意哪些原则？
3. 人际交往指导应该注意哪些方面？
4. 怎样进行学习方法的指导？
5. 奖励和惩罚应该注意哪些问题？
6. 如何撰写操行评定？

三、判断题

1. 班级制度环境具有潜移默化的作用。（　　）
2. 教师布置的意义是为学生提供学习场所。（　　）
3. 班级座位排列既要有原则，又要有灵活性。（　　）
4. 学生时间管理不包括学生个人时间管理。（　　）
5. 集会活动属于全校性的集体活动，是班级精神最集中的体现。（　　）
6. 人生规划主要包括生活规划、学习规划、工作规划和成功规划。（　　）

四、案例分析

阅读下面的案例[1]并思考问题。

这首诗是这样写的:"天涯何处无芳草,何必要在五班找,本来数量就不多,况且质量也不高。"事情的经过是这样的,本学期初的一个下午,同学们都在静静地认真自学,只有刘××同学将头抬得很高,注视着另一个同学。我轻轻地走到那位同学的身边,发现他正在聚精会神地看着一首诗。我轻声地说了句,可以给老师看看吗?这位同学很不情愿地将那首诗给了我,尔后两位同学对视了一下,刘××同学趴到桌子上,自言自语地说:"这下可完了,老师一定会在班级公开批评的。"我走到讲桌前,看了一下诗的内容,沉思了片刻,便将它放到了衣兜里,继续观察同学们的自学情况。可刘××同学却坐不住了,他时而抬起头偷偷地看看我,好像在等待着我的批评。看了几次后,发现我无动于衷,他便开始写作业了。下课铃声响了,我把刘××请到了无人的电工室。他耷拉着脑袋,用眼角余光看着我。我让他坐下,他却哭了,边哭边说:"老师,我错了,我不该写这首诗,不该在自习课上传纸条,求老师不要在班级批评我。"我说:"老师要想在同学中批评你,就不会把你请到这里来了。"他会心地点了点头。我说你能不能实话告诉老师为什么要写这首诗。他想了想后,详细地叙述了他与我班一名女同学友好相处到产生矛盾的经过,原来这首诗是他"失恋"后为了发泄内心的痛苦而写的。我因势利导,以诚相待,对他进行了耐心细致的教育引导。

最后,我又将这首诗拿出来,对他说:"老师想和你一起将这首诗改动一下,你看怎样?"他爽快地回答"行"。我说:"老师改前两句,你改后两句。"他点头同意。我说第一句只需改动一个字,将"天涯何处无芳草"改为"天涯何时无芳草",第二句改为"何必非要现在找",紧接着他又改了后两句:"本来学业就很紧,况且年龄又很小。"读着这首诗他开心地笑了,笑得那样轻松,笑得那样自信。随后我又说:"十年之后,你找不到女朋友,老师帮你找,怎么样?"他连声说:"谢谢老师。"这次潜隐式教育的尝试,避免和消除了被教育者的对立情绪和戒备心理,平复了其内心的波澜,使其学会了情感上的进退自如,从而使被教育者在潜移默化中接受教育,最终达到转化的目的。

问题:
1. 依据班级日常管理的相关理论评析教师的行为。
2. 如果你是班主任,遇到这种情况,你会采取什么样的方法处理,为什么?

【实践课堂】

根据下面短文的内容,结合你所在班级的实际情况,设计符合班级发展目标的班规。

班规·我们的约定[2]

1. 多想想为了供我们念书而辛勤劳作、日渐憔悴的父母,如果我们不珍惜、不努力,就对不起他们的辛苦与付出。

---

[1] 影子的日志. 把赞美送给学生. blog.163.com/wangxinying83101/blog/static. 2009-12-05.

[2] 钟万养. 班规·我们的约定. 中国班主任网, http://www.banzhuren.com/. 2009-05-11.

2. 我们都希望能准时看见班里每一个同学，不希望有谁的名字因为迟到、旷课而出现在班级考勤本上。

3. 因为年轻、精力充沛，所以我们说话声音很大，若用在读书上，声音会很动听；若是用来影响别人的学习与休息，那就是对自己的不负责和对他人的不尊重。

4. 把我们矫健的身影留在操场，让充沛的体力挥洒在运动场；请不要在别人的脑海里留下你懒散的形象。

5. 即使没有老师在场，我们也能安静地做课前准备或者专心地温习功课，不管在什么情况下，我们都是一道亮丽的风景线。

6. 教室是学习的场所，时间就是生命，如果你在教室里破坏大家争分夺秒学习的氛围，那无异于谋害其他同学的生命，请高抬贵手。

7. 为了大家身心健康、和睦相处，请随时提醒自己：整理好衣物，保护好环境，脏物不进口，脏话不出口。

8. 请别乱扔任何一件垃圾，因为你扔下的其实是你的品德；请随手捡起脚下的废纸，那样你将收获尊重。

9. 请爱护桌椅门窗、爱护劳动工具、节约水电，因为我们没有多余的班费。

10. 学习时共同讨论，劳动时分工协作，生活中互帮互助，班集体的团结需要我们时时刻刻地珍惜与呵护。

11. 16 岁的我们，应该学着承担起属于自己的那份责任。每个人都要记住，这个约定，做比说更重要！

班集体中一个个性格各异的孩子就像一颗颗玲珑剔透的珠子，要想把他们串成一条美丽的项链，丰富多彩的活动就是一根最合适的丝线。

——题记

第六章 班级活动管理

本章学习大纲

- 班级活动是指在教育者的组织和领导下，为实现教育方针和培养目标，完成学校的教育工作计划，组织班集体成员参加的一系列活动。
- 组织班级活动通常要遵循目的性、针对性、多样性、易操作性、创造性、整体性六个原则。
- 班主任要精于各类班级活动的设计及实施。

核心概念

班级活动(class activities)；活动设计(activity design)；活动组织(activity organization)；班级晨会(morning meeting)；主题班会(topic meeting)；班级例会(regular meeting)

引导案例

26个孩子，26张笑脸[①]

这个班都是小升初考试落榜、上重点初中摇号没摇上、自费没有钱的学生。他们自卑，难以接近，调皮、厌学、基础差，早已习惯被师长歧视和责骂。他们在行为上表现为抵触、不服从教育。有些学生由于家庭破碎、生活无人问津，更使他们冷漠待人；由于家庭教育的失衡，许多学生性格变得孤僻、怪异，难以管理。这是一个特殊的群体，在他们的体验中，失败多于成功，自卑多于自信，得到的训斥多于掌声。他们是学生中的弱势群体，更需要心灵的抚慰。

面对这样的群体，班主任要通过班级活动让学生感受温暖、再造自信、重塑人生。在

[①] 齐学红. 今天，我们怎样做班主任——优秀班主任成长之路. 上海：华东师范大学出版社，2006.

这个班上，26个孩子每个人胸前都别着一个"笑脸"徽章，这是班主任吴老师专门颁发的班级特别标志，她希望这些被人歧视的"丑小鸭"能用笑脸迎接每一天。每一个看似平常的班级活动都蕴藏着班主任的良苦用心，让26个孩子在笑容中绽放着自信。

(1) 夸奖行动。夸奖只需一句话或一张留言条，却可以使人感到温暖，特别是对这些受到歧视的孩子。夸奖行动夸得家长乐开了怀，夸得老师笑眯眯，夸得同学心中充满阳光。真诚地夸奖身边的人成了他们的习惯。

(2) 营造班级文化——复活彩蛋。为了配合学校搞好红领巾商贸活动，帮助困难学生，吴老师带领他们亲手绘制了一个又一个漂亮、充满浪漫气息的复活彩蛋。并把它作为班级的文化标志。孩子们自豪地说："我们的美工也不错，我们的生活也很灿烂。"

(3) 竞选班委。因为是小班化，吴老师希望每一个孩子都有锻炼的机会，都有表现的欲望。在班委竞选活动中引入竞争机制，确立竞选原则；培养同学们的自我表现能力与管理能力；毛遂自荐加群众推选、民主评定；上届班委不再担任原职；参选者要发表几句简短的演说，说清自己的长处与管理措施，以及如何扬长避短，最大限度地发挥自己的优势；老班委要做好新班委的指导工作，新老班委要搞好衔接；各班委除做好本职工作外，要有创新之举；工作失误不要怕，只要及时调整就可以了；有试用期。由于班级氛围好，在这个只有26名学生的班级中，竞选劳动委员这一职位的人就有7个。孩子总是说："我也能当班委了。"

(4) 这里的外语课真热闹。这个班学生的英语基础差，刚入学时，有的学生竟然连26个英文字母都写不全。为了培养学生对英语的兴趣，吴老师虽然任教的是地理课，但是每天中午与学生一起学习半小时"疯狂英语"的行动，充分调动了孩子们的学习积极性，每天学生都围着老师背外语，外语课上他们最热情、最自信。

(5) 这里的图书最"畅销"。苏霍姆林斯基曾说过：不论哪类书籍的阅读，都是课堂教学的智力背景；课外书籍的阅读，是了解和影响学生个性的门径，它还能够减轻学生的课业负担……应该让学生走进图书馆，让书籍成为孩子们的挚友！倡导读好书，上图书馆借高质量的书成了他们周五的习惯性动作。这个班学生不多，但借书量却是全校最高的。同学们自豪地说："我们学会了通过书本，与名人对话；通过书本，纵观历史；通过书本，了解科技；通过书本，净化心灵；通过书本，树立了理想。"

(6) 这里的班会别开生面。孩子们围坐在跑道上，分享着被表扬学生的奖品——酸劲十足的"秀豆"糖；诉说心中的不快；畅谈着各自的理想。不快在此消失，理想由此起飞。

案例分析

这个案例为我们提供了一个开展班级活动的成功范例。从中可以看出，这位班主任从学生的特点和实际情况出发，以唤醒学生内心的自尊和自信为重点，创造性地开展了丰富多彩的班级活动，充分发挥了班级的教育功能。这一系列的班级活动能够对学生形成一种令人兴奋的外界刺激，能触及学生的某种需要，并引起其心理活动的一系列反映，从而把他们潜在的尚未意识到的高层次需要引发出来，调动他们的积极性、主动性和创造性，促

使其把外界的刺激内化为个人的自觉行动。这些活动不但给予学生心理需求最大的满足，并且充分调动了学生在班级活动中的积极性。可以说，这种活动效果是所有教师应当追求的。

学习指导

班级活动重在设计及实施，但设计及实施的前提是对班级活动意义、特点及组织班级活动的原则方法的深入了解。因此，在学习过程中，应将理论部分与实践部分紧密结合，用理论去指导班级活动的实践。

活动是生命的本源意义之一，是人类存在的基本方式，也是人类的各种特性与个性形成、发展的重要源泉。班级是师生用智慧和艺术构成的小集体，是生命共同体、学习共同体和发展共同体，这个共同体的成长与活动息息相关。每一个学生的成长、每一个班集体的组织与建设都不是在静止的状态中进行和完成的，而是在活动的状态下进行和完成的。没有活动，班级就"活"不起来。班级活动是班集体建设的重要途径，是班级教育的载体，是实现教育目标的中介桥梁，是实现"发展"的必由之路，是学生认知、情感、行为发展的基础。开展有意义的班级活动，既是教育的艺术、艺术的教育，又是一门学问、一门课程。这就需要我们每位教师掌握班级活动的内涵、作用、基本功能、特点，学会开展班级活动的原则和方法，优化班级活动的设计，搞好班级活动的组织，让班级活动成为教育学生的有效的教育资源，为学生创造更广阔的施展才华的空间，为学生搭建一个五彩斑斓的活动舞台。

第一节　班级活动管理概述

班级活动是指在教育者的组织和领导下，为实现教育方针和培养目标，完成学校的教育工作计划，组织班集体成员参加的一系列活动。它包括思想品德教育活动、课外活动、劳动活动等。班级活动是班主任向学生进行政治、思想、道德、心理教育的基本形式，是班主任组织、建设学生集体，并通过学生集体来教育和影响学生个体的一种较为普遍采用的教育形式，也是学生个体进行自我教育的一种行之有效的方式。

班级活动作为整个教育过程的必要组成部分，早在我国古代教育史上就有记载。《学记》指出："时教必有正业，退息必有居学。"说明古代教育提倡既有正课学习，又有课外活动，劳逸结合，以便更好地培养学生独立学习的能力。新中国成立后，从理论和实践上都比较重视班级活动。尤其是新一轮课程改革中更加提倡班级活动在学生发展中的作用。班级活动从外延上看可分为两个系列：一个是课堂学习活动系列，比如听课、自学、讨论、小组合作和实验等；另一个是班级集体活动系列，比如晨会、班会、文体活动等。这两类活动在促进学生健康成长的过程中发挥着不同的作用。本章所研究的班级活动，特指第二类活动。

一、班级活动的意义

班级活动因活动范围的广泛性、活动内容的丰富性、活动形式的多样性深受学生的喜爱，在教育过程中有其独特的、课堂教学所不能代替的作用。

(一)班级活动能促进学生多方面全面和谐发展

学生的发展并不是单方面的，也不是仅有课堂教学这个唯一的渠道。班级活动能够为学生全方面和谐发展和成长提供实践的条件和生活经验基础。

(1) 班级活动充实了学生的生活，密切了学生与社会之间的联系，使学生更多地体验个人同他人、集体、社会的复杂关系，并在实践活动中履行所掌握的品德规范，丰富学生的精神世界，把学生旺盛的精力、浓厚的兴趣、广泛的爱好引导到健康发展的轨道。

(2) 班级活动使学生学习的领域扩大了，学习机会增多了，从而可以有效地激发学生求知的兴趣。在班级活动中，学生按照自己的兴趣和爱好，采用多种方式，广泛接触现实社会和自然界各种事物，大量接收文化和科学技术方面的最新信息，获得各方面的新鲜知识。在扩大视野的同时得到机会发展自己的正当兴趣和爱好。这些活动不仅有助于学生巩固、加深和扩大课堂内所学到的知识，而且还可以培养学生的创新精神和实践能力。这些对促进智能的发展有很大帮助。

(3) 班级活动使学生不仅动脑动口，而且动手动脚，全身运动，身心处于紧张热烈而又轻松愉快的兴奋状态，从而有助于学生身心健康水平的提高，并可使学生受到审美教育，培养劳动观点和习惯。

(4) 班级活动可以促进学生特长和能力的发展。在活动中，学生根据自己的兴趣、爱好和特长，自愿地去选择自己感兴趣又适合自己的活动，这样学生就可以按兴趣、爱好、特长根据需求组织在一起，共同促进，使特长和能力得到充分的发挥。而这也有利于班主任因材施教，促进学生特长和能力的发展。

(5) 班级活动有助于学生自主创新精神的培养。学生是班级活动的主人，有的班级活动需要由他们自己来设计、组织、管理，即便是以班主任为主组织、领导的班级活动，同样需要学生积极参与设计、管理，这些对学生独立工作能力的培养和锻炼都有积极的作用。

(6) 班级活动还可以满足学生交往的需要，使他们在交往中培养起健康的、丰富的感情，学会处理各种人际关系。

总之，开展课外活动是促进学生德、智、体、美诸方面全面和谐发展的重要而不可缺少的途径。

(二)班级活动能满足学生多方面的需要，有利于提高教育效果

在学生全部精神活动中，学习活动虽然占据主要地位，但也仅是其中一部分。除此之外，还有属于道德、劳动、体育运动、社会交往、娱乐等方面的活动，它们同学习活动一起，构成学生精神生活的全部。教育中人的活动从机能上可分为两个方面：一是认识和理

解客观世界；二是主体的自我表现和发展。提高教育的效能应该使这两方面的机能相互协调和保持平衡。学校教育中的重中之重——教学必须建立在学生充实的精神生活之上，才能取得良好的效果。学生精神生活的需要是多种多样的，如学习求知的需要、友谊社交的需要、独立自由活动和从事创造的需要以及对美的享受和娱乐的需要等，这种种需要单靠课堂教学是不可能满足的。开展丰富多彩的班级活动则能从多方面满足学生多种多样的需要，从而使学生感到精神充实，生活美好，进而朝气蓬勃地投身到学习和生活中去。在多种多样的诸如集体、社会、大自然、科技、体育、艺术的班级活动中，学生可以丰富精神生活，获得多种情绪体验，满足了发展自我的要求，使学生身心愉快、积极奋发、充满自信、陶冶情感、磨炼意志。

(三)班级活动是组织、建设良好班集体的有效方法

班级活动有助于班集体的形成。一般来说，组织、形成班集体总是以协调一致的集体工作和有益的班级活动开始的。如果一个班级不开展或很少开展活动，是永远也不可能成为一个真正的集体的。同时，班级活动有助于实现班级教育目标，培养学生的集体荣誉感和责任感，从而促进班集体的发展与完善。班集体是在实现班级的奋斗目标的实践活动中发展和巩固起来的。目标是班集体发展的方向和动力，而组织相应的具体活动则是班集体向着既定目标前进的重要形式。只有在班级活动中，学生才能正确认识个人与集体、个人与他人的关系，培养集体主义精神和对集体的责任感、义务感。如果没有活动，学生就不会感到集体的存在，也就不会主动地关心集体，为集体的利益而奋斗；而有了活动，学生则会精神焕发，并促进学生间的交往、团结和班集体的巩固与发展。

(四)班级活动有助于形成正确的集体舆论和良好的班风

集体舆论是指在集体内占优势的，为大多数学生所赞同的言论和意见，通常以议论、褒贬等形式肯定或否定集体的动向和集体成员的言行。正确的集体舆论能够助长班级中健康和进步的因素，促使好人好事不断涌现，引导更多的学生努力向上，积极进取，克服和遏制消极和错误的言行，帮助学生明辨是非，激发他们的荣誉感和责任感，有利于维护集体的利益，巩固集体的团结，促进良好的班风形成。正确的集体舆论和良好的班风对于学生的发展影响巨大。在健康、有益的班级活动中，正确的、合理的东西能够得到肯定、弘扬，错误、不良的东西则为大家所不齿，这样，正确的舆论和班风就会逐步形成、发展起来。所以说班级活动是创建班集体的血液，是形成集体主义思想的摇篮，没有活动就没有集体。

二、班级活动的特点

尽管由于各种因素和条件的不同，班级活动在内容、形式、方法等方面表现出多样性，成功的班级活动还具有下列一些共同的特点。

(一)自愿性

学校教育是人类有目的、有计划、有组织的活动,这尤其反映在课堂教学中。课堂教学受教学计划和教学大纲的制约,学生必须按要求学习规定的必修课,不能任意选择。而班级活动则不同,何种内容、何种形式、何时开展班级活动可以由学生根据自己的兴趣、爱好自由选择,自愿参加,教师只能加以诱导而不能强迫。教师可以在学生选择活动时施加一定的影响,进行必要的指导,但不能做硬性规定,更不能强迫命令学生去参加。如果学生对某项活动不感兴趣,一味强求是难以调动学生的主动性与积极性的,也是不利于培养个性、发展特长的。

(二)差异性

班级活动参与的主体是学生,但学生的兴趣、爱好、智力、才能等又是各不相同的,这就表现出参与主体的差异性。有的学生开朗、活泼,喜欢文艺活动;有的学生性格内向、沉静,喜欢智力方面的活动;有的学生成绩好,但缺乏文艺、体育方面的特长;有的学生成绩差,却有体育禀赋与文艺才能。班主任要善于发现每个学生身上的"闪光点",并根据学生的个性差异,提供、设计适合他们的活动,以充分发挥每个学生的潜能与特长。

(三)广泛性

班级活动的内容十分丰富,不受学科课程标准限制,也不受学科的局限,凡是符合教育要求,又有条件开展的教育活动,都可以纳入班级活动之中,这体现了班级活动的广泛性。班级活动既有综合性的活动,也有单项活动,可以组织各种科学兴趣小组,搞科技小发明,举办科技讲座,参观科技展览,培养学生讲科学、学科学、爱科学的兴趣;可以开展各种文艺活动,培养学生的审美能力和创造美的能力;可以开展各种体育活动,培养学生坚忍的性格和顽强的毅力,掌握各种运动技巧等。多种活动内容的深度,活动的层次水平,也没有固定的统一要求,富有伸缩性和多面性。

(四)自主性

从班级活动的方法上看,它是学生自己组织、自己设计、自己动手操作进行的,因此具有一定的独立性。在这个过程中,虽然也需要教师的指导和帮助,但与课堂教学在教师直接组织领导下进行的有明显的不同。班级活动的主人是学生,需要学生自己动手,教师只能指导而不能包办代替。让学生自己组织,自己设计,自己操作,有利于培养学生的组织能力和创造能力,学生通过独立的活动,向众人展示自己的能力、成就,能使其获得心理上的满足,从而进一步增强信心,使积极性、创造性得到更充分的发挥。

(五)灵活性

从活动的组织形式上看,班级活动具有灵活性。班级活动的规模可大可小,形式灵活多样。①从组织的规模看,有全班、全年级乃至全校性的群众性活动;有各种小组的活动,也可是个人的活动。②从具体的活动方式看,可根据学生的年龄特征、知识水平、设备条件以及指导力量等，采用多种多样的形式：可以做模型，采标本，搞社会调查，办各种展览；也可以搞演讲、书评、讲座、报告会等。

三、班级活动的类型

典型案例

王老师所开展的班级活动

王老师是一位优秀的初中班主任，在他所带的班级中，三年共开展了下列有代表性的、丰富多彩的班级活动：班干部竞选、班级布置、批评与自我批评会、课外阅读、文艺联欢、游园活动、文艺比赛、养蝌蚪、科技制作、跳绳比赛、足球比赛、象棋联赛、手工制作、制作书签、乡俗调查、社区服务、讲座、报告、影视、参观访问等。这些活动丰富了学生的生活，成为他们成长过程中宝贵的基石和不能磨灭的记忆。

案例分析：

王老师带领学生所开展的班级活动丰富多彩，许多活动属于不同的类型和系列。班干部竞选、班级布置属于班务活动；批评与自我批评会属于民主生活会；课外阅读属于学习活动；文艺联欢、游园活动、文艺比赛等属于文娱活动；养蝌蚪、科技制作属于科技活动；跳绳比赛、足球比赛、象棋联赛属于体育活动；手工制作、制作书签属于劳动技术；乡俗调查、社区服务属于社会实践；讲座、报告、影视、参观访问属于主题教育活动。由此可见，根据不同的角度划分，班级活动会形成不同的类型和系列。

班级活动根据不同的角度划分会形成下面不同的类型和系列。

(1) 从活动发生的场所上看，班级活动分为课内班级活动、校内课外活动、校外活动。

(2) 从活动的经常性上看，班级活动分为常规性与非常规性活动。①常规性活动是学校或班级定期组织的活动，如晨操、晨会、主题班会、打扫卫生、升旗仪式等。②非常规性活动是根据一定的班级状况设置的不定期活动，如志愿者活动、郊游、参观德育基地等。

(3) 从活动的对象上看，班级活动可以分为个体的与群体的活动。①个体活动是组织学生独立地完成某项任务而设计的活动，如演讲、比赛等，旨在提高个人的独立活动能力。②群体活动是依班级整体活动而设计的，如组织宣传活动、"红领巾一条街"活动等，旨在促进集体的改善与发展。

(4) 从活动的综合性看，班级活动可以是单一的，也可以是综合的。①单一的活动，指内容、任务、目标单一，是就某一项任务、内容设计的，达到的目标也是与内容、任务相关联的。若培养群体凝聚力，可以设计分组过"独木桥"的活动；若培养班级协调一致性，可以组织运动队与啦啦队等。②综合的活动，是目标、任务、内容多方面的活动，即通过一项活动达到多种目标，如越野活动，既是体力与智力的比赛，也是群体协同性的考验。

(5) 从活动的性质看，班级活动可分为自助性活动与社会性活动。①自助性活动，主要是自理、自助类的活动，如钉纽扣、整理书包等。②社会性活动，指以社会为对象或以他人为对象的活动，如帮助残疾同学、修课桌椅、慰问孤寡老人等。

(6) 从活动是否赢利来看，可以分为营利性活动与义务性活动。①营利性活动主要指勤工俭学活动，如当送报员、清洁工、家教等，是有偿的，这类活动一方面是参加劳动，接受社会教育；另一方面可以获得一定报酬以资助学习。②义务性活动，如助残日活动、帮困活动，是无偿为残疾人、困难者服务，这类活动主要是获得参与社会活动的体验。

(7) 从活动的内容上看，班级活动可分为政治性活动、知识性活动、娱乐性活动、实践性活动。①政治性活动是指以思想品德教育和行为规范训练为主要内容的班级活动。政治性活动经常通过班会、团队活动、传统教育活动以及学先进、树新风活动等，使学生受到政治思想教育和社会公德教育，养成良好的行为习惯。②知识性活动是指以培养对基础学科的兴趣、扩展并运用学科知识、加强技能和智能训练为主要内容的班级活动。知识性活动主要是通过组织课外兴趣小组、举行班级知识竞赛、学习操作计算机等各项活动，吸引广大学生积极参与。③娱乐性活动是指以培养学生在文艺、体育方面的兴趣、技能为主要内容的班级活动。娱乐性活动通过组织演唱会、艺术品欣赏等活动，培养学生健康的审美情趣，形成高雅的情操，发展学生对艺术的爱好与特长。通过开展田径、球类、棋类等体育竞赛活动，使学生养成自觉锻炼的习惯，不断增强体质。④实践性活动旨在沟通学校、社会、家庭之间的联系，把学校教育同社会教育紧密结合起来，进而提高学生的社会实践能力。其通过组织学生参观访问、实地考察、写调查报告，以及参加公益劳动和社会服务等活动，引导学生接触工农，了解社会，认识社会主义制度的优越性，增强热爱劳动人民的感情和社会责任感。

第二节　班级活动的组织

各种班级活动的目标、内容、方法、形式不一样，每种活动要取得预期效果，除考虑其自身特点之外，还要遵循一些基本的、共同的要求，了解活动组织的各个阶段，以保证班级活动的整体水平和质量。这就涉及班级活动组织的原则和阶段等问题。

一、组织班级活动的原则

组织班级活动通常要遵循目的性、针对性、多样性、易操作性、创造性、整体性六个原则。

(一)目的性原则

开展班级活动的目的在于使学生在德、智、体诸方面都得到发展，在于促进班集体奋斗目标的实现。因此，组织和指导班级活动一定要有目的、有计划地进行，要寓教育于活动中，寓学习于活动中，最大限度地发挥班级活动的作用，不能盲目地为搞活动而活动。班级活动的目的是提高学生的思想道德水平，开发学生智力，提高实际操作能力，增强审美情趣，强身健体等，这种班级活动的目的体现在活动的内容和环节上。①从活动的内容上讲，班级活动的内容反映出来的教育思想一定要符合新时期的教育方针，健康，格调高雅，符合教育规律，使受教育者在德、智、体、美、劳诸方面都得到发展；不健康的情调会对学生产生不利影响。②从活动的环节上讲，在激发动机、活动准备、活动进行、活动总结这四个环节中都要注意体现和突出活动的目的。通过活动的开展，不仅要学生参加，更重要的是要学生能够成长。如活动会场布置要体现教育情境、活动气氛，标题的书写、展板的摆放、桌椅的形式都要去做整体的教育设计。再如，活动中班主任的指导而非包办代替，使学生在亲自做的过程中获得有利于其形成思想认识和道德习惯的感受和体验。

(二)针对性原则

班级活动的开展要有针对性，针对性越强，收效越大。这种针对一是要针对学生的年龄特点和身心发展需要。同一内容的教育，在各个年龄阶段都可以进行，但具体的内容层次和方法就应有所区别。低年级的孩子率真、纯洁、善良，开展的活动要活泼、趣味性强；高年级的学生理性、深刻，活动要有知识性、有哲理、有创造性才能引起他们的兴趣。二是要针对班级里实际存在的问题。活动总要解决问题，越是能针对班级里现实存在的问题开展的活动，效果就越好。如刚升入初中，不懂得学习方法的转变，可开展初中学习方法的讲座；再如学生中出现随意不珍惜、糟蹋学习用品等现象，可组织学生观看相关电影或进行与贫困学生结成"一帮一"的对子活动。三是要针对社会上对学生有影响的现象开展班级活动。社会上的"热点"现象，有些是积极的，通过活动引入班级，可以促进集体的发展和每个成员的成长；有些现象如"武侠热""追星热""消费热"等对学生影响是消极的，或比较复杂，要通过活动，引导学生认清现象的实质，分清是非，自觉抵制。

(三)多样性原则

多样性是指在开展班级活动时内容、形式、组织方式要多种多样。坚持多样性的原则，一是为了适应德、智、体、美、劳全面发展的要求，促进学生全面、和谐地发展。二是为了适应学生的心理特点。青少年活泼好动，求知、求新、求美、求乐，班级活动唯有丰富多彩、新颖出奇，才能满足他们的需要，适合他们的口味，才能有效激发他们积极参与的热情，使活动的开展有实效。如果班级活动内容单一，无变化，形式呆板、不灵活，学生就会兴趣索然，活动效果就会大为降低。在活动内容上，多样性可以是学习活动、文艺活动、体育活动或思想教育等；在活动形式上，多样性可以是故事会、文艺演出、校外实践等，如同是中秋佳节，可以安排化妆晚会，有歌舞表演、民间传说介绍、即席演讲、谜语竞猜、点蜡烛、吃月饼等多种形式；在活动组织方式上，多样性体现在或集体进行，或小组活动、社团活动，甚至是三五个人自由结合活动。只有多样性的班级活动，才能调动学生的兴趣，达到理想的效果。

(四)易操作性原则

班级活动与社会中开展的大型活动不同，它受班级学生的精力、经验以及现有条件的限制，因此要注意易操作性，根据本班、本校、本地现有的条件开发活动资源，规模、频率要适当。每天都要进行的日常活动要短、小、实,形成自动化操作。短,即时间短;小,即解决小问题;实,即解决问题要实际。主题班会一般是全体参加,一个学期搞几次,次数不能过多,也不能没有,要依据具体情况具体分析。每一次大的班级活动,事前都要事先安排,要制定详细的方案,这样操作起来才能有条不紊,顺利进行。

(五)创造性原则

创新的时代要求教育必须培养出创新型人才,而班级活动是培养学生创新精神和实践能力的有效途径之一。要搞好班级活动,必须不断地创新,坚持创造性原则。这种创造性原则一是体现在班级活动的内容和形式上,有时代感、丰富多彩、生动活泼,在原有内容和形式上的"加一加""变一变""改一改""移一移",具有生命力和新面孔的班级活动才能吸引学生的参加。二是教师必须树立现代学生观,相信学生具有创造的潜能,承认学生是具有独立性、自主性和创造性的班级活动的主人。另外,要鼓励学生敢于创造,并教会学生善于创造,使班级活动的内容和形式都具有时代气息,这样才能激发学生的创造精神,培养学生的创造能力。

(六)整体性原则

整体性是指班级活动的内容、活动的全过程、活动的教育力量都要成为一个系统,用整体的教育思想指导整体的教育活动,达到教育目标实现的整体性和学生身心发展的整体性的最高境界。从活动内容看,要有整体教育的考虑,要包含德、智、体、美、劳诸方面活动,形成全面的信息网络,使学生得到多方面的教育和发展。从活动的全过程看,整体活动和个别活动是辩证统一的。就一次活动来说,只有从酝酿、设计、准备阶段发动学生全身心地投入进来,活动实施时才会有激情,教育性也就蕴含其中了。从整体活动看,活动之间也应有一个系统性和连贯性的安排。在系列活动中,每一个活动的结束成为后一个活动的起点,后一个活动巩固、强化前一个活动的教育。这样,一环套一环,循序渐进地进行活动,整体教育效果就显露出来了。从教育力量看,班级活动要尽可能地发挥学校、家庭、社会的整体教育功能,使班级活动由封闭转为开放,有效地提高教育的效果。如多争取科任教师的支持,向他们咨询,请他们协作;邀请家长或家长委员会参加班级活动,出竞赛题,给学生写信等;采取邀请解放军、科学家、先进青年等到班里来座谈等,请进来、走出去的方法争取社会力量配合。

二、组织班级活动的阶段

(一)班级活动的选题

凡事预则立,不预则废,班级活动也是如此。选题是第一步也是重要的一步。选题指活动内容主题的选择和确定。首先它需要经过班主任的充分思考,注意选题的大方向,注意班集体奋斗目标和班集体建设计划,注意班集体的现实情况,注意学校教育计划和教育活动安排。在此之后，班主任可以把自己的设想讲给班委会成员听，引导班委们考虑几个方面的参照情况，在大家畅所欲言的基础上进行归纳，确定大致内容，初步商量活动如何进行，最后由班委会向广大同学征求意见。采取个别交谈或开小型座谈会的方式，对同学们的反馈信息认真收集、整理，作为组织活动的重要参考。有些活动，还可征求任课教师、校领导以及部分家长的意见。

(二)班级活动的准备

选题确定之后，进入到班级活动的具体准备阶段。在准备阶段要制订具体的活动计划，撰写活动方案。活动计划应该包括活动的内容和目的、活动的基本方式、活动的组织领导、活动的时间安排、活动的具体准备工作、活动的地点、活动总结等，这些都要明确具体分工，谁总体负责，谁负责宣传，谁负责对外联系，谁负责组织发言，谁负责布置会场，谁做主持人等，都应有人牵头，将组织工作落到实处。接着是班级活动方案撰写。班级活动方案的类型有教案式、串联式和散文式三种。教案式即用写教案的方式来撰写，有明确的活动意义、目的、活动内容、活动安排、活动过程及活动提示等，简明扼要，是班主任掌握活动进度、安排整个活动的最好办法。串联式是用串联词的方式把活动内容有序地连接起来，注意起承转合，一气呵成。写串联式活动方案时，班主任和学生要充分发挥想象力，对活动的方方面面进行通盘考虑。散文式即以散文的笔调把多种活动形式或多方面活动内容有机地贯穿起来，也称点子式，有形散而神聚的特点。

(三)班级活动的实施

实施是班级活动过程的中心环节，是活动全过程的关键。如果前边的准备充分，班级活动按照计划去开展就可以。为了保证活动的成功，需要注意全班同学的精神状态和可能出现的干扰因素、偶发事件等。活动实施前的一至两天时间，班上要创造一种准备积极投入活动的态势，排除一些干扰因素。如班上出现了某种偶发事件，引起情绪波动，或者有人对活动抱怀疑态度以致说风凉话等，这需要班主任和班委会及时做出处理，及时调整大家的心理状态，使干扰降到最低限度。活动进行过程中，也可能会出现一些如突然停电、准备好的材料找不到、邀请的主讲人迟迟未到等问题，这时需要针对突然改变的情况对原计划进行灵活的修改。除非出现使活动不得不停止的事情，否则应妥善处理偶发事件，继续进行活动。

(四)班级活动的总结

总结即用科学的方法，对已经做过的工作进行评价，肯定成绩、总结经验、指出缺点，进而明确下一个活动应努力的方向，它是班级活动进行过程的终结环节。总结的方式多种多样，最基本的方式是在班级活动结束时，由班主任作发言，对活动作一个简单扼要的评价。当然，学生是班级活动的主体，活动的成功与否他们最有发言权，因而活动总结时，也应当采取开小范围的座谈会、写活动总结、广泛征求意见、开全班总结大会等方式请学生对活动进行评价。除了口头总结的形式外，在参观、访问、报告以及劳动、服务等活动后，让学生记日记、写作文、出墙报交流体会和收获，也是很好的活动总结的形式。当一些活动周期比较长的系列活动结束时，可以采用学生写总结报告、写课题研究论文的方式进行总结，也可以用举办展览、举行评比等形式进行总结。这些形式便于学生展示活动成果，进行经验交流，为下次活动积累经验。不管用一种或是几种方式，班委会的总结是必须要进行的。班委会要对活动的全过程进行反思，从选题开始，直到结束。而且班委会的总结内容，要以口头或板报的形式通报全班同学，以便听取反馈意见。

第三节　各类班级活动的设计与实施

　　从班级工作的实际情况来看，班级晨会活动、班级例会活动、班级主题班会、班级文体活动、班级科技活动等进行得比较多。下面对几类活动的设计与实施做简单介绍。

一、班级晨会活动

　　班级晨会活动，顾名思义，就是早晨把学生集中起来开会，它是一天中学生开始学校生活的序曲。《九年义务教育全日制小学、初级中学课程计划(试行)》规定：中小学每天都有十分钟晨会(夕会)时间，并把它作为活动课程的组成部分，正式排入课程表。晨会的安排一般分为两个方面：固定性的项目和根据临时需要增加的内容。固定性的项目，反映了班集体和班级成员学校生活的经常性需要。临时性的内容无法预先设计，一般总是与形势、班级内的突发事件、学校某些临时的要求相关。有些教师将晨会当成一堂正式的课，或作为班主任的"一言堂"或视为学生的"自留地"，这些都不能发挥晨会的作用。为了让学生在晨会中获得丰富的营养，班主任可选择新鲜活泼的内容，采用多种灵活的形式，开展以学生为主的妙趣横生的活动，让晨会充满鲜明的色彩和扣人心扉的魅力。如讲述历史上的今天：故事是学生喜闻乐见的形式，许多历史上的今天具有教育价值。比如一月份的许多红色纪念日，可以紧扣爱国主义教育；3月5日，学雷锋纪念日等。再如新闻播报：每天电视、报纸上都有许多方方面面的新闻，可以借助晨会这个平台围绕感兴趣的新闻进行交流。再如歌声琅琅：唱一些健康的流行歌曲，使学生在唱歌的同时享受乐趣，开始一天的生活。再如百家讲坛：让学生介绍自己对某一本书的看法、对某一社会现象的观感以及对某一作家风格的理解等，培养他们的问题意识和独立思考精神。

　　班级晨会通常是在期初根据本校的实际情况和本学期的工作重点，制订学期晨会活动计划。班主任组织晨会活动一般有三种形式：一是组织学生参加全校性的晨会活动，如参加学校的升旗仪式、收听学校的广播等。在这类晨会活动中，班主任的管理任务主要是保证参加活动的人数，维持本班在活动过程中的纪律。二是按照学校规定的晨会活动栏目班级自行组织的晨会活动。在这类晨会活动中，班主任的管理任务主要是根据栏目要求，结合本班实际，选择有针对性的活动内容，组织学生开展活动。如学校规定开展"心理健康"栏目，班主任就要选择有关心理健康知识的内容，在班级开展心理健康教育活动。三是完全自主地安排的班级晨会活动。在这类晨会活动中，班主任的管理作用更为直接和明显。班主任主要是依据班级教育目标和工作计划，结合班级特点，联系学生实际，安排活动内容，开展活动。然后精心设计具体活动，每一次都应该提前一周设计好具体的活动方案。中学生可以开展"晨会招标活动"，让学生以个人或组合的形式申报、承办。班主任认真参与，及时给予帮助和引领，并带领学生反思讨论，促进晨会质量的不断提高。

二、班级例会活动

班级例会是指以班级为单位定期召开的全班学生大会，包括民主生活会(以引导学生开展批评与自我批评、进行自我教育为内容)和班务会(以研究讨论班级内一些重大事务工作为目的)两种形式。

拓展阅读

一次班级例会

组织者：班主任李老师

参加人员：全体学生

时间：2016年12月25日

一、例会目的

(1) 总结近两周班级各项工作、优点和不足，引导学生纠正错误行为，积极发扬优点，投入到下一轮的任务活动中。

(2) 抓住纪律这一点，展开讨论、分析，总结出强化班级纪律的方法和措施。

二、活动过程

(一)导入

同学们好，我宣布班级例会现在开始。大家一起喊出我们的例会口号："每周一回顾，每周新任务，谈谈得与失，大家齐进步。"

(二)总结上两周的各项班级常规的情况

1. 学生总结

(1) 班级干部说说上周路队、两操、卫生、家庭作业、背诵古诗、预习课文的情况，小组长准备好他们的平时记录。

(2) 选出本组的：无错误作业、课堂智多星、背诵大王、积极进取奖等，发奖。

2. 班主任总结上两周工作

(1) 优点：①各项常规走上正轨，整体有了很大进步。参加了学校冬季越野长跑，重在参与精神。②总结合唱成绩，分析得失，强调集体活动个人的重要性。③学生档案袋整理整体较好，但参差不齐，需再补充整理。

(2) 不足：①态度不够端正，书写、路队精神、卫生保持不够持久；②作业个别同学忘做、忘交、交不齐现象有待改观；③纪律有待加强，课间打闹现象时有发生。

(三)反思讨论纪律，总结方法

(1) 班级出现的种种不良现象都与纪律有密切关系。今天我们来剖析我们班中的纪律问题。先听因纪律不严明造成的重大失误的故事。

(2) 谈一谈：我们班中的纪律。

(3) 反思：为什么会出现这种状况？从自身找原因。自由发言。×××和×××谈感受，思想汇报。

(4) 讨论如何抓好班级纪律，写出方案，汇报宣读。

(5) 班主任总结：对全班同学提出纪律要求"静"——"静则入，入则静"；"严"——自我严格要求。

(6) 安排近期工作：①做好学生的思想工作，继续组织学生进行各小科复习训练，迎接学校抽测和年终督导；②做好安全工作，充分利用好学生点名册，每天清查学生到校的情况，学生有事请假；③组织学生在学习好新课的同时进行复习，迎接即将到来的教育局年终督导和语、数、英期末考试；④对课间在楼道里追逐打骂的现象进行批评教育，让学生在课间能注意安全；⑤对学生进行文明礼貌方面的专项教育，使学生做到不讲脏话，不打人，学会团结；⑥继续复习古诗和书写练习，准备学校的书写和古诗背诵抽测。

(四)结束

泰戈尔说过："天空中没有翅膀的痕迹，但鸟已飞过。"生命的精彩在于过程，在于过程中全力以赴，让我们齐心合力，共奏班级奋进的阳光乐章。

班级例会具有常规性、事务性、民主性等特点。常规性是指班级例会一般每周开一次，针对学生的实际及时总结通报情况，开展表扬和批评，交流思想，对学生进行常规教育。事务性是指班级例会主要是处理班级日常事务，例如：布置一周班级工作，讨论制订班级学期工作计划，讨论制定班级规章制度，选举三好学生等先进典型，表扬好人好事，批评班级同学的错误，对班级同学进行教育。民主性是指班级例会是实现班级民主化管理的主要途径。在班级例会上制定相关的规章制度、决议决定需要全体同学讨论、表决。同时班级例会也是同学对班级工作、班集体建设提出意见和建议的场合，是同学之间、同学与班干部之间、同学与班主任之间开展表扬和批评的场合。

在召开例会之前，班主任要做好充分的准备。对会议目的、内容、步骤与方法要做到心中有数，了然于胸，以使例会开得具有针对性。以批评与自我批评为主要内容的民主生活会一般由班主任指定的值日班长或纪律班长对班上的好人好事进行表扬，对不良行为进行批评与教育，也可采取自由发言的形式对不合理或不正确的现象和做法进行批评指正。同时也欢迎大家踊跃进行自我批评和自我教育，带动班风的整体好转。以研究讨论班级内一些重大事务工作为目的的班务会一般要大家踊跃发言、各抒己见。为了节省时间和提高效率，可分组讨论，然后派各组代表轮流发言，由班长归纳概括，呈班主任过目，以便及时采取有效的反馈措施，或者通过集体表决的方法如采取无记名投票的方式进行选评。班务会要求班主任老师须征求广大学生的意见，虚心接受同学们的建议，并认真归纳分析整理。本着以学生为中心的现代教育精神，公开进行民主讨论，群策群力，集思广益，多听听学生的意见，以形成正确的决策。

无论哪种类型的班级例会，都要注意以下几项：①不宜占用正常的学习时间，应在班会课或课外活动时进行；②会议的时间不宜过长，宜就事论事，讨论完毕就散会；③例会间隔时间不宜太长或太短，正常情况下每两周一次为宜；④要讲究效率和效用，以解决问题和达到目标为准；⑤任务要明确，以便于贯彻执行。

三、班级主题班会

主题班会是以学生为主体，以班主任为主导，围绕某一主题有计划、有目的地开展的形式多样、内容丰富并且情境化的班集体活动。主题班会有别于常规班会，它要求内容集中，形式新颖并富于变化，尽量使全班学生都能够进入"会议"要求的角色，力求使会议形成突出的效果并能在会后延伸下去，达到提高学生自我认识能力和自我教育能力、加强班集体建设的作用。主题班会具有教育的功能，这种教育的功能不是以直接的方式来告诉学生要怎么做，它是一种隐性的规范的功能。主题班会背后所要支撑的、它最终所要形成的是一种良好的班级文化。这种良好的班级文化，才是真正影响课堂上每一位学生的最重要的影响源。主题班会通常可以设计为以下几类。

(一)节日性主题班会

节日是有特殊意义的重要日子，它积淀了各民族深厚的文化底蕴和人文精神，蕴藏着宝贵的思想道德教育资源。各种法定节日，传统节日，革命领袖、民族英雄、杰出名人等历史人物的诞辰和逝世纪念日，建党纪念日、红军长征、辛亥革命等重大历史事件纪念日，"九一八""南京大屠杀"等国耻纪念日，以及未成年人的入学、入队、入团、成人宣誓日等主题突出，针对性强，对青少年的影响很大，如果班主任能抓住时机整合资源，恰当地引导，进行深入挖掘，巧妙设计，灵活开展思想道德主题宣传教育活动，可以让学生在活动中体验每一个节庆日所蕴含的人文、历史、环境、人生价值和法律观念，收到事半功倍的效果。

父亲节、母亲节、教师节，可让学生们帮父母、老师做一些力所能及的事情，包括给父母、老师发一条短信，道一声祝福等，既能增强父母、老师和学生之间的沟通与理解，也有助于培养学生孝敬父母、尊重师长的良好品质；清明节可借学校组织学生到烈士陵园扫墓的时机，进行爱国主义、理想主义教育；端午节组织纪念屈原的活动，或作文，或书画，培养学生爱国主义精神；植树节组织学生参加植树造林、绿化山河的活动，进行环保和热爱大自然的教育与熏陶；重阳节组织到敬老院做义工，培养爱心以及尊老爱老的意识；中秋节组织赏月活动，或朗诵，或歌舞，增进同学间的感情，进行集体主义教育，增强班级的凝聚力。通过这些主题活动，可使学生学到各种各样的知识，了解世界、社会及人类生存的现状，懂得节约能源、爱护环境、热爱和平，具有爱心，知道感恩。一般来讲，组织得好的节日性主题班会不仅对青少年可进行革命传统教育，还是传播爱国主义的有效途径，对青少年学生思想品德的发展与完善将产生深远的影响。

(二)问题性主题班会

问题性主题班会是针对中学生中普遍存在的共性问题而设计的教育性较强的主题活动。中学生在学习、生活和成长过程中,不可避免地会出现各种问题,如青春期的早恋问题、学习方法与学习效率问题、人际关系如师生关系和同学关系问题、人生观问题、人与环境的问题、个人与社会与集体的关系问题等。班主任应针对这些问题确定主题,开展教育。

(三)模拟性主题班会

体验是教育的一种重要形式。为学生提供一定的参与空间,使学生有着深刻的体验可以培养学生良好的行为习惯。因此可以根据社会和班集体在一定时期的教育要求,以模仿某种具体的生活情境为主题,让学生在不同的环境下扮演不同的角色,以增强学生的内在体验,从中接受感染、启迪、教育。如同学之间出现矛盾,可以采取情景剧的形式,重新模拟当时的情境,让学生换位扮演,既能很好地化解矛盾,又可以更好地教育其他学生。一般模拟式的班会有虚拟情境式的,如《与时间老人座谈》《2050 年的畅想》等;有真实情景模拟的,如模拟法庭、模拟交通警察、模拟家庭等。模拟式班会要有真实感,真实感越强,情境越真切,学生所获得的感受体验就越深切。

(四)知识性主题班会

知识性主题班会可以寓教育于文化科学知识的学习过程之中,用知识来充实活动,使学生既能受到深刻的教育,又可获得一定的知识。如设计以"学习秘方""我最喜欢的一本书""祖国之最""你对香港知多少"等为主题的演讲或竞赛活动,既丰富学生的知识,又能从中受到感染教育。

(五)即兴式主题班会

即兴式主题班会是针对教育实践过程中具有突出教育意义的偶发事件而设计的主题班会活动。在日常生活和教育工作中,常常会出现意料不到的偶发事件,可能成为对学生进行教育的有利时机,要求班主任善于运用自己的教育机制,抓住这些有利的教育时机,进行及时而有针对性的教育。

(六)实践性主题班会

实践性主题班会是以学生在参加实践活动过程中受到的教育为主题举行的班会,包括参观访问调查活动、公益活动、科技制作活动以及劳动活动等。实践性班会是学生参加实践活动比较集中的一种形式,通过它可以使学生贴近社会、贴近生活、了解社会、了解生活、提高实践活动能力,有利于学生将理论知识与实践操作有机结合,活学活用,提高其应用水平和社会适应能力,避免"书呆子"型学生的出现。实践性班会的最大特点就是学生与社会生活实践实现零距离接触,通过亲手操作和亲身体验,直接掌握第一手资料,面对面地去认知和体验社会,所以学生一般印象都很深刻。

(七)时事性主题班会

时事性主题班会是针对国际国内出现的最新热点话题或大事件设计主题,如汶川地震、学生减负、心理健康等。时事性主题班会可以让学生多了解社会,密切与社会的联系。

四、班级文体活动

班级文体活动是指学校通过健康的文化艺术娱乐活动对学生进行熏陶和教育,以发展学生的美感和健康心理品质的教育形式。它是班级活动的重要组成部分,是班级集体教育的经常性形式。班级文体活动的开展为学生提供了自我展示的舞台,在班级文体活动中,学生的活动能力得到提高的同时,也陶冶了情操,发展了个性。班级文体活动分文艺活动和体育活动。

班级文艺活动有联欢会、文艺演出、集体舞与歌咏比赛等。班级联欢会包括文艺晚会、生日联欢会、节日联欢会、毕业联欢会等。联欢会旨在培养、挖掘学生的文艺才能,给大部分学生当众表演的机会。文艺演出的形式是丰富多彩的,目的是锻炼学生。节目应采取学生喜闻乐见的形式如相声、小品、舞蹈、唱歌等,还应鼓励学生自己创作、自己排练,促进学生之间的交往与合作能力。集体舞能活跃班级气氛,有效调节学生的情绪,有益身心健康。歌咏比赛活动也比较受学生的欢迎。教师可组织学生选择一些熟悉、易于传唱的歌曲。

班级体育活动则有健身性活动和竞技性活动之分。健身性活动是自觉地和创造性地按规则完成,它不仅对身体的发展有很大的意义,而且对智能的发展也有重要的影响,可以使参与的学生认识周围环境,发展思维,培养主动性、创造性,在克服困难中养成集体主义品质。竞技性活动比较复杂,活动的人数和规则都有严格的规定,参与者要根据规则斗智斗勇。竞技性活动是健身性活动发展的高级形式。健身性班级体育活动以田径中的走、跑、跳、投四种运动形式为主,加上体操、球类等基本运动形式,或加上学生生活技能、劳动技能的运动方式进行活动,因此,能有效地提高学生健康水平,增强体质。竞技性班级体育活动参赛学生有性别、年龄、人数的要求,按照统一的活动方法与活动规则进行比赛与计分,最后决出名次。

五、班级科技活动

班级科技活动是指以班集体为单位组织学生开展的科技活动。这种活动形式给学生创造了一个生动活泼、自由的学习环境,使他们能根据自己的兴趣、爱好、特长,按照自己的意愿与最亲密的同伴一同选择性地参加活动。

班级科技活动的内容丰富多彩,不受课堂和书本的局限,可以从广阔的自然界和繁杂的社会中去获得知识、信息、技能。通过活动能发展学生的个性,提高他们的思维能力、动手能力,并能培养他们的创造性,是传播科技信息的另一条重要渠道。

班级科技活动的形式有科技参观考察、兴趣小组、科技班会、小制作、小发明等。在开展班级科技活动时要注意有专业教师指导，从身边实际入手研究，鼓励学生创新，避免形式化，制订合理的研究计划，注重检查调整和评价。

拓展阅读

魔力眼睛车小发明[①]

一、设计由来与活动目标

晚上行走时，汽车的大灯常常照得我们的眼睛睁不开，驾驶员肯定也有这样的感觉，那么交通安全就会存有隐患。本次活动的目标就是用机器人对近灯和远光灯进行自动控制，从而减少晚上因灯光引起的交通事故。

二、活动目标的分解与落实

第一阶段，初步认识机器人技术。

第二阶段，认识机器人的大脑，学会编写几个简单程序。

第三阶段，发明创作。各小组制作一辆机器人小车，具备以下功能：远近灯自动装置，模拟自动驾驶，红绿灯自动感知装置。再制作一个大风车停车场。

第四阶段，汇报交流。

第五阶段，改进与评比。

三、确定小组

将全班同学分成几个小组，以小组为单位制作"魔力眼睛车"。

四、画图纸

根据小车的主要功能画出小车的基本形状，标出主要零部件的安装位置、小车的大小尺寸等，并给小车命名为"魔力眼睛车"。再画出大风车停车场的图形及周边简单的环境图。

五、制作样品

按照上述图纸及功能搭建小车及停车场，编写相关程序。然后对编有程序的机器人小车不断调试，完成上述功能。

六、交流汇报，总结提升

把各组制作的"魔力眼睛车"进行展示、汇报，其他学生进行评价。评价时应遵守以下几条：第一，指出值得你学习的方面；第二，每人每次谈一个方面，表达要简明；第三，要注意倾听别人的发言，获得启发，产生联想；第四，不要批评或指责别人提出的设想，只能提出改进建议。

各小组根据修改意见对小车进行改进，最后进行全班展览评比。

[①] 王一军，李伟平. 班级活动设计与组织实施. 北京：教育科学出版社，2007.

本 章 小 结

班级活动是指在教育者的组织和领导下，为实现教育方针和培养目标，完成学校的教育工作计划，组织班集体全体成员参加的一系列活动。班级活动的直接和主要管理者是班主任。本章首先从班级活动的一些基本理论如班级活动的定义、意义、特点及分类出发，进而阐述组织班级活动的基本原则和阶段。在此基础上，重点论述了一些典型的班级活动，如晨会、班级例会、主题班会、文体活动等的设计及组织实施，以期对开展具体的班级活动有所帮助。

【推荐阅读】

[1] 郭毅. 班级管理学. 北京：人民教育出版社，2002.

[2] 魏书生. 班主任工作漫谈. 桂林：漓江出版社，1995.

[3] 王一军，李伟平. 班级活动设计与组织实施. 北京：教育科学出版社，2007.

[4] 齐学红. 今天，我们怎样做班主任——优秀班主任成长之路. 上海：华东师范大学出版社，2006.

思考与练习

一、名词解释

班级活动　班级晨会活动　班级例会　主题班会

二、简答题

1. 班级活动的意义是什么？
2. 组织班级活动的原则有哪些？
3. 如何开展主题班会？

三、案例分析

阅读下面的案例[①]并思考问题。

美代同学对大家说："今天晚上，有一辆新电车要来啦！"同学们高兴极了，有人建议："今天晚上咱们不回家，干脆都在这里等着看电车来吧！"于是，美代同学当代表，去问她那当校长的爸爸：大家是否可以在学校里待到晚上？不一会儿，美代回来了，她说："爸爸说电车要到夜里才能来，因为要等到上班的电车全部回厂以后。不过，特别想看的人要先回家一趟，征求一下家里人的意见。如果家里人同意了，就在家里吃完晚饭，然后

---

① [日]黑柳彻子. 窗边的小豆豆. 赵玉皎，译. 海口：南海出版公司，2003.

再带上睡衣和毯子到学校来！"

"啊！""啊！"大家更加兴奋了。

妈妈把小豆豆的睡衣和毯子准备好，吃过晚饭就送小豆豆到学校去了。

"电车来了，我会叫醒你们的。"听到校长这么一说，大家就到大礼堂里裹起毛毯睡觉去了。

"那电车究竟是怎么运来的呢？一想到这儿，夜里连觉都睡不着！"大家的心情也确实如此，但因为脑子一直很兴奋，这会儿疲乏劲上来了，尽管嘴里还在说："一定要叫醒我啊！"渐渐地却都睁不开眼睛了，最后终于都睡着了。

"来啦！来啦！"听到一阵吵吵嚷嚷的声音，小豆豆连忙跳起来，穿过校园跑出了大门口。刚好在淡淡的晨雾之中出现了电车那庞大的身影。简直就像做梦一样。因为那电车顺着没有铁轨的平平常常的马路，无声无息地开过来了！

这辆电车是从大井町调车场用拖拉机运来的。小豆豆和同学们知道了世界上还有一种比拖车还大的拖拉机，而这是他们过去从没听说过的，因此都感到特别激动。

电车就是用这台大拖拉机在清晨还没有一个人影的街道上慢吞吞地运来的。

不过，接下来就热闹了。由于当时还没有大型吊车，所以要把电车从拖拉机上卸下来，然后再挪到校园里固定的角落处，这可是一项非常困难的工作。运电车来的那些大哥哥们把好几根又粗又圆的木棒垫在电车下面，再一点一点地滚动木棒，就这样把电车从拖拉机上搬到校园里去了。

"同学们看仔细了！那些木头叫滚木，应用了它们的滚动力，才把那么大的电车挪动起来的！"校长这样给孩子们解释道。

孩子们都十分认真地参观着。

仿佛给大哥哥们的"嘿哟""嘿哟"号子声伴奏似的，早晨的太阳升起来了。

这辆曾经满载乘客、辛勤工作过的电车，已经和来到这所学校的其他六辆电车一样被卸掉了车轮，不必再去奔波劳碌，从此以后只需满载着孩子们的欢声笑语便可以悠闲度日了。

孩子们身穿睡衣沐浴着早晨的阳光。他们对于能够身临其境目睹这生动的场面，从心眼里感到幸福，并且还因为过分高兴的缘故，一个挨一个地抓住校长的肩头和手臂又打秋千又扑到怀里的玩了一通。

校长摇摇晃晃地高兴得笑了起来。看到校长的满面笑容，孩子们马上又笑声四起，显得更快活了。在场的人，无论谁脸上都挂满了笑容。

而且，此刻欢笑的场面，大家都把它永远铭刻在记忆里了。

问题：

1. 分析校长这样安排的理由。
2. 结合案例讨论班级活动组织的原则。
3. 列举你最喜欢的班级活动，并分析原因。

【实践课堂】

根据下面的情境设计一个班级主题活动方案，内容和形式自定。有条件的，到学校按此方案组织一次班级活动。

　　初三(6)班第二学期开学后不久，班内出现一些不良苗头：有的同学只顾学习，不注意参加班级及学校组织的有关活动；有的同学不注意班级卫生，乱扔纸屑；有一部分同学不服从管理，值日生工作处于被动状态；有的同学之间产生矛盾，有拉帮结伙发泄以往怨恨的苗头……面对这种状况，班主任决定在第四周星期一下午举行一次主题班会，主题是"留给母校的纪念"，目的在于让同学们站好最后一班岗，自觉执行校、班各项规章制度，善始善终，以向上的精神面貌迎接考试，顺利毕业。请据此情境设计一次主题班会。

　　设计建议：首先对情境进行分析，该情境描述的是毕业班普遍存在的现象。作为班主任，应该让学生认识到时光的短暂、友谊的珍贵、值得回忆的初中生活和将要面对的升学考试。要指导学生在生活、学习、友谊、人生等方面处理好各种关系，认真做好毕业前的各项工作。其次，在设计方案时，要了解主题班会等活动的目的、意义及形式，掌握活动的程序和安排；回忆自己高中毕业时的班级状况，剖析当时本班状况及同学们的心态及行为表现；组织一次"我为班级献力量"的主题班会，目的是陈述自己将为班级做点什么；确定主题班会活动的时间安排和发言程序，做好总结。

班级是一个由教师和几十个有着不同家庭文化背景、不同社区文化背景、不同性格、不同气质的学生结合而成的集体，它实际上是一个"文化生态圈"，建立了良好的班级"文化生态圈"，便建立了一种有效实施教育的"精神场"。有了这个教育的"精神场"，才能实现师生理智的清明和灵魂的纯净与超越。

——题记

第七章　班级文化管理

本章学习大纲

➢ 班级文化指班级成员在班主任引导下，朝着班级目标迈进过程中所创造的物质财富和精神财富的总和。

➢ 班级文化对于学生成长具有不可低估的教育功能，由此推动班级不断提高核心竞争力。

➢ 班级文化管理中要遵循方向性、育人性、学习性、可操作性、创新性、整体性和个性化原则。

➢ 班级文化管理在实际操作中可以运用文化讲座法、励志训练法、精神激励法、情感沟通法、班级自治法、环境熏陶法、心理疏导法等班级管理方法。

核心概念

　　文化(culture)；　班级文化(the class culture)；　班级文化管理(the management on the class culture)；　班级文化管理原则与方法(the principles and the methods of the management on the class culture)；　班级文化管理策略(the tactic of the management on the class culture)

一个班级的成功管理经验

　　经营班级文化，触动学生心灵，努力营造积极、健康向上的班级文化，是我们提高班级管理水平和促进学生发展的一个非常重要举措。

一、班级物质文化建设

(1) 班名：凌志阁。在教室大门上边是我们的班名"凌志阁"，取其"励志照亮人生，知识变革命运"之意。

(2) 班徽：奔跑者。随风奔跑，自由是方向。炽热的红色代表着激情，奔跑者象征着莘莘学子对知识的渴求，奔跑加速度是梦想的脚步，奔向成功最远处；温暖的黄色代表着同学们手足情深，用温暖的双手托起了激情的奔跑者，给她加速度；环保的绿色代表着师生情长，老师用奉献的双手托起了希望之星；宁静的蓝色代表着父母广阔的胸怀，用他们辛劳的双手托起了家庭的梦想！奔跑者的造型恰似数字"九"，代表着九班的浓浓情谊天长地久！

(3) 对联文化：苦乐年华。大门两旁赫然写了一副对联"怕吃苦莫进此门，图安逸另寻他途"，这两句成了学生的励志警言。他们深知在这残酷的竞争中，连苦累都不敢面对的人，不仅不会触摸到现实成功的喜悦，更不可能拥有灿烂的未来。

二、班级制度文化建设

(1) 总班长：主管班级各项事务及班内卫生和体育等事务。下设体育部、劳动部、车管处、安全部。

(2) 团委书记：主抓班级文化建设，在班内构建良好的文化环境。下设文宣部、摄影部、书写部、考核部。

(3) 学习部长：负责班级关于学习方面的管理工作，下设四大组长与6个课代表。

(4) 财政部长：负责管理班费，办理各项消费项目。

(5) 七大常委：每周召开一次常委会制订下周计划，并递交班主任审批执行。

三、班级精神文化建设

(1) 班魂：价值人生。针对学生人生观、价值观的塑造，我们提出了班魂：价值人生。同时具体诠释了做人的标准，那就是：我是一位有智能的人；我是一位有能力的人；我是一位快乐喜悦的人；我是一位全力以赴的人；我是一位有信心的人；我是一位有创造力的人；我是一位真诚的人；我是一位平静的人；我是一位幸福感恩的人。我要努力，我要成功；加油！加油！加油！

通过宣誓班魂，让学生反思自己的所作所为，真正体现做人理念：先做人，后成才。只有做好一个真正的人，才能做好该做的事，正确地做自己想明白的事，直到成功！

(2) 班训：承受极限，命运改变。没有人能随随便便成功，不经历风雨怎能见彩虹，这就要求每一个学生要有承受极限的韧劲，才能把命运掌握在自己手中。

(3) 班级精神：特别能吃苦，特别有礼貌，特别能拼搏，特别能坚持，特别有志气，特别有作为。

案例分析

班级的存在孕育了各具特色的班级文化。一个优秀的班级必定有其先进的班级文化。立体化的班级文化——班级管理过程中的物质文化、制度文化和精神文化的总和组成现阶段最为先进的班级文化。

"立体化"班级文化建设是学校加强新型班集体建设的自我需要，也是新时期文化经营管理理念的实质性体现。让教室的每一个角落都跳动着思想的火花，营造出"催人奋进，勇立潮头"的良好氛围。把教育思想渗透于整个文化环境，充分发挥班级文化的育人功能，使师生心情愉快，不断激励学生积极进取、主动、健康地成长。

在这一章的学习中，你将认识班级文化管理的内涵与特征，了解班级文化管理的意义与功能，重点了解班级文化管理在实践操作中应坚持的基本原则以及一些典型的方法，同时，作为未来的班主任，在给定的条件下，能够为自己管理的班级设计一种立体化的班级文化。

《学习的革命》的作者戈登·德莱顿和珍妮特·沃斯在书中有这样一段话：如果一个孩子生活在批评之中，他就学会了谴责；如果一个孩子生活在鼓励之中，他就学会了自信；如果一个孩子生活在表扬之中，他就学会了感激；如果一个孩子生活在安全之中，他就学会了相信自己和周围的人；如果一个孩子生活在真诚之中，他就会头脑平静地生活。这段话告诉我们：孩子学会了什么，恐怕并非我们教育者有意识地给了他们什么东西，而是我们让孩子或我们的教育对象在怎样的条件中生活，当然包括学生在学校中过什么生活。"生活"不是别的，就是"文化"。既然有社会的生活、家庭的生活、学校的生活和学校中班级的生活，就有社会文化、家庭文化、学校文化和班级文化。

第一节 班级文化管理概述

文化是指凡是超越人类本能的、人类有意识地作用于自然界、人类社会及人自身的一切活动及其结果，它是人类社会在历史实践过程中所创造的物质财富和精神财富的总和。文化包括三个层面的内容，即器物层、制度层和精神层。其中，器物与制度层面的文化是文化的外显部分，它是可见之于形、闻之于声的文化现象，其主体是物，因此称之为"硬文化"；精神层面的文化是文化的内隐部分，它是不可称量、无形的，主要包括人的价值观念、审美情趣、和谐氛围、精神风貌等心理层面的内容，它与人的精神相关，其主体是人，因此称之为"软文化"。

现代教育正在由单纯的学科教学向有形的学科教学与无形的人文熏陶相互渗透的综合化方向发展；现代管理正在由外显的行政管理向内隐的文化驱动方向转变。"软文化"影响力的大小已成为一所学校、一个班级是否具有现代性的重要标志。当前建设与管理好学校精神文化、班级精神文化已经成为现代学校与班级管理共同追求的首要任务和最高境界。

一、班级文化的内涵

什么是班级文化呢？从本质上看，班级文化是一种产生于班级之中的文化现象；从管理的角度看，班级文化是为达到管理目标而应用的管理手段。因此，班级文化不仅具有文化现象的内容，还具有作为管理手段的内涵。

作为文化现象的班级文化，有广义和狭义两种理解。

广义的班级文化是指班级成员在班主任引导下，朝着班级目标迈进过程中所创造的物质财富和精神财富的总和，它在一个班级中是客观存在的。广义的班级文化内容主要包括：精神层，如班级道德、班级舆论、人际关系和班级风气等；制度层，如每日常规、课堂常规以及各种奖惩制度等；物质层，如张贴名人名言、悬挂国旗及班训、出板报等教室内环境的布置。

狭义的班级文化是指班级全体成员创造出来的独特的精神文化，它是班级文化建设的核心与灵魂。美国麻省理工学院教授爱德加·沙因(Edgar Schein)通过研究认为：狭义的班级文化是指在班级同学相互作用的过程中形成的，为大多数同学所认同的，并用来教育同学的一套价值体系，也就是班级成员在学习、生活以及日常活动中，努力贯彻并实际体现出来的一种大家共有的行为，这包括价值观念、道德信仰、精神追求、生活习俗、思维方式等，即在一个班级的核心价值体系的基础上形成的，具有延续性的共同的认知系统和习惯性的行为方式。这种共同的认知系统和习惯性的行为方式使班级同学彼此之间能够达成共识，形成心理契约。因此，狭义的班级文化就是用来组织班级同学思想与行为的心理依据。

作为管理手段的班级文化，其本质内涵是指以一种价值、心理等精神文化为导向，对班级特定的教书育人目标产生匹配作用的柔性战略管理手段。此时作为一种价值的、心理的管理手段的班级文化，其对班级目标的匹配作用主要是通过班级精神的形成来实现的。班级精神是整个班级文化的基因，一切班级文化的要素都是由其衍生出来的，判断某种班级文化是否成熟的标志就是看它是否有一种比较明确的班级精神。因此，班级文化建设的操作模式要以班级精神的形成和发展为线索来考查问题。只有将班级精神落到实处，班级文化的目标匹配作用才能真正发生。那么，怎样才能使班级精神落到实处呢？通俗地讲就是要处理好"做"与"说"的关系。"做"和"说"在班级文化建设具体操作的战略战术上，是相辅相成的，不可偏废。但是，二者在班级精神的整体发展历程上有先后关系。由此，可以演变出班级文化建设的两种基本操作模式，即"先做后说"，先创造扎实的班级优势和特色，然后提炼班级精神，是归纳模式；也可"先说后做"，先提出班级精神，然后依此创造班级优势和特色，是演绎模式。

二、班级文化管理内涵与特点

管理是对现有人、财、物、时间、空间、信息等组织资源进行有效整合，并不断促其更新以达成组织动态目标的人的创造性实践活动。管理的本质即为整合，既包括整合组织无形的资源，核心是组织成员的价值观念，又包括整合组织有形的资源，即组织成员的行为、财力、物力、时空、信息，进而能够更快、更好、更方便、更合适、更有效地实现组织动态目标。作为一种产生于班级之中的文化现象的班级文化，它不仅具有文化现象的内容，从管理的角度看，班级文化还是为了达到管理目标而应用的管理手段。

(一)班级文化管理的内涵

班级文化管理是一种全新的教育与管理方式，是一个系统的工程，是指班级成员在班主任引导下，在实现班级目标过程中，通过班级成员所创造的班级物质文化和精神文化的总和来代替班级教师空洞的说教，以集体的力量去克服困难，排除障碍，师生在人格上彼此尊重，思想上互相交流，以激励为主，通过给学生营造一个良好的学习与成长氛围进而让每个学生内在的潜力都能得到自主、充分而又生动的发展，同时带动班级快速发展，实现班级的组织目标。

班级文化管理是真正"以人为本"的管理，其本质是以人的全面发展为目标，通过共同价值观的培育，在组织内部营造一种健康和谐的文化氛围，使全体成员的身心能够融入系统中来，变被动管理为自我约束，在实现社会价值最大化的同时，实现个人价值的最大化。文化管理是对经验管理及科学管理理论的批判继承，必将成为21世纪管理科学发展的主题。

(二)班级文化管理的特点

第一，班级文化管理的价值理念在于实现人性与物性的辩证统一。文化管理的对象不仅包含财、物、信息、时间等各种物力资源，也包括无形的人的精神存在，它强调充分发挥个人主观能动性，保证人生命价值的实现的同时，也要保证班级组织业绩的不断提高。

第二，班级文化管理的方式在于实现软管理与硬管理的辩证统一。班级文化管理不仅重视刚性的、制度化规章制度管理，更加重视学习氛围、良好人际关系的创建等软因素的作用，班级文化管理最终目标在于调动班级成员的主体自觉性，实现其自我管理。

第三，班级文化管理的内在品质在于实现实践性与理论性的辩证统一。班级文化管理不仅重视反映管理客观规律的管理理论与管理方法，同时要求管理者在不断变化的管理实践中因人、因地、因时、因境制宜，充分发挥积极性、主动性和创造性，以动态的、发展变化的观点在实践中实现对管理理论继承基础上的不断创新。

第四，班级文化管理的核心在于实现人的理性与非理性的辩证统一。班级文化管理重视人的自由、情感、理解与信任等人的非理性因素在管理过程中的作用，它能够激发师生主动精神、创造意识和工作责任感；同时它尊重事物发展的客观真实性，它要求务实，要求人对客观自我言行承担一定责任。

三、班级生命周期

生命周期理论由美国哈佛大学教授雷蒙德·弗农(Raymond Vernon)1966年在其《产品周期中的国际投资与国际贸易》一文中首次提出的,将之运用于对企业生命周期的考查和研究,在分析企业生命周期理论的基础上,结合班级组织自身特点,着眼于班级文化管理诊断的需要,可将班级生命周期划分为松散期、同化期、凝聚期与生成期四个阶段,在班级发展的不同阶段会呈现出不同的特征,也表现出不同的文化需求,班级要顺利发展,必须建立与各发展阶段相适应的班级文化。

(一)班级生命周期阶段划分

(1) 松散期:这一时期是班主任工作最繁忙的时期,也是班主任工作能力经受考验的关键期。学生刚进入一个新的班级,相互缺乏了解,尚未建立稳固的情感纽带,此时班级的管理机构没有建立,也没有共同的行为目标,班级对成员还缺少吸引力,但这时学生普遍有一种较高的表现欲,学生全部听老师的指挥。

(2) 同化期:经过前一阶段的共同学习和生活集体成员之间开始熟悉,个别成员间开始相互交往并产生了一定的人际关系,涌现了一批崭露头角的积极分子,班主任指定的班干部开始发挥核心作用,班级发生重大变化的转折时期,全班具有完善的企业制度和组织结构,有了一定的奋斗目标和较为统一的行为规范。但是,由于班集体的正确舆论还未形成,多数同学遵守纪律的自觉性不强,班级的自我教育功能不充分。

(3) 凝聚期:这一时期在班级全体成员的共同努力下,全班同学不再是一个涣散的学生集合,而是一个有健全领导体制和约束机制的有机整体。班干部各负其责,围绕班级目标,积极开展各方面的工作,班集体基本上形成了正确的舆论导向和集体荣誉感,通过表扬先进,帮助后进,建立个人与集体的良好关系,此时的班集体已初步具备自我教育功能,学生不再是一个个被纪律和规则约束的个体,而是一个个具有一定自我管理自我完善能力的班集体的一员,班集体进入初步形成阶段。

(4) 生成期:此阶段班级集体在经历组织及规范形成并被成员认同后,成员个性的发展、优化班级集体心理是这一阶段工作的重点,此阶段班级文化管理首要任务在于能够让学生自己管理自己,自己教育自己,开展良好班风建设,实行班干部轮换制等,这样,班集体就成为教育主体,不仅学生干部,就是同学之间都能互相教育帮助。

(二)基于班级生命周期的班级文化管理

班级进入松散期以后,班级文化管理主要任务是班主任要不断加强自己的文化管理意识,要根据学校及有关部门的要求,结合本班实际,提出明确具体可行的班级管理要求和目标,增强班级的约束力。同时班主任通过开展形式多样的有益活动准确地了解学生,选择积极分子并加以培养。此阶段以班主任的具体操作为主,学生与班主任的配合为辅。

班级处于同化阶段时，此阶段班级文化管理重心是：班主任要组建形成班级核心和支柱作用的班委会，引导班干部着手制定较为细致的班级管理行为规范，初步建立班级的约束机制和压力机制。这时教师依靠班干部围绕班级目标来开展工作，此阶段由班主任全面主持具体工作转变为班主任指导建议下的班干部的具体管理。

班级进入凝聚期以后，班主任的工作也发生了变化，由一个面面俱到的"保姆"，转变为一个高屋建瓴的主导，这一阶段班级文化管理主要任务在于完善班集体教育功能。班主任已开始成为班级领导者，其应当根据学校教育计划，加强班集体的特色化建设，同时根据对每位学生的充分了解，为学生提出发展规划建议，在班级严格管理的基础上，开始关注学生个性的发展。

班级进入生成阶段时，班主任能否把握好整个集体的发展方向，把工作做细、做好成为这一时期班级管理成败的关键。班主任要通过在集体活动中培养学生相互理解、真诚合作的心理；引导学生参与解决班级问题的讨论与评价；加强成员间真诚对话、沟通，排解各种集体心理障碍，进而使班内具有积极向上的风气，形成积极价值导向的集体内在规范，确保班级内没有孤立者，学生在班级生活中具有愉悦感和自豪感。

四、班级文化管理功能

存在决定意识。人是环境的产物，而文化是人的生存环境和生活方式，人类生活的任何一方面无不受着文化的影响，并随着文化的变化而变化。杜威认为：成年人有意识地控制未成熟者所受的教育，唯一的方法是控制他们的环境，让他们在这个环境中行动、思考和感受。苏霍姆林斯基在其名著《帕夫雷什中学》中也告诉人们："我们应努力做到，使学校的墙壁也说话。"

班级文化是班级中物质文化与精神文化的有机结合体，班级文化管理对于学生成长具有不可低估的教育功能，由此推动班级不断提高核心竞争力。班级文化管理的功能具体体现在以下几方面。

(一)育人功能

国家的教育方针要落实到学校，学校的教育目标要落实到班级，因此班级文化对学生的成长、发展有着重要的作用。学生在班级中的学习分为显性学习和隐性学习。显性学习即学生在老师的引导下，以教育目的为指导，按照规定好的教学计划，有组织地开展学习活动，显性学习主要是在教师的指导下完成的。隐性学习也可以叫潜在学习，即学生在班级正式教育教学活动之外的学习，这种潜在的学习实际上就是通过班级文化来体现的。班级文化也就是学生健全人格形成的直接的文化环境。中学生正处在自我认识的重要转变时期，他们的自我发现不可能通过自身来完成，需要借助于他人的参照，只有在与他人的相处中才会最终完成这一过程。在一个班级文化浓郁的班级中，全体学生共同创造出来的班级文化能够给予学生最好的发展条件，使学生各方面的需求得到最大的满足，因而最有利于学生的全面发展，进而形成学生的健全人格。

(二)凝聚功能

班级是由不同文化的个体组成的集体，班级文化作为一种群体文化，能够把班级所有成员的个人利益与班级的命运和前途紧紧地联系在一起，它通过丰富多彩的活动为每一个学生的特长提供展示的舞台，学生也因此而寻找到自己为班级做贡献的途径，从而体验到一种为班级做出贡献后的喜悦和兴奋，这种喜悦和兴奋反过来又可以转化成激励学生进一步提高自己的动力，因此，班级文化使班级中每一个体与班级"同甘共苦"。班级文化寄托着班级成员共同的理想和追求，体现着他们共同的心理意识、价值观念和文化习性。这种共同的心理意识、价值观念和文化习性会激发成员对班级目标、准则的认同感和作为班级一员的使命感、自豪感和归属感，从而形成强烈的向心力、凝聚力和群体意识。这种向心力、凝聚力和群体意识又会促使学生在日常学习和生活中时刻清醒地意识到"这是我的班级，我是这个班级的学生"。实践表明，在班集体中，班级文化建设的水平越高，这种向心力、凝聚力和群体意识越容易得到体现。

(三)制约功能

班级文化所形成的规范与价值体系，制约着学生的言行。这种规范价值体系一旦形成，就会成为一种强大的力量，使班级成员都能自觉地约束自己，让自己的行为符合班级共同的规范与价值观念。班级文化对成员的这种制约功能主要通过以下三条途径得以实现：氛围制约(环境、关系、风气等)、制度制约(规章、纪律、守则等)、观念制约(理念、道德、舆论等)。

(四)激励功能

激励理论认为，最出色的激励手段是让被激励者觉得自己确实做得不错，能发挥出自身的特长和能力。心理学也证明，人越认识自己行为的意义，行为的社会意义就越明显，也就更能产生行为的强大推动力。在一种"人人受重视，个个被尊敬"的班级文化气氛下，同学的贡献就会得到及时肯定、赞赏和奖励，学生时时受到鼓舞，处处感到满意，就会有极大的荣誉感和责任心，自觉地向更高目标努力。班级文化所倡导的观念和宗旨，正是为学生提供了良好激励的标尺。班级文化着眼于整体的文化建设和人的不断完善，在建立一种人创造文化、文化塑造人的良性循环机制中发挥其巨大的激励作用。

总之，班级文化最终能够促使班级学生实现自我管理。叶圣陶先生曾提出，"教是为了不教"。众所周知，物质资源总有一天会枯竭，但是班级文化却是生生不息的，它会成为支撑班级发展进步的支柱。虽说没有好的班级文化的班级也可以成长，但没有好的班级文化的班级却难以实现后期的自觉进步与发展。没有文化就好像没有灵魂，没有指引班级长期进步的明灯，因而无法获得牵引班级不断向前发展的动力。文化不直接解决班级成绩好坏的问题，但文化决定着班级学生最终的思想和行为。从这个意义上说，班级文化对学生思想的缔造与塑造起着极大的作用。当然，一个班级的文化有好文化，也有劣文化。如果一个班级没有好的班级文化，它就会失去持续发展的动力，最终走进失败的深渊。而引导、执掌这个班级文化使其走向正确和完善的缔造者——班主任，他的个人素质、修养与学养将起着举足轻重的作用。

第二节　班级文化管理的原则与方法

班级文化管理实际是把具有不同家庭文化背景、不同社区文化背景、不同性格、不同气质的学生结合成一个集体，形成一个"文化生态圈"。因此，在实施班级文化管理时，只有遵循一定的原则并且采用一定具体的管理方法，才能把具有不同文化背景的班级成员有机协调起来，才能保障班级经营的顺利进行。

一、班级文化管理的原则

班级文化是由班级物质文化、制度文化与精神文化构成的相互联系的有机整体，马克思辩证唯物主义哲学认为：整体和部分是普遍联系的一种形式，二者既相互区别，又相互联系、不可分割。因此，我们既要着眼于整体，又要搞好局部。

(一)班级文化管理总原则

班级文化管理应遵循如下几项总原则。

1. 方向性原则

班级文化管理必须坚持社会主义方向，以科学发展观为指导，努力营造积极向上健康活泼的育人氛围。

2. 育人性原则

班级文化管理应充分利用班级现有的物质文化、制度文化、精神文化、行为文化等资源，有计划、有步骤地对学生施以教育与影响，培养学生高尚的思想品质和良好的道德情操，引导学生树立正确的世界观、人生观、价值观，形成文明和谐、奋发进取的班级氛围，进而达到"潜移默化、润物无声"的境界。

3. 学习性原则

班级文化管理要为学习型班级建设服务，班级环境建设、制度建设、精神建设都要做到为了学习、方便学习而建设。

4. 可操作性原则

班级文化管理必须依据教育方针的要求，结合班级与学校实际和学生生理、心理和认知特点，组织各种教育活动，使学生在学习中体验，在体验中提高。

5. 创新性原则

班级文化管理必须充分调动广大师生的工作主动性、积极性和创造性，贴近时代，主动变革，促使班级文化与学校、社会文化进行互动，不断发展班级文化，努力培养学生的创新精神和实践能力。

6. 整体性原则

班级文化建设要坚持整体规划，规划要体现精品意识，使班级文化中显性文化和隐性文化相辅相成，又各有特征，进而发挥综合功能和整体育人效应。

7. 个性化原则

班级文化建设既要体现时代精神和学校办学理念，又要针对班级学生的实际，在简洁、整齐、美观、实用的基础上形成特色。

(二)班级物质文化管理原则

班级物质文化是指班级活动环境、设备设施、绿化美化等班级硬件以及表现班级精神文化的雕塑、标语、橱窗、板报、班徽与对联等。班级物质文化是班级中"人"的活动所创造的、体现着一种精神价值的物质结构，这些物质形式是班级价值的客观反映。静态的班级文化是一首无声的歌、无言的诗，无论是班级的橱窗，还是板报与标语，都应以反映现实为目的，同时绘上时代色彩。

班级物质文化管理必须通过载体实现，包括：

第一，环境载体。主要指班级物质环境设计。

第二，理念载体。体现班级的育人价值取向，是班主任教育哲学思想的结晶，它表现在班训、班歌、班徽、班级目标等层面。

第三，活动载体。是动态的班级文化，包括班级纪念日、班(团、队)会、升旗仪式、艺术节、运动会、兴趣小组、科技活动等层面。

班级物质文化管理应遵循以下原则。

1. 隐性原则

班级物质文化属于班级文化的硬件，是看得见、摸得着的东西。班级物质文化包含教室内的环境布置及师生的仪表等，是班级文化的基础及其水平的外显标志，体现着班级的育人价值取向，具有"桃李不言"的隐性教育功能与教育效果。

2. 主体性原则

在班级物质文化建设中，要充分发挥学生的主体性。学生是班级的主人，班级是学生的班级，班主任应带领全班同学，用自己的智慧和双手来布置教室，身体力行地投入其中，使他们在班级文化建设中得到锻炼和提高。

(三)班级制度文化管理原则

班级制度文化是指班级各种规章、条令、程序所组成的条文及其执行系统、行为模式。它为班级成员提供了行为框架，使所有人在这个架构内有序地工作与生活，与其他人和谐相处，从而保证班级工作卓有成效地运转。制度文化的实质，是强调以人为本的思想与科学管理手段的结合，以发展人的主体性、促进人的全面和谐发展、提升人的生命价值为根本目的。制度文化是培育优良班风、学风的前提，是创建优秀班集体的重要举措，是促进学生身心健康发展和良好人格品质形成不可缺少的手段。不良的班级制度管理，会成为学生精神的枷锁，束缚学生个性的发展。

班级制度文化管理应遵循以下原则。

1. 全员参与原则

任何一项班级制度的制定，不能只由班主任说了算，也不能由几个班干部说了算，应由全体成员共同商量，这样出台的制度才更为全面、合理，才能令人信服，才能有针对性，才能对全体成员产生真正的约束力。

2. 引领性原则

制度，本身可能是冰冷的，但却应该是有情的。这里所说的"有情"，一是制度的制定应充满人性化，不能压抑学生的个性发展，使学生有宽松的心理空间；二是指班主任及班干部在执行制度时应把握尺度，应按照制度的要求对他人进行善意的规劝与引导，用宽容的心对待学生，万不能一棍子把人打死。

3. 循序渐进原则

接到一个新班，班主任都要确立符合学生个性发展需要的、充满人性的班级制度。起初的制度应该是低起点、低要求的，多数学生容易达到的，这将有利于优秀班集体的形成。在经历半个学期或者更长时间的适应期后，要对原有班级制度作必要的修改，以保证制度的时效性、合理性。

(四)班级精神文化管理原则

精神文化是指学校在教育教学过程中，受一定的社会文化背景、意识形态影响而长期形成的一种精神成果和文化观念，它是更深层次的文化，在班级文化中处于核心地位。班级精神文化由班级的历史、传统、文化和班级领导者的管理哲学共同孕育，集中体现着独特的、鲜明的班级经营思想和个性风格，反映着班级的信念和追求，是班级群体意识的集中体现。精神文化包括班级哲学、班级精神、班级道德、班级价值观念等。

班级精神文化管理应遵循以下原则。

1. 生活性原则

精神文化是意识形态的产物，它源于生活，但又高于生活，所以加强班级精神文化建设既要有高于生活观念的引领，又要有基于日常生活的实践指导。

2. 知、情、意、行相统一原则

精神文化的形成过程又是一个知、情、意、行的培养过程：提炼确立精神文化的内涵是前提；认识、理解、接纳内化是关键；持之以恒是保证；导之以行是精神文化建设是否有成效的标志。

二、班级文化管理的方法

班级文化管理的根本目标在于通过有形的班级物质文化与制度文化建设以及无形的班级精神文化建设实现班级中的人自身全面、自由、和谐地发展，同时促进班级组织的不断发展。因此，在管理方法上，应尽量杜绝对学生使用命令性的工作方式，并且切忌空洞教条式的思想理论说教，真正做到管理与教育并重，感性与理性并存，指导和引导相结合，做到以理服人，以情动人，达到"润物无声"的效果。具体来说，可以采取以下几种方法。

(一)文化讲座法

文化讲座法即定期、限时、有的放矢地结合学生不同年龄阶段生理、心理成长的需要进行系列的文化讲座。例如：高二年级第一学期开设"儒家文化"讲座，第二学期开设"日本企业文化"讲座。每门课都是由一系列相关的专题组成。文化讲座法是一种可以将支离破碎的文化信息重新整合构造、系统列出，用以说明一个整体概念的有效的班级文化管理策略。这种讲座可给学生提供各种在课本上看不到的最丰富的知识，并逐步地将知识内化为人格精神。

(二)励志训练法

今天的中学生，独生子女居多，他们大都在优裕的环境下成长，从小沉浸在电视、互联网、"追星"之中，他们大都缺乏远大的理想追求、强烈的事业欲望和对逆境应付的能力；面对各种生活冲击时，其个人功能失调问题容易产生，如滥用药、自毁等；对社会亦造成负面影响及威胁，如家庭暴力及更甚的严重罪行(绑架及谋杀)。故协助成长中的中学生正确地面对社会、面对人生，成为班级文化管理的中心内容。励志训练可以帮助学生树立远大理想，寻找人生追求，培养强烈的事业欲望，同时训练学生坚强的毅力、顽强的斗志和做事的持恒之心，使他们由温室里的花朵成为市场大潮中的搏浪儿。例如，用一些优秀企业对员工的训练法和市场经济最发达国家或地区的最成功人士的优秀励志训练法来有目的、有计划、有步骤地训练学生，对学生的成长才能收到奇效。多年的实践证明，这样训练的学生进入大学走上社会后的能力都超过一般人，在市场经济中，不论是在什么行列，他们大都很快脱颖而出，并且逐步地事业有成。

(三)精神激励法

精神激励法是从人的心灵深处激发、调动人的积极性的一种方法，是通过教师对某种思想和行为的肯定，利用激发鼓励的效应来达到教育学生的目的。通常包括成就激励、信仰激励、目标激励、荣誉激励、榜样激励、情感激励等。

典型案例

一个优秀班主任班级文化管理中精神激励法的成功运用

日常班级管理中，精神激励主要包括成就激励、榜样激励和感情激励三种形式。

学生的"勤奋"一方面来源于对学习的兴趣；另一方面，成就体验则是产生力量的源泉。正如一位教育家所说："如果让一个孩子生活在激励中，他就学会了自信；如果让一个孩子生活在认可之中，他就学会了自爱。"为此，班级管理应十分重视对学生的成就激励。成就激励应坚持适时性原则和针对性原则。适时性原则，即发现学生有进步应及时表扬赞赏；针对性原则，即因人而异，即使对"特殊"的学生也不放弃，教师应睁大眼睛寻找他们的"闪光点"并给予充分肯定。奖励时，坚持精神奖励为主、物质奖励为辅的方式，重在让学生体验成功，在成功中获得前进的动力。

榜样的力量是无穷的。在班级管理中，要充分抓先进典型，发挥其引路示范作用，影响全体学生。为此，我利用校史，给学生介绍毕业于我校的在社会上有成就的一些著名人士，并且不定期邀请校友亲临班级指导。另外，注意树班内"榜样"，使每个同学都时时感到学有榜样、赶有目标。如马中华同学的《家乡的变迁》一文获"中华第六届圣陶杯大赛"优秀奖，班级及时将其作品油印，学生人手一份，并组织学生召开"中华同学作文专题研讨会"。让马中华同学介绍平时的学习经验及写作体会，组织学生交流探讨，极大地促进了班级写作活动的开展。

感情激励是通过情感交流，利用积极的情感体验引导学生积极的学习态度，从而激发学生的积极性和创造性的一种激励方式。古人云："一枝一叶总关情。"对学生生活上关心、学习上支持、思想上理解，都可以使学生产生积极的情感体验，使学生感到教师是代表并维护他们利益的，是和他们息息相通的。如我班有一位同学，生性好动，作业马虎。我运用感情激励法，当他上课搞小动作未认真听讲时，我便向他示以微笑；当他作业认真时，我便给予口头夸奖。天长日久，这名学生的不良行为得以矫正，形成了良好的生活学习习惯。2019年，他以优异的成绩考取了省内一所重点高校。毕业时，这名学生曾感慨地说："忘不了老师那亲切的微笑，是老师的微笑给了我无言的教诲！"带着感情做好班级管理工作，是赢得师生相互信任的重要途径，运用感情激励是搞好班级管理的一项重要方法。

A是一位一年级的小学生，她是个很腼腆的小女生，性格内向，平时不愿意跟同学们打交道，也不爱说话。在人面前不苟言笑，课外作业也不能及时、认真地完成。上课从不主动举手发言，老师提问时总是低头回答，声音小得几乎像蚊子声。

原来学校里的老师对她了解不够，关注不多，造成她自我评价偏低。平时她总觉得自己这儿也不行，那儿也不行，缺乏竞争的勇气和承受能力，即使在成功面前也难以体验成功的喜悦；A在家里是独生女，她的表姐妹学习特别优秀，家长也期待自己的孩子跟她们一样优秀，总拿优秀的例子跟她说教。父母的言行影响着孩子，导致孩子肩负重担；父母文化水平较低，对孩子的学习没有能力指导，过重的压力使孩子未能达到父母期望时，便会形成自卑心理，怀疑自己，否定自己，不安、孤独、离群等情感障碍随之而来。

为了去除A的畏惧心理，担任A的新班主任以后，我在课余经常有意无意地找她闲谈，上课时从不公开点名批评她，发现她有所进步及时表扬，经常对同学说："看，你今天坐得真端正，听课非常认真！""A回答问题声音大了，能让我们听得清楚。"渐渐地，A开始喜欢和我接近了，有一次，我把音乐故事编成小品，同学们争先恐后地要表演，我为了让A参加表演，对全班同学说："给她一个机会好吗？"大家同意了。开始她不好意思地说："我不行。"最后加上老师和同学的鼓励，她走上讲台。表现得还不错，同学给她鼓掌，我及时给予肯定和表扬，她第一次在同学们面前有了开心的笑容。以后，有机会就让她在同学面前表现，她变了好多，不再孤独，课堂活动时主动参与，学习成绩有了飞跃。通过师生、家长的共同努力，她现在有了很大的变化。A的学习成绩不断提高，上课专心听讲，举手发言且声音响亮，下课能主动与同学交往、做游戏，各种活动愿意参加，与班级、同学融为一体。家长也反映在家学习主动，乐于把班级的事讲给父母听，主动帮家长做些家务。经过辅导，我发现A比以前开朗多了，与伙伴交流时不再那么紧张，上课能举手要求发言，在和伙伴游戏中学会和同伴相处合作，而且她的一些不良的习惯也得到小同伴的制约，性格也变得开朗了许多。

案例分析：

精神激励是启动班级活力的重要支点。班级文化管理可以通过各种激励法，引导学生树立正确的人生观和价值观，使班级师生心情愉快，人际关系融洽，师生富有工作学习激情，班级和谐管理得以保障。

(四)团队管理法

团队是一种为了实现某一目标而由相互协作的个体组成的正式群体。在学校，班级本身是一个大的学习团队，班级内又分成若干的小团队，它们为了一个共同的目标而组合，团队成员互相协作，取长补短，成为正式群体的学习团队。事实表明，教育教学是一项需要众多具有不同专长的人共同协作才能完成的事业，学生的成长更需要一种和谐的集体心理气氛，那么由团队来做效果通常比个人好。团队是组织提高运行效率的可行方式，它有助于组织更好地开发和利用成员的才能，可以快速地组合、重组、解散，队员之间分工明确，相互之间的协作性极强。研究性学习的团队，就是为了一个共同感兴趣的课题将几个不同的个体组织起来，每一个个体在组织中分担不同的任务，在统一要求下完成各自的任务，从而达到组织任务的完成。班级中的团队可把班级中的多种优势、技能和知识综合在一起，以便更加有效地满足班级成员学习、交友、能力锻炼与自我实现的需求。同时，它还给我们一种重要启示：班级中的每个人都有一定的创造性，在合适的时候让他们的智慧共同发光，将迸发出无穷的力量。

(五)自我教育法

自我教育法是指在教师和家长的启发引导下，青少年按一定的道德原则和规范自觉地进行自我教育、克服不良思想行为，以形成良好思想品德的方法。它包括建立在自我意识基础上的自我鼓励、自我指导、自我锻炼、自我评价等方法。自我教育的关键是激发、调动学生的主体意识。所谓主体意识是一种觉醒水平，是人的自主性的心理机制。当人们的主体意识得到调动以后，就能够自觉地唤起自我的情感、兴趣，从而激励自我自觉地进行创造性活动，推动自我积极地实践，进而发展自己，完善自己。在班级管理中，主体意识有着特殊的作用和功能。当主体意识得到激发和调动以后，它就能够自动地组织自我教育，实现自我教育的作用，而人只有在能够进行自我教育以后，才能够自觉地调节和控制自我，成为一个有所作为、有所成就的人。

自我教育法包括设问法、诊断法、自我纪实评价法等。在班级文化管理中进行教育的主旋律，就是让学生自我设计、自我管理、自我评价以至最终实现自我教育。

(六)环境熏陶法

环境熏陶法是指创设一个有利于学生健康成长的显性和隐性环境，使学生在潜移默化中接受教育的方法。班级文化管理的实质是利用一切有利于学生健康成长的文化，创设一个好的环境，使学生在环境的熏陶下自觉与不自觉地接受教育，同时弘扬集体中好的典型的人和事，使其成为同学效法的旗帜。班级是一种无形的环境，对每一个人的道德观念和价值取向影响极大。在《爱国主义教育实施纲要》里所说的"必须创造一种浓郁的爱国主义氛围，使人们在社会日常生活的各个方面，都能随时随处受到爱国主义思想和精神的感染、熏陶"，其实也就是在启发我们要重视环境熏陶在教育中的作用。

(七)活动渗透法

活动渗透法即寓教于乐式，把教育渗透在愉悦身心的丰富多彩的活动之中。在这里，寓教于乐是整体；乐是形式，是载体；教是目的。活动的指导思想在于通过"乐"达到"教"的效果。

班主任应充分利用学生课外活动时间，组织开展各种生动有趣的文娱活动，如书画、摄影、集邮、演讲、音乐、影评、球迷等兴趣小组，这不仅可以丰富学生的文化精神生活，调节学习生活的节奏，使学生在紧张的学习之余享受到更多的生活乐趣，而且能使班级始终充满活力并对学生具有一种魅力，使学生潜移默化地受到集体主义精神的感染，取得单纯说教所得不到的教育效果。但是应该注意的是："乐"只是"教"的辅助手段，过分夸大"乐"的作用就会出现"娱乐至上"的错误倾向，这是必须注意防止的。

(八)典型示范法

典型人物的思想感染，容易使人引起强烈共鸣，他具有号召效应，能影响人们形成"跟着做"的局面。一方面应该充分挖掘班级和学校中典型人物的现实意义，形成正确的导向，发挥班级文化的作用，利用学校网络、班级报栏、多媒体报告厅等，收听收看典型人物的事迹或邀请典型人物做报告，领略典型人物的风采，了解典型人物的成长，在感性认识的基础上，引导师生进行讨论交流，达成共识，形成争先创优、弘扬正气的正确导向。另一方面班主任应该注重树立身边的典型，使他们看得见、摸得着，让学生感觉到更亲切，由此发挥更大的激励效应。同时还可以制定相应的班规和创造相应的环境氛围，例如，凡被评为先进班组或优秀个人者均在班会上进行隆重表彰，使全体师生学有榜样，做有方向。

第三节 当前班级文化管理中存在的问题与应对策略

随着改革开放的不断深入，教育在振兴民族、增强国家综合竞争力方面的重要战略作用越来越受到国人的重视。改革教育、提高教育质量、培养具有创新精神和实践能力的新一代的呼声越来越高，实施全面素质教育已成为时代发展的必然要求。学校是实施素质教育的主要阵地，班级是学校教育的基层组织，也是学生学习适应社会、实现个体社会化的重要环境，班级管理的运作状态，直接影响到班级教育功能的发挥和学生身心全面、健康、和谐地发展。

班级文化作为一种现代化管理手段已经成为班级加快发展的最经济的战略资源，越来越受到教育管理者的重视。但在目前的班级文化管理中，由于种种因素的影响，管理中存在不少问题，这些问题的存在，直接影响到素质教育目标的实现。对班级管理中存在的问题认真加以分析研究，提出可行性的解决方案，对深化我国基础教育的各项改革具有重要意义。

一、当前班级文化管理中存在的主要问题

当前班级文化管理中主要存在如下问题。

(一)缺乏明确的班级管理目标与规范的班级制度文化，班级管理随意化

在目前的班级管理中，许多班主任缺乏明确的班级管理目标与规范的班级制度文化，仍然主要凭借个人经验和主观意愿来管理班级。不少班主任将班级管理定位于学生的应试成绩，围绕取得良好的应试成绩而开展班级管理，重视智育，忽视学生的全面发展，忽视对学生进行思想品德教育和心理健康教育，对学生的要求统一化、模式化，限制了学生个性的发展，而且仅仅注重学生在校、在班这一段时间的管理，没有对学生终生发展负责。另外，许多学校的班级制度文化建设较为落后，部分制度反映的是学校管理者的意志，这类班级制度剥夺了学生实现自我管理的机会，对学生身心发展造成了负面影响。

班级管理的随意化，导致了学生思想素质下降，心理素质差，法制观念淡薄，也人为地造成了学生的两极分化。据报道：近年来，我国中学生心理疾病发病率呈直线上升趋势，目前35%的中学生具有心理异常表现，其中5.3%的中学生存在抑郁症、恐惧症、强迫症等心理疾病。

(二)只重视常规管理与成绩管理，班级文化管理内容片面化

1. 注重常规管理，忽视能力培养

当今社会对其成员应具备的素质提出了相应的要求。即要求学生具有很强的学习能力、适应能力、心理承受能力、交往能力、生存能力等，当代中学生这几方面的能力都比较欠缺，通过教育，培养中学生的上述能力显得尤为重要，但在目前的班级文化管理中，班主任往往忽视学生能力的培养。他们仅仅重视维持班级运转的常规管理，如考勤、清洁、纪律、学习、行为规范的管理。

2. 注重学习成绩，忽视学习指导

文化课学习是学生的主要活动，也是学生成长过程中的重要积累，班主任搞好学习管理是学生完成学习任务的必要条件。影响学生学习的因素很多，影响学生学习的主观因素主要有学习动机、学习兴趣、学习方法、学习习惯等。学习动机是推动学生学习的内部动力；学习兴趣是学生学习的直接动力，学生学习的兴趣推动其积极思考，乐于钻研；学习方法是影响学习的重要因素，好的学习方法能收到事半功倍的效果，而不好的学习方法意味着事倍功半，劳而无功；良好的学习动机、学习兴趣与学习方法推动学生形成良好的学习习惯，它是学生在一定的心理因素影响下形成的稳定的学习行为方式，对学生学习起一定的定向作用。班主任调动学生学习的内在积极性，教给学生科学的学习方法，培养学生良好的学习习惯，并创设良好的学习环境，对学生学习成绩的提高具有重要意义。但在当前的班级文化管理中，一些班主任常常以学习要求代替学习指导，以管理学习秩序代替学习管理，不注重培养学生的学习兴趣和学习习惯，缺乏对学生学习方法的有效指导。

(三)学生主体地位缺失，班主任管理权威绝对化

大部分班主任处于班级管理的绝对权威地位，从班规的制定、班委的确立、管理的实施、监督的进行，到学生的评价，都由班主任说了算，班主任充当着"管家""警察"的角色。学生成为被管制的对象，没有参加班级管理的机会，主体地位根本无法保障。据《中小学班级管理现状的调查研究》一文提供的资料，322名被调查的中小学生没有一人参与过制订班务计划或总结工作，67%的学生根本没有听过或见过班务计划或总结，58%的班主任从心理上认为这项工作没有必要让学生参与。班主任管理权威的控制主义忽略了学生的自主性、主动性、积极性和创造性，遏制了学生的个性、情感、意志品格的发展，造成多数学生只会服从和循规蹈矩，依赖性强，创造性、独立性差，缺乏自我教育与自我管理能力，同时，班主任自己也容易陷入杂务之中，疲惫不堪，不利于其自身的完善和发展。

(四)缺乏灵活性与创造性，班级文化管理方法与途径简单化

班主任教育方法在很大程度上决定着教育的质量和成果。有的班主任做了很多工作，但效果并不好，出现事倍功半的状况，这主要是因为不注重教育方法。

班主任教育方法以批评教育惩罚为主。据《中小学班级管理现状的调查研究》一文提

供的资料，在班级管理的方法中，以批评教育为主的占 59%，以情感沟通为主的占 19%，以实践锻炼法为主的占 14.3%，以心理疏导法为主的占 7.6%。可见在教育方法上，使用最多的仍是批评教育，而在现代社会中日益受到重视的心理疏导法却较少使用。多数教师爱用批评、讽刺乃至惩罚这种显性效果最明显的教育方法，因为它费时少，见效快，但这种方法的负面影响也是明显的：有的一味批评惩罚，容易挫伤学生的自尊心，导致学生自暴自弃，破罐子破摔，甚至对班主任产生敌对情绪和逆反心理；有的恶语批评、讽刺还会酿成严重后果。另外，班级作为学生学习和生活的场所，能否为学生提供有趣、有意义的经历对于学生的成长也很重要，班级能否为学生组织有吸引力的活动直接影响学生对班级生活质量的评价。当前班级文化管理中班级开展的活动要么单一，要么形式化，不是学生所需要、所喜欢的经过自身精心设计的系列活动，因此，无法让学生大开眼界，深受触动。

(五)缺乏层次化与人性化，班级文化管理中的评价文化主观化

学生评价是就学生现实的或潜在的价值做出价值判断的活动，它对学生的发展具有导向、激励、矫正、甄别等作用。目前对学生的评价存在着评价内容狭窄化、方式主观化、观点固定化等问题。

一方面，班主任常常以成绩好不好、是否听话、是否遵守纪律作为评价学生的依据。把那些学习成绩好的、听话的学生视为一族，而把那些学习成绩差的、调皮捣蛋的学生当成另类，进而把学生区分为优、劣两种。这种评价只关注学生的智育，没有全面考查学生的德、智、体、美、劳以及各种非智力因素，用单一的标准去塑造学生，用固定的框架去剪裁学生，抑制了学生的个性发展，使学生成为"单向度"片面发展的人。

另一方面，班主任仅以学生现有的表现评判学生。认为好的学生总是好学生，差学生不会变好。用这种"固定的"眼光看待学生，学生的长处和特点、内在积极性和创造力都可能被泯灭。这种只重视学生的历史和现实表现，不注意对学生的潜力和发展过程进行科学分析的静态评价，不利于学生的健康成长和全面发展。许多学生没能得到很好发展往往缘于班主任不善于"发现"学生的个性、特长，没有挖掘他们的潜力，没有创造使学生充分发展的条件，没有给予学生激励他们发展的评价。

二、优化班级文化管理的应对策略

班级文化管理中问题存在的原因是复杂的，解决班级文化管理中存在的问题需要学校、社会、家庭各方面的密切配合。班主任应该立足于自身工作，进而寻求解决班级文化管理问题可能的对策，以解决当前中学班级文化管理中存在的问题。

(一)加强培训工作，更新班主任班级管理观念

科学的班级管理来源于科学的思想观念的指导。只有正确地进行思想指导，班级教育管理才能走上科学化的轨道。为此，要通过培训，使班主任掌握班级管理的基本原理，树立正确的教育管理观念，即树立素质发展观、学生主体观和系统整体观。

1. 素质发展观

树立全面素质发展观是当今社会发展对人的基本要求。班主任要按社会的需求来培养学生，在班级教育管理实践中，班主任要有意识地通过开展多方面的活动，培养学生的学习能力、适应能力、心理承受能力、交往能力，提高学生的整体素质，全面育人，把学生培养成为素质全面发展的合格人才。

2. 学生主体观

学生主体观要求班主任摒弃传统的学生观，承认学生在班级活动中的主体地位，尊重学生的独立人格，重视学生参与班级文化管理的主动性和积极性，创造条件使学生由被动受教、被动受管向自主教育、自主管理转化，使学生具有自我教育、自我管理和自我完善、自我发展的能力。

3. 系统整体观

系统整体观要求改变班主任在班级工作中"单打一"孤军奋战的局面。一方面，优化班级内部的结构，发挥班级的整体功能，利用集体的力量来教育和影响班级的学生，促进班级整体的发展；另一方面，调动一切积极因素，协调学校、社会、家庭等各方面的关系，加强互相沟通和协调，形成班级文化管理的合力系统，营造有利于学生成长的良好环境，促使班级文化管理活动有序运行。

(二)实施符合素质教育要求的班级文化管理

实施符合素质教育要求的班级文化管理要注意做到以下几点。

第一，实施符合素质教育要求的班级文化管理要以学生全面发展为目标。要有效地开展班级文化管理，必须有明确的目标。班集体的目标，是指班集体成员共同具有的期望和追求，是班级在各项活动中所要达到的预期目的。班集体目标是国家教育方针和培养目标的具体化，是社会期望的综合反映，是班集体工作的出发点、评价标尺和班集体前进的动力。实施符合素质教育要求的班级文化管理要以促进学生全面发展为目标。

第二，实施符合素质教育要求的班级文化管理要以学生的自主管理为重点。学生是班级的主人，要让每一个学生参与班级管理。建立学生自主管理的制度，通过制度保障学生参与管理的权利，形成学生自主管理的机制。自主管理机制形成的基本思路是：让全体学生进入到班级工作的决策和管理过程中，无论是制订计划、执行决议，还是检查监督、总结评比，都让学生参与，及时采纳学生的正确意见，接受学生监督，不搞"一言堂"，切忌家长作风。

第三，实施符合素质教育要求的班级文化管理要运用心理技巧管理班级。人的行为是在心理支配下完成的，相应的心理会产生相应的行为。把握中学生的心理特点是班主任做好班级工作的前提。班主任可以从对学生抱以期待、多鼓励、少批评、采用成功激励几方面着手，充分发挥各种心理效应的积极作用，调动学生的积极性，提高班级管理的实效。

(三)建立科学的班主任工作评价体系

构建科学的班主任工作评价体系有重要意义。首先,有利于规范班主任的工作和加强班级的管理,为班主任的使用、培训、奖惩提供依据;其次,能引导和鼓励班主任改进班级管理工作,不断提高班级管理绩效。班主任工作的评价体系应在现行的评价的基础上做如下四个方面的转变:一是从注重评价工作态度到注重评价管理思想;二是从注重评价工作量到注重评价管理方法和工作效率;三是从注重评价工作结果到注重评价管理过程;四是从注重评价教师到注重评价学生。

班主任工作评价的方法主要有两类:一是部门领导评价,班主任自我评价,学生、科任教师和家长参与评价相结合,其中要特别重视班主任自我评价,发挥好班主任在评价活动中的主体作用;二是平时检查评价和阶段性集中评价相结合,要以平时检查评价为基础。部门领导应注重平时对班主任工作的观察、记录、调查,要收集事实材料,注意将班主任的工作态度、能力等主观条件与班级学生特点和实际水平等客观条件相结合进行综合评价,坚持以评价标准为尺度,做到公正客观、实事求是地考核鉴定。

(四)确立"立体化"三级班级文化管理模式

所谓"立体化"三级班级文化管理模式指的是由相互依存的、有机统一的三级管理机构构成的一种班级管理模式。这三级管理机构包括:学校宏观班级管理、班主任和科任教师日常管理、学生的自我管理。这一模式建立在系统论的基础上,从系统论的观点看,系统的每个部分都无法独立地充分发挥自身的功能,各个部分有机协调才能使各部分功能充分发挥,并获得 1+1>2 的效率。班级文化管理也是如此,必须充分发挥学生、科任教师、班主任、学校领导等各个系统的功能,才能把总体的班级文化管理工作做好。

总之,中学班级文化管理诸多问题的存在不利于学生素质的全面发展、能力的全面提高、个性的健康发展。这些问题的存在妨碍了学生的健康成长,也导致了教育培养的人才与社会要求不相符合。因此,对班级文化管理中存在的问题要高度重视。一方面,作为班级的教育管理者,班主任要提高自身的素质。要适应现代教育发展的需要,不断地塑造自我,完善自我,同时树立正确的教育管理观念,根据班级教育管理的规律指导班级文化管理的实践,提高班级文化管理的实效。另一方面,要加强对班级、班主任工作的研究。要认真分析班级文化管理实践中出现的新情况、新问题,并为解决这些问题提供科学的理论指导。

本 章 小 结

作为文化现象的班级文化包含三个层面的内容:外层是指班级的物质文化,中层是指班级的制度文化,内层是指班级的精神文化。班级文化具有独特性、不可互换性、难模仿性的特点。作为管理手段的班级文化,是以班级管理主体意识为主导、追求和实现一定班级目的的文化形态。它是一种组织文化,有自己的目标、意识及与之相适应的组织制度与规章。它也是一种理念，并要求在大家的行为中体现。

班级文化管理是指班级成员在班主任引导下，在实现班级目标过程中，通过班级成员所创造的班级物质文化和精神文化的总和来代替班级教师空洞的说教，以集体的力量去克服困难，排除障碍，师生在人格上彼此尊重，思想上互相交流，以激励为主，通过给学生营造一个良好的学习氛围让每个学生内在的潜力都能得到自主、充分而又生动的发挥，同时，带动班级快速发展，动态实现班级的组织目标。

在班级文化管理中要遵循方向性原则、育人性原则、学习性原则、可操作性原则、创新性原则、整体性原则和个性化原则。在实际操作中可以运用文化讲座法、励志训练法、精神激励法等方法。

当前班级文化管理中存在着管理随意化、管理内容片面化、班主任管理权威绝对化、管理方法与途径简单化、管理评价文化主观化等现实问题。因此，应加强培训工作，更新班主任班级管理观念；实施符合素质教育要求的班级文化管理；建立科学的班级工作评价体系；确立"立体化"三级班级文化管理模式。

【推荐阅读】

[1] 麦志强，潘海燕. 班主任工作培训读本. 北京：中国轻工业出版社，2007.

[2] 符红艳. 班级文化建设修炼. 江苏美术出版社，2011.

[3] 周勇. 我是怎样建设班级文化的——一位博士的班主任生涯回顾与反思. 四川教育出版社，2010.

[4] 徐长江编. 班级管理实务. 高等教育出版社，2010.

思考与练习

一、简答题

1. 什么是班级制度文化，它研究的内容有哪些？
2. 班级人际文化对于学生的重要影响。
3. 班级公约的内涵及特点。
4. 班级文化管理的功能。
5. 优化班级文化管理的应对策略。

二、辨析题

班级文化建设即班级文化管理。

三、实践课堂

为小学三年级"小手拉大手，共创文明城"主题班会设计活动方案，重点设计活动目的与活动过程。

"小手拉大手，共创文明城"主题班会活动方案

一、活动目的

1. 使学生对文明礼仪有更明确的认识，体会到文明的重要性。人人争做讲文明、讲礼貌的好学生。

2. 培养学生从现在做起，从自我做起，从一点一滴做起，努力提高自己的文明修养。

二、活动过程

主持人：同学们，大家好！为了让每一个学生成为知书达礼的好少年，让"文明之花"开在我们的校园，"小手拉大手，共创文明城"主题队会现在开始。我们是祖国的小雏鹰，我们是21世纪的主人，我们要做21世纪文明的人。做文明的人要有良好的行为，做文明的人要有良好的习惯。

(一)看一看

1. 学生认真阅读《中小学生礼仪常规》和《小学生日常行为规范》等。
2. 观看升国旗仪式课件。

这样，图文并茂，给枯燥的理论知识以生命。挑选重要的、难理解的知识，结合实践给予适当的举例加以解释。

(二)测一测

1. 全班学生填写下表，进行自测。

小学生文明素质自我评价

姓名：　　学号：　　测评时间：

① 你平时说脏话吗？A.不说 B.很少说 C.常说

② 升国旗时，你能敬礼、肃穆，行注目礼吗？A.能 B.有时 C.不能

③ 进入老师的办公室，你先敲门、喊报告吗？A.是 B.有时 C.不

④ 你在家经常做一些力所能及的小事？比如洗碗，叠被子。A.是 B.有时 C.不

⑤ 瞻仰烈士荣誉室时，你能保持肃穆吗？A.能 B.一会儿 C.不能

⑥ 离开家时，你会关好门、熄灯，再走吗？A.会 B.有时 C.不会

⑦ 在学校餐厅就餐打饭时，你能按顺序排队吗？A.能 B.有时 C.不能

⑧ 你能按时保质完成作业，不抄袭别人作业吗？A.能 B.有时 C.不能

⑨ 在校园遇见外国人(或外来的人)，你会好奇地盯着他们看，对他们指手画脚吗？
A.不会 B.有时候会 C.会

⑩ 班里如若有同学生病，你会主动帮助他到医务室看病吗？
A.会 B.有时 C.不会

结论：＿＿＿＿＿＿＿＿＿＿＿＿＿＿＿＿＿＿＿＿＿＿＿

说明：①选择"A"得3分，选择"B"得2分，选择"C"得1分。

②等级统计：

A. 分数为30~24分：你是个讲文明，懂礼貌的人。举止言谈文明，与老师、父母、同学相处融洽，人际关系好，是个受欢迎的人！

B. 分数为 22～16 分：一般情况下，你是个文明的人，但有时可能没有认真对待一些事情，特别是一些小事，人际关系一般，是个比较受欢迎的人！

C. 分数为 14～10 分：许多情况下，你是个不文明的人，人际关系一定很差，是个不受欢迎的人。

2. 出示几幅多媒体图片，让同学从中选出属于文明的行为。

(三)说一说

1. 多媒体提供漫画。

如①随地吐痰；②尊敬老师；③不乱倒垃圾；④尊老爱幼；⑤践踏花草等

让学生先看图片说说这种行为的对与错，错的应怎样做，也可说说这种行为的严重后果。想想在我们身边有没有类似的事情发生，能提出批评与自我批评。

2. 交流心得体会。

(四)议一议

1. 怎样文明用语？

文明的环境需要文明的语言，让文明语言把我们装扮，让我们的生活更美丽！不讲脏话粗话是对我们每个小学生提出的警言，我们文明少年应像幼苗棵棵茁壮成长，时时清理身上的蛀虫，时时改正我们身上的不文明习惯。

列举 3～5 例，说明在不同的场合，应怎样文明用语？在当今社会有许多的语言垃圾，许多粗话脏话等，不但不符合语言规范，在思想上也是不健康的，让学生了解其危害性，文明用语。

2. 如何尊敬师长？

主持人：父母、老师是一棵棵大树，为我们撑起一把爱的保护伞。我们在长辈的呵护下快乐成长，我们要做尊敬长辈的孩子。那么我们该如何尊敬长辈？

3. 在升国旗时应遵循什么礼仪？

(1) 使学生明确五星红旗是我们国家的国旗。爱护国旗就是热爱祖国，维护国家利益的标志。

(2) 使学生明确，升旗不但是一种制度，而且是进行爱国教育的一种方法。

(3) 使学生掌握升旗仪式的整个程序及要求，为未来参加工作后组织升旗仪式打基础。

4. 我们应如何做一个有礼仪常规、文明的小学生？

5. 文明用语再学习：

见到老师同学问声好。分离时候别忘把手招。影响别人，"对不起"，回答要说"没关系"。

从小讲文明，懂礼貌，大家夸我是个好苗苗。

(五)写一写

写一封承诺书：《争做"创文明城区"活动文明带头人承诺书》。

> 处理突发事件，智慧是必不可少的，但更重要的是对学生的真挚的爱！

——题记

第八章　班级突发事件的管理

本章学习大纲

➢ 班级常见突发事件有人际分歧、财物丢失、学生早恋与未婚先孕、家庭变故、暴力冲突、顶撞教师、厌学辍学、恶作剧与学生自杀。
➢ 突发事件形成的原因主要有学生本身因素、教师的教育失策、环境因素。
➢ 突发事件的处理要把握好相应的原则，讲究方法与艺术。
➢ 突发事件的善后要处理好班主任、全体学生、当事学生与当事学生家长的关系。

核心概念

突发事件(emergency)；　形成原因(the forming reasons)；　处理原则(manage principle)

引导案例

一次意外事件[①]

一天下午的最后一堂课，我指导学生写试卷分析，放学时检查合格后方可回家。下课铃声响过，我宣布放学，但那些未检查完和未按要求做的学生得留下来接受检查。十几个学生争先恐后地围着我，我接过郑的作业一看，还没做完，便说："这道大题你没做，做完了再给我检查。"没两分钟他又来了，我接过一看，他在每道小题上都只写着"根据题意"，我便说："怎么能这样做呢？你等我把别人的试卷检查完了再给你说吧！"说罢，接过另外一位学生的作业本。正在此时，只见郑转身将自己的作业本狠狠地扔在地上，并重重地踩了两脚，高声吼叫道："我不会做，我就是不会做！烦死了！"然后拾起地上的作业本跑到教室后面去了。

一会儿，他打开窗户跳上去，骑在窗台上，一条腿放在里面，一条腿放在外面。当时

---

① 周娴华，周达章. 走进学生的心灵——班主任工作案例新编. 南京：江苏教育出版社，2006.

教室里做清洁的、整理书包的、写作业的同学都惊讶地看着这一幕。我吓得两腿直发抖，真是目瞪口呆。此时，任何的批评或启发帮助，肯定是没有作用了。

看着郑骑在窗台上，还摇头晃脑、嘴里直嚷嚷的样子，我心里可是焦急得不得了，这可是四楼啊！万一掉下去……我真的不敢往下想。在焦急中突然我用温柔又清楚的语气对他说："郑，你的作业不是做得很好吗？你看你的第四道题很有新意，我是想叫你留下来一起讨论一下解题的思路，既然你现在感到身体不舒服，那你先回去吧！"说着还特地说了一句："小心，不要把这漂亮的衣服给窗钩钩破了。"谁知道，他仍然骑在窗台上，毫无反应。这时，刚好有一位学生走过来，问我一道题，而这道题恰恰是郑做对了。于是，我顺水推舟说："这道题怎么做，你去找郑吧，他做得很好。"接着对其他同学说："同学们，今天的作业就检查到这里，大家赶快回家吧！"

只见这个学生早已心领神会地擦掉自己的答案，拿着作业本走向郑，边说："快下来我们一起回家吧，顺路把第四题给我讲一讲。"这时，我见郑虽然坐着未动，但脸上的表情已经由暴躁、厌烦转为温和，我赶紧对一个同学高声说着"再见"，从前门退到外面。郑见我走出教室，也就跳了下来，那个学生帮他拿着书包，一起走了。

他们走后，我胆战心惊地在教室里坐了很久。几位善解人意的女生安慰我，说一些"老师你没错""他是一个脾气暴躁的人"之类的话，可我依然不能原谅自己！为什么不细心地观察一下他的脸色，为什么不了解和关注一下他当时的心情和需要呢？如果发生了意外，一个鲜活美丽的生命差点因为几道作业题而夭折了！

第二天课间操罢，我找郑谈话，问他原因，他说："自己一下午心里都很烦，大概是中午没吃饱吧。试卷分析老师虽然讲了，自己却没有听进去，还对老师发那么大的脾气，觉着自己犯错了，心里就更加烦，于是就跳上窗台，是不是要跳下去或会不会掉下去当时没考虑。不过老师为我好，我还是体会得到的。老师，真的非常非常对不起你。"我只好笑笑，说："昨天你吓死我了，今天罚你课外活动陪我打乒乓球吧！"他怔了一下，郑重地说："老师，谢谢你原谅我，我保证以后再也不那样做了。"然后不等我说话，转身走了。看着他离去的背影，我默默祈求上帝，愿他给我更多智慧和胆量。

在这以后的日子里，我们遵守彼此的约定，每星期三和星期五下午课外活动他准时教我打乒乓球。一开始我们似乎都有一种"心怀叵测"的谨慎，但游戏就是游戏，他总忍不住对我糟糕的打法和郑重其事的态度报以大笑，我也情不自禁地对他的夸奖和我的进步还以幸福的微笑。我们边打边聊天，网络、生活、父母、同学、作业和学习，无所不包而不刻意而为，真的快乐而惬意。也许是无为而为吧，不到一个月，同学们都夸我球技大长，郑的性情也大变。更可喜的是班上因此而出现了一批乒乓球"教练"和女乒乓球爱好者，而郑在学习上也有了很大进步，少了一些反感和烦躁，我们都从对方身上找到了前进的动力。而这次意外事件，在我做班主任工作的经历中留下了永远难忘的记忆。

案例分析

在这个案例中，我们可以感受到突发事件发生的突然性和紧迫性。如果教师处理不好，有可能就会发生校园惨剧！班主任能够全面分析突发事件发生的原因——学生自身脾气暴躁，情绪易激动；教师疏忽了学生情绪的变化。但是班主任在事发时能够用学生的优点来稳定学生的情绪，在给学生寻找"台阶"的同时主动回避学生以消灭学生的"火源"，从而有效地处理了突发事件。在以后的善后教育中，班主任能够主动和学生交往，选择学生的特长为突破口，发掘学生身上的闪光点并给予表扬和鼓励，创建了平等和谐的师生关系，在寓教于乐中促进了学生的发展，教师自己也受益颇多，实现了"教学相长"。

学习指导

班级管理中经常会出现各种各样的突发事件，要成为一名优秀的班级管理者，就必须了解班级常见的突发事件及其形成原因，能够妥善地对突发事件进行处理和善后。高水平的管理不仅要求教师懂得管理知识，掌握管理的方法，还要在实践中不断反思、研究和创新，以提高管理的技能，使得班级管理成为一门得心应手的艺术。

在班主任工作中，由于学生及环境的多样性和复杂性或者班主任自身因素，经常会产生一些比较棘手的突发事件，突发事件处理如果不得当，不仅会造成教师的威信下降和班级管理的困难，同时也会对学生的身心发展带来负面影响。因此，为了促进班集体的建设和学生的发展，每位教师需要掌握班级突发事件常见的类型和形成原因，学会对突发事件进行处理和善后，从而把突发事件对学生的不利影响降到最低，或者以突发事件为契机，从中寻找到对班集体的建设和学生身心发展有利的因素，化不利为有利，化消极为积极，以促进班集体的建设和学生的发展。

第一节　班级常见的突发事件和形成原因

突发事件是和日常事件相对应的带有突发性、偶然性、破坏性的事件。班级中经常会发生各种突发事件，和日常事件相比，突发事件对管理者的智慧和管理素质要求更高。

一、班级常见的突发事件

班内常见的突发事件纷繁复杂，多种多样，一般大都具有成因的不定性、出现的偶发性和突然性、发生的经常性和客观性、教育处理的紧迫性等特征。根据事情的性质与表现，大体归纳为如下9种。

(一)人际分歧

班级是一个小型的社会化组织，在班级中会产生不同类型和层次的复杂的人际交往。从交往的活动主体看，主要有教师个体和学生群体之间的交往、教师个体和学生个体之间的交往、教师群体和学生群体之间的交往、学生个体和学生个体之间的交往、学生个体和学生群体之间的交往以及学生群体和学生群体之间的交往。在各种交往中会不可避免地存在着各种分歧，主要表现为学生间的分歧和师生间的分歧。

1. 学生间的分歧

由于班内的学生的家庭状况、社会背景等客观因素不同，加上学生在性格、人生观、情感、能力、兴趣爱好等主观方面也存在很大的差异，所以，学生对班内、校内乃至社会上所发生的事情的看法很难达成一致意见，这种思想上、见解上的不一致，意见或建议的差别，在班级活动中随时都可能表现出来。这种必然的反映，就是学生间的分歧。

2. 师生间的分歧

教师和学生之间由于生活背景、个性、学识、社会经历等的不一致，从而会出现多方面分歧，例如对作业的布置量和评分标准的分歧，对教学方法的分歧，对班规制定的分歧等。

(二)财物丢失

班级里经常会出现因为保管不当而丢失财物的现象。在班级里，丢钢笔和文具盒、辅导练习册已经是常见的事情，而丢钱、丢其他贵重物品的现象也时有发生。财物丢失易使学生对周围同学产生不信任感，对学校缺乏安全感。

(三)学生早恋和未婚先孕

由于社会性观念的开放及媒体的影响，青少年性早熟和早恋问题相当普遍。早恋一般是指人在生理和心理尚未成熟、年龄及社会条件还不具备的情况下发生的恋爱。同学早恋现象大多发生在中学生中间。中学阶段对应的是人的青春期，青春期的学生，思想单纯，求知欲强，记忆力最佳，想象力十分丰富，易于接受新事物，对异性比较好奇和向往，再加上和家长、老师沟通不畅，从而产生迷乱、困惑、好奇等情绪。此时当他们接触到某个异性而在心理上起波澜时，或当他们感到与某个异性彼此之间有莫大的吸引力时，往往有一种接触和亲近对方的强烈情感，靠"交朋友"来缓解内心的压力。更有些离异家庭的孩子得不到家长的关心和家庭的温暖，自暴自弃，抱着玩玩而已的心态，过早地投入到追逐异性的情感游戏中。异性之间互有好感，或者由起初的友谊逐渐发展成恋爱。由早恋引发的青少年性问题已经引起社会的关注，特别是未婚先孕，当家长或教师得到信息时，已经造成不良的后果，给学生带来许多不良影响。

(四)家庭变故

家庭变故主要是指家庭成员意外伤亡、父母离异、入狱等非正常的，学生主观意愿难以左右的家庭结构变化。它给学生带来思想与学习上的负担、生活上的冲击等，对学生身心方面的负面影响极大。

(五)暴力冲突

暴力冲突指教师或家长与学生之间、学生与学生之间、教师与家长之间的冲突，包括语言暴力和非语言暴力。语言暴力表现为用恶毒的、污辱性的语言对其进行人格攻击、侮辱、诽谤。非语言暴力一般表现为对身体进行直接攻击，如打架斗殴。

(六)顶撞教师

学生公开反对教师的建议，对教师的批评持对抗态度，当面指责教师的失当或错误，指出或反驳教师对问题判断的失误或推理不当，指责教师处理问题不公平等。这类事件一旦发生，若不及时控制，可能进一步造成破口骂、动手打的局面，对教师今后的管理工作往往会造成不利的影响。

(七)厌学辍学

在基础教育阶段，仍不同程度地存在着多种原因的厌学和辍学现象。学生辍学是学校、社会、家庭和学生自身素质等各种因素交互作用的结果；但对学生个体而言，上述任何一种因素均可导致其辍学，况且很多辍学学生的辍学原因是多种因素同时存在造成的。来自学校的因素主要有教师教育教学方法不当、学校的管理过于严格死板、评价标准过于偏重学习成绩等。

(八)恶作剧

在班级管理中，有些突发事件，不但始料未及，而且使人非常难堪。这类事件我们便把它看作恶作剧。学生的恶作剧通常有两种：一种是针对教师，如在座位上故意喊教师的绰号或名字，在老师背后指手画脚，扮怪相，模仿教师动作，把教师教案教具藏起来或者不让教师进门等。另一种是针对某些学生的恶作剧，如在同学面前扮鬼脸，逗人发笑；或模仿有缺陷同学的动作；或者在旁边同学站起来回答问题时故意抽掉其凳子；或将旁边同学的文具用品藏起来等。

(九)学生自杀

学生自杀事件在目前频发，从小学生到大学生各个阶段都有发生。在南京召开的中国心理学第八届理事会上，有关专家指出，我国有 3000 万青少年处于心理的亚健康状态，每年至少有 25 万人因心理问题而失去生命，自杀成为青少年的头号死因。[①]北京心理危机研究与干预中心主任费立鹏曾经根据国家卫生部公布的数字计算出我国青少年自杀的基本情况，认为在中国 5~9 岁年龄段的自杀率约为十万分之 0.28，占全国自杀死亡人数的 0.42%；10~14 岁年龄段的自杀率约计为十万分之 1.87，占全国自杀死亡人数的 3.46%；15~19 岁年龄段的自杀率约计为十万分之 15.57，占全国自杀死亡人数的 16.46%；20~24 岁年龄段

---

① 郑克俭，王作廷．新时期班主任工作的创新．西安：陕西师范大学出版社，2005.

的自杀率约计为十万分之 32.36，占全国自杀死亡人数的 22.33%。①

二、突发事件形成的原因

班级突发事件形成和发生的原因是多方面的。既有客观的，也有主观的；既有学生的，也有教师的；既有家庭的，也有社会的；既有校内的，也有校外的。归纳起来主要有三个方面的原因：学生本身因素、教师的教育失策、环境因素。学生本身因素是内因，而教师的教育失策和环境因素皆属于外部因素。

(一)学生本身因素

班级中大量的突发事件和学生的身心状况直接相关，是由学生自身因素引起的。具体来说有以下两个因素。

1. 生理障碍

学生神经发育迟缓或神经功能障碍造成学生的"多动症"，心理学把这种现象称为脑功能轻微失调。它容易导致学生注意力涣散、活动过度、冲动任性，从而在课堂上难以控制自己的行为，出现活动过多、情绪不稳、大声怪叫等不良行为，成为突发事件形成的原因之一。杭州市青蓝青华实验小学的朱陈香老师讲述了小华同学在课堂上发出尖叫后她对事件的处理的故事：在我班，有个长得高高大大的男孩，他叫小华。一节语文课上，突然听到教室后面传来"啊"的尖叫声，还以为是学生不小心发出来的，没过多久，却从后面又传来几声尖叫。全班同学目光都移向小华那个方向，这时，他的脸刷的一下，变得通红。见这样下去会影响课堂，便问小华："怎么了，哪里不舒服吗？"他回答："老师，对不起，我也不想这样的，但我就是控制不住自己。"孩子回答得很诚恳，我也没继续追问。到了下课的时候，我把小华叫到办公室，问他具体的缘由，他就说一直都是这个样子的。后来，跟孩子妈妈沟通之后，终于明白原来孩子来自离异家庭。在他四五岁的时候，因父母不和而受刺激，慢慢地演变成了不由自主的抽动甚至尖叫。家里为了他也是没少跑医院，不过结果还算满意，他妈妈从老中医那儿抓了些药，一段时间后，孩子的症状明显好转。②

2. 心理原因

生理障碍引发的突发事件不很常见，大部分突发事件是由于学生的心理因素造成的，具体分为以下几种。

1) 与青少年年龄特征相伴的心理矛盾

青少年学生生理上的急剧变化，引起他们心理上的急剧变化。研究认为，青少年的心理发展具有如下特点：认知方面青少年具有强烈的好奇性与求知性，批判性与创造性、幻想性与理想性并存，敏感性与偏激性兼具，认知上的特点使得青少年容易走向偏激和固执，

---

① 张纯. 学生自杀事件的原因分析及应对策略. 江苏教育，2018(16).
② 朱陈香. 小学低段课堂与班级管理中突发事件处理之我见.课程教育研究，2016(07).

易走极端。校园中经常出现因为意见的分歧而发生的各种冲突,也有因为青少年对事情的看法得不到他人的理解而自杀的现象出现。情感方面闭锁性与开放性并存,兴奋性与冲动性并存。由于他们处于身体迅速发育时期,精力比较充沛,使得他们情绪活动表现强烈,两极表现明显,容易振奋,遇事易激动,好感情用事,容易受别人的引诱,容易上钩、上当、受骗,结成团伙;也容易动怒,争吵甚至打架。大量青少年成长案例表明,在青少年成长过程中,绝大多数存在青春期危机行为。这一行为出现时,常常伴随着恐惧、愤怒、悲伤、厌烦、焦虑、郁闷等消极情绪,使学习和生活逐渐偏离正常轨道,严重的时候有时会酿成自杀行为。

2) 心理缺失

心理缺失表现为:①对待生命存在价值的漠视,对生命缺乏敬畏感,既不尊重自己的生命,也不尊重他人的生命,因为一点小事就自杀或者杀人。2011 年,河南省疾控中心对全省 8 个省辖市 48 所高中 13 061 名学生的抽样调查结果显示:从没有自杀意念的学生占 73.8%,有轻度自杀意念的占 17.2%,有中度自杀意念的占 5.3%,自杀意念偏重的占 2.1%,有严重自杀意念的占 1.6%。①②承受挫折能力差。由于我国早期计划生育政策的执行,大多数的青少年是独生子女,由于父母的过度保护和宠爱,使得这些青少年几乎在没有挫折的真空环境下长大,一旦遇到挫折后,青少年便表现出了很差的承受能力。③个性问题。学生个性方面的问题也会导致突发事件的产生,过于内向的学生容易产生抑郁、焦虑,如果心理承受能力差,很容易出现自残、离家出走、自杀等过激行为。而过于外向的学生易产生攻击性逆反行为,如和教师顶撞、和同学打架等行为。

3) 心理失衡

所谓心理失衡,是指个体的愿望、需求得不到满足或遭受挫折、经历失败时表现出的一种心理上的不平衡甚至紊乱的心理趋向。诸如猜疑心理、嫉妒心理、虚荣心理、焦虑心理、自卑心理、羞怯心理等。喜欢猜疑的学生容易自我封闭,个人变得自卑和怯懦,严重的猜疑心理能导致心理变态,使人失去理智,做出许多无法挽回的事情来。嫉妒心理是同学间友谊和团结的腐蚀剂,有嫉妒心的学生会在交往中表现出强烈的排他性,嫉妒者有时会对所嫉妒的对象采取一些不正当的行为方式,例如用冷言冷语、背后说坏话、故意挑毛病等方式,设法令对方难堪,打击自信心。甚至导致伤及人身安全的违法乱纪事件的发生,造成害人害己的恶果。虚荣心对于青少年学生有百害而无一利,它只会给人套上一个色彩艳丽的枷锁,使人不愿意听真话也很难听到真话。虚荣心发展到极致还会导致违法犯罪。柏格森指出:"虚荣心很难说是一种恶行,然而一切恶行都围绕虚荣心而生,都不过是满足虚荣的手段。"

4) 寻求关注

需要时刻获得他人的关注是人类的天性。班级中的学生也会通过各种方式引起其他同学和老师的关注。通过努力能够获得成功的学生,会用自己学业的成功获得其他同学和教师的赞赏;而认为通过自己的努力不能获得成功的学生,则会以学习以外的其他方式获得

---

① 肖风伟. 2 成中学生有自杀念头 不少学生心理问题严重. http://henan.qq.com/a/20120211/000030.html.

老师和同学的关注。这种关注，即使是消极的，也比忽视自己存在的结果要强。德莱库斯(Dreikurs)阐述了与不良行为有联系的四个目标：引人注意、获取权力、寻求报复、自甘落后。他说："如果一个孩子没有机会通过平常的作为来获得地位，他就通过引人注意的行为来证明自己在课堂上的地位。如果成人对他的这种引人注意的行为置之不理，他就努力想获取能操纵局势的权力。如果教师实施权力的方法使他的愿望落空，这时他会非常丧气，转而寻求报复。当一个孩子为了获得一种'归属感'，尝试了各种消极的、捣乱的引人注意的行为而无效时，他最终会陷入一种深深的沮丧情绪中，丢开一切积极的希望，干脆自暴自弃。"①而为了寻求关注通常所实施的行为本身可能就是突发事件。

(二)教师的教育失策

班级的突发事件与教师的教育失策有很大的关系，有的突发事件可能是教师直接造成的，因而不能把全部的突发事件都归因在学生身上。教师的失策主要表现为以下几点。

1. 教育观、学生观错误

教师教育观错误，片面追求高升学率，只看重学生的分数，忽视学生的全面发展，搞题海战术，对学生进行超负荷的灌输，使学生成为分数的"奴隶"，以分数分优劣划等级，冷落鄙视、排斥成绩不理想或升学无望的学生。学生面临着很大的学习压力，在过度的压力下可能导致学生的问题行为进而出现突发事件。

教师学生观错误也会导致突发事件。教师不能够平等对待所有的学生，对后进生、家庭困难生、品德不好的学生采取厌恶、歧视的态度，会伤害学生的自尊心、自信心，使学生产生消极的自我概念和自我评价，导致学生出现抑郁、自卑等消极心理，学生在极度心理失衡时就容易引起突发事件。

2. 管理失范

教师的管理失范主要表现为教师的管理理念落后和教师的管理方式不当。

(1) 教师的管理理念落后。在理念上把管理当成管制和灌输，只强调效率、纪律和秩序，既缺乏人本主义的精神和理性，也没有法律和政策观念，凭经验、感情和金钱管理，缺乏现代民主和法制观念。下面的例子就是教师管理观念错误的体现。

典型案例1

班主任处理偷钱事件不当引发学生自杀②

某中学初一学生胡某发现自己的书包里少了30元钱。经回忆，胡某将怀疑的重点集中在同班同学严某身上，因为此前严某上体育课时，由于身体不舒服向教师请假后提前回到

---

① Rudolf Dreikurs, Pearl Cassel, Eva Dreikurs Ferguson. *Discipline Without Tears: How to Reduce Conflict and Establish Cooperation in the Classroom (revised edition)*. Canada：Tri-Granphic Printing Ltd.，2004.
② 马雷军. 校园法律指南. 北京：中国经济出版社，2005.

了教室。胡某向班主任何某汇报了丢钱的事及自己的猜测。何某找到严某询问，严某矢口否认偷了同学的钱。何某不信，对严某进行搜身检查，结果在严某身上发现了30元钱。经何某一再质问，严某承认了偷钱的事。何某遂责令严某写检讨，并要求他第二天在班上公开宣读。下午最后一节上自习课时，严某边流泪边写检讨，并向同学询问"自杀会不会痛苦"。第二天凌晨，严某留下遗书后，在家中服毒自杀。

案例分析：

班主任何老师的管理观念是错误的，何老师把管理当成了管制和控制，对学生搜身是违法的表现，说明何老师缺乏现代法制观念。何老师让严某在班上公开宣读检讨的这种惩罚方式也是非人性化管理的体现，践踏了学生的尊严，导致学生自杀。

(2) 教师的管理方式不当。要么独断专制，要么放任自流。独断专制表现为教师处理问题简单粗暴，缺乏理性，注重高压和惩罚，只强调严格要求，而抛弃严格的根本前提即对学生人格的尊重。专制的管理方法使追求独立和自由的学生感到压抑和安全感缺失，或与教师冲突或逃避班级或撒谎或造成潜在的心理问题突然爆发。放任自流就是对学习困难、升学无望、又有不良习惯、不服从管教、影响班级成绩、家长不配合或放弃升学的学生采取漠视的态度，只要这些学生在学校、班级不发生恶性事件、不干扰班级教学就不管不问，任由其所为。现实生活中存在很多因为班主任的管理方式过于简单粗暴，缺乏理性，不尊重学生的人格，侵犯学生的权利，导致学生负气出走或者自杀的例子。

3. 教学的偏差

教师教学准备不充分，教学目标与学生的认知水平不相适应；教学内容枯燥、缺乏逻辑性；学习任务缺乏变化和挑战性；教学方法和学生的学习方式不匹配；教学手段单一；教师表达能力差，教师缺乏活力，都容易导致教师在学生心目中的威信降低，从而造成突发事件的产生。教师的威信是影响问题行为产生与否的一个重要因素，教师在学生心目中的威信越高，学生越不容易产生问题行为，相反，威信越低，越容易导致学生产生问题行为，也越难控制或者纠正学生的问题行为，而有些问题行为如打架、斗殴、吵嘴本身就是突发事件。

(三)环境因素

突发事件的产生，除了取决于教师和学生方面的因素外，还与环境的影响有关系。环境影响主要包括家庭、大众媒体、学校等方面的影响。

1. 家庭教育不当

家庭是孩子的第一所学校，家长是孩子的第一任老师，孩子在家庭中受着潜移默化的影响。良好的家庭对孩子的成长和发展起着很好的促进作用，而家庭教育不当则会阻碍孩子的发展，引起种种问题，间接上也会导致班级突发事件的发生。

(1) 家庭教育观念存在误区，认为孩子是自己的，可以随便打骂，不尊重孩子的主体人格；认为孩子学习成绩好，考上好的中学和大学就是成才；认为孩子只要成绩好，其他方面不用管理和教育自然就会好，从而忽略了孩子道德和心理的发展。

(2) 在家庭教育目标上重智轻德，只关心孩子能否考高分，而对引导孩子如何做人，怎样让孩子富有爱心、责任心则重视不够。

(3) 家庭教养方式存在偏差并表现为三种类型：溺爱型、专制型、教育不一致型。溺爱型即父母对孩子过度溺爱，无原则地宽容，对子女百依百顺，百般迁就，过分姑息；教养方法只运用赞许与表扬，从不批评与惩罚，其结果形成子女自我中心意识，形成骄横、霸道、自私、任性、目空一切、脆弱、无能、神经质等性格和作风，有的甚至失去了基本的生活自理能力。专制型即父母是家庭的绝对权威，任何事情都不考虑孩子的想法，总是把自己的想法强加给孩子，不允许孩子有任何的反对意见，要求孩子绝对地服从，结果培养出来的孩子不是唯唯诺诺，就是极度叛逆。教育不一致型即家庭中的父母一方管教一方袒护，一方严厉一方慈爱，教育要求不一致，使得孩子无所适从，在这种教育不一致型家庭成长的孩子往往顽皮，我行我素，不听管教，对外界刺激麻木、冷漠，对任何事情无动于衷，成为难以管教的孩子。

(4) 家庭环境不理想。家庭结构存在缺陷，如离异家庭、单亲家庭、留守儿童家庭；家庭生活方式、人际关系和心理气氛不正常。

2. 社会诱因的侵蚀

社会的影响在孩子成长中担任一个重要的角色，我们常说社会是一个大染缸在一定层面上不无道理。特别是我国改革开放以来，各种西方腐化的"舶来品"蜂拥而至，加上我国体制转型和法制建设的相对滞后，社会环境遭受了一定程度的恶化，社会诱因的侵蚀成为诱发青少年产生不良行为乃至违法犯罪的重要原因。

1) 不良大众媒体文化的直接影响

当前社会各种信息通过多种数字媒体大量涌入学校，学生的知识总量中，有一半左右是通过学校以外的大众媒体获得的。大众媒体传播的信息并非都是积极的、正向的，也有很多诸如暴力、色情、凶杀、追求感官刺激等庸俗的、商业性的、低级趣味的内容。美国学者班杜拉(Bandura)认为："电影、电视常常生动地描绘暴力的画面，并且剧中的暴力被说成一种可以接受的行为，它甚至反映了一种英雄气概，那些娴于暴力的英雄从未因此而受到法律或社会的制裁。由此，人们将自觉或不自觉地接受暴力的价值观和行为规范，用于处理日常事务或人际关系。"[1]学生受这些内容的影响，耳濡目染，潜移默化，甚至盲目模仿和具体尝试其中的一些动作与行为，这些行为也常延伸到课堂中。据帕克(Parke, A.)等人的研究表明，在其他生活条件相类似的情况下，观看暴力电影的学生比其他学生有更多的攻击性行为出现。彼得森(Perterson)等人对7～11岁学生的调查显示，常看暴力电视节目的学生具有更多的恐惧感。久而久之，一部分未成年人在性格上表现出极强的攻击性，并且残忍、好斗。遇事，头脑简单，很容易把暴力作为解决问题的方式，导致暴力犯罪。很多媒体为了追求眼球效应大量地添加色情元素，而没有考虑到对青少年的精神污染，这也

---

[1] 张小虎. 转型期中国社会犯罪探析. 北京：北京师范大学出版社，2002.

是青少年学生中早恋问题比比皆是的一个原因。一些短视频平台屡屡爆出误导未成年人以及和社会价值观相悖的内容,未成年人早孕生子、整容辍学傍大款,比比皆是,偏偏这样的人在网络上都是几百万粉丝,误导没有辨别能力的未成年人以为那样的生活才是常态。

2) 网络的负面影响

计算机网络和国际互联网的出现,使信息网络化的浪潮席卷全球,网络已成为青少年学习、交流、娱乐的重要平台。但网络是一把双刃剑,也存在着让人痴迷的危险。中国青少年网瘾报告(2009)的调查结果表明当时我国城市青少年网民中网瘾青少年约占14.1%,人数约为2404.2万。沉溺上网成为诱发未成年人犯罪的一个原因。2010年至今,江苏省泗洪县人民法院共审结未成年人犯罪案件97件171人,其中因为无钱上网、沉溺网络游戏而犯罪的多达68人,占未成年人犯罪总人数的39.77%。[①]网络中通过互发电子邮件或聊天、在线游戏等手段进行交往,可以向对方隐瞒自己的真实身份、年龄甚至性别等信息。由于网络本身的这种隐蔽性,上网便成了很多处于心理闭锁期的未成年人缓解内心紧张、释放内心积郁的理想选择。网络游戏、网络聊天过程中,虚拟的人物可以不受法律和道德的规范,未成年人的心理随意性被无限放大。

3) 不良的交往和坏人教唆

人与人的相互交往在未成年人的社会化过程中起着十分重要的作用。不良的交往往往是未成年人走上犯罪道路的起点。法国犯罪学家塔尔德(Gabriel Trade)在其专著《模仿规律》(*Laws of Imitation*)中指出:"模仿的程度,和人与人的距离成正比。关系密切的人,越彼此模仿,即发生模仿的可能性和模仿的强度越大。"[②]他们通过密切的接触、相互观察和模仿,使得原有的错误的社会意识、不良的个性品质和行为习惯得到强化。很多学生结交"狐朋狗友"并模仿他人行为,其结果不是学到了一些新的不良行为和个性品质,就是使原有的错误的思想、不良的个性品质和行为习惯得到强化。此外,我国目前尚处在社会主义初级阶段,社会矛盾较为复杂,一些坏人不仅自己进行犯罪活动,而且寻找机会诱骗、教唆那些缺乏辨别是非能力的青少年做坏事,毒害他们的心灵,使他们沾染恶习、道德败坏、走上歧途。

3. 学校因素

每所学校的机构、政策和实际运作会对学生的行为具有严重影响。Michael Rutter 具有权威性的研究结果表明,即使不考虑孩子家庭背景的影响,在在校学生究竟是否会成长为捣蛋分子和不抱合作的态度的问题上,学校本身就是一个决定性因素。[③]学校的校纪校规、奖惩制度、全体教职工的素质和对学生的态度、学校的心理指导和咨询体系、校长和中高层领导人员的管理方式、学校的办学理念、校园文化等都会影响学生的行为。如果学生在一个只看重分数、没有爱心、态度消极、领导管理随心所欲、心理健康教育缺失、经常使

---

① 姚燕. 沉溺上网易诱发未成年人犯罪. 人民法院报,2014年6月29日第007版.

② 周国平. 犯罪学新论. 厦门:厦门大学出版社,2004.

③ F. 戴维. 课堂管理技巧. 李彦,译. 上海:华东师范大学出版社,2002.

用惩罚的学校里，学生可能出现更多的不良行为，从而引发突发事件。在学校因素里，具体而言就是课堂内部环境也会对学生的行为产生一定的影响。课堂内部环境，诸如课堂的温度、色彩、光线、座位的编排方式都会对学生的课堂行为产生十分明显的影响，如课堂环境恶劣、气氛紧张或者光线不足都可能使学生感到昏昏沉沉、产生懒懒散散的消极情绪，从而增加问题行为产生的可能性。此外，课堂座位的编排方式也会影响到学生问题行为的出现。早在20世纪30年代，沃勒(Waller)就做过研究，结果表明，坐在前排座位的学生大多在学习上过分依赖教师，其中也有可能一部分是学习热情较高的，但坐在后排座位的学生，通常有捣蛋和不听讲等问题行为。

4. 不可抗力

不可抗力即不可预料、不可克服、不可避免的因素和事件的影响。诸如雷电、水灾、地震造成学生的伤亡，教室及各种公共设施的毁坏、砸伤、击伤学生等。或者教室里突然飞进来一只鸟导致教学的中断或者某个学生被蜜蜂蜇了一下突然出现的大喊大叫等。

总之，导致班级突发事件的成因非常复杂，班主任应学会从复杂的现象中找出本质的联系，从各种判断中找出最准确、最全面的分析，这样就能大大减少片面性与盲目性，增强全面性与自觉性。同时在工作中，注意具体情况具体分析，具体事情具体对待，只有这样才能增强工作的实效性。

第二节　班级突发事件的处理和善后

班主任对于突发事件的处理，首先要进行深入细致的调查研究，正所谓没有调查就没有发言权。班主任应该全面了解事情的来龙去脉，弄清问题的性质及学生的思想状况，对事件进行实事求是的符合客观实际的分析，做到对症下药，既解决了问题又教育了学生个人与集体。处理突发事件，绝不能头脑发热，感情用事，或急于表态，草率下结论。处理不好，往往会造成问题暂时表面解决了，但当事人心里不能接受，甚至带来严重的反面效果，轻者导致班主任威信下降，重则埋下更加危险的突发事件的火苗。因此，班主任在处理这类事件时，应采取严肃谨慎的态度。班级突发事件纷繁复杂，要正确处理这些突发事件，班主任就必须在教育学生的实践中能够透过纷繁的表面现象，抓住关键环节，当机立断，灵活机敏，随机应变地处理各种教育问题，这也就是要充分运用教育机制和教育艺术，让学生感受到老师炽热的心肠、闪光的智慧和高尚的品格，从而接受教育，使突发事件得到妥善解决。

一、处理突发事件的原则

原则既是长期班级工作实践经验的总结，也反映处理突发事件时对各种基本矛盾关系的调整与把握的基本规律。班主任只有正确理解并掌握整个原则体系，才能在处理突发事件时有所遵循,进而卓有成效地做好班级工作。

(一)教育性原则

教育性原则是由我国社会主义学校教育的地位和任务决定的。它集中反映了处理突发事件的根本要求。这一原则要求班主任在处理突发事件时首先要坚持说服教育,以理服人。要注意摆事实,讲道理;谈话要避免老一套的政治说教方式,要力求语言通俗、生动、幽默、形象、富有情趣。同时,由于突发事件中的当事者往往情绪处于严重对立状态,因此,在说服教育时,特别要注重感情的教育作用,要寓情于理,寓理于情,情理交融,达到"寓意于情而义愈至"的教育效果,以增强说服的感染力。其次,要从教育入手,以教育为主,本着教育从严、处理从宽、化解矛盾、教育全班的精神,不能对学生采取"一棍子打死"的做法,即不论什么性质的突发事件,都要给予纪律处分,并将该生视为不可救药的对象,乃至开除了事,同时也不能浮皮潦草、不痛不痒地处理。班主任要实事求是地分析问题,找出问题的症结,并对方方面面的动因加以全面的评估,考虑学生的可塑性。对一般性的突发事件,甚至有些影响较大的突发事件,通过教育,当事者已经对问题有了深刻的认识,并在行为上有改正的表现,就不要再给予纪律处分。对于性质很严重、影响很坏的突发事件,在教育的基础上,给予一定的纪律处分是必要的;但处分不要过泛过重,公开处分也要注意范围恰当,对受处分的学生还要不断对其进行帮助,指明改过前景,要将处分当作一种特殊的教育手段。总之教师应当用科学的态度,尽量做到公正、公平,才能够使学生真正受到教育,达到惩前毖后、治病救人的目的。

(二)发展性原则

处理突发事件,既不能就事论事,敷衍塞责;也不可小题大做,无限上纲。班主任应当清楚,自己是班集体的组织者、管理者、领导者和教育者,是学生全面发展的指导者和促进者。实践告诉我们:正确理解和全面贯彻党的教育方针,促进全体学生的全面发展,是班主任做好班级工作的根本保证,也是处理班内突发事件、培养高素质人才的指导思想与唯一宗旨。

(三)针对性原则

班主任应在弄清事件的性质之后再去着手解决问题,做到用不同的方法解决不同的问题。例如对吵嘴、打架等突发事件要具体问题具体对待:对以强凌弱、以大欺小的学生,则应严肃批评教育,有的还需通过班集体,在集体正确舆论的支持下,进行集体教育;对于保护弱者,或主持公道的,则首先要肯定他对的一方面,同时教育他不应参与打架,不该违反日常行为规范和学生守则;对于被打而起来反抗还击的学生,则应根据其个性特点和具体情节,对他适当进行教育。同时,教师在处理问题时还必须考虑到学生的个性特点和差异。同样以打架为例,对性格"外向"学生的处理方法和性格"内向"学生的处理方法就有较大区别,外向学生虽然情绪发生快,但较好协调,容易理解和接受老师的意见,内向的学生则不然,虽嘴上不明说什么,但要使其口服心服,确实需要做大量的耐心细致的思想工作。

(四)公正性原则

公正是人类的价值追求和行为准则。教育者不仅要追求教育资源与权利分配的宏观领域的制度公正，同时在微观领域如班级管理方面也要追求公正。班主任在处理突发事件时必须将公正作为自己的基本准则，在处理突发事件时，对当事者而言，不论是谁，都要公正对待，不能袒护任何一方，当学生之间发生冲突时要避免偏爱班干部、优等生和来自高阶层的学生，当教师与学生、家长与学生之间发生冲突时要避免偏爱教师和家长。即使是班主任自己，当学生与班主任发生矛盾时，班主任也要检讨自己，要多做自我批评，采取容忍和宽容的态度，消除学生的恐惧心理和对立情绪，缩短与学生之间的距离，消除与学生之间的隔阂；切忌"自卫尊严"，偏袒自己。

(五)启发性原则

唯物辩证法的观点认为："外因是变化的条件，内因是变化的根据，外因通过内因起作用。"也就是说学生接受教育不是消极被动的，而是主观能动的。处理突发事件尤为重要的一条原则就是要随时注意启发学生改正错误的自觉性。所以，班主任在处理事情时不要看到某些不良现象就下结论，一定要给学生留空间，启发学生的自觉性，调动学生接受教育的内驱力，让学生充分认识到自己所犯错误的性质及其危害，诱导他依靠自身的积极因素去克服消极因素。

(六)有效性原则

教育的关键在"育"。学校的任务是培养人才，促进学生的全面发展。因此，班主任在处理突发事件时一定要考虑到处理的效果好不好。班主任处理突发事件时，有的凭训、骂、压、罚等简单粗暴的方式；有的主观武断，不加调查就轻率做出结论；有的批评过繁，想起来就"训"，使学生一听班主任"说话"就烦。如此非但不能使问题得到较好解决，往往会使学生形成一种"逆反心理"。班主任处理事件，关键是效果如何，要用"育人"的眼光去看事件，要用"发展"的眼光去看学生，努力发现学生身上的积极因素和事件中的有利因素去促进学生的发展。

◆ 典型案例2

从"斧头帮"到"雷锋团"的转变[①]

记得几年前，我班上发生了一件让我震惊不已的事情。一个工作日的清晨，我刚刚吃过早饭，正准备批改作业，走廊里传来了一阵高跟鞋的响声。门被推开了，我抬头一看，是班上一位同学的妈妈。她说："田老师，不好啦，听其他家长说，班上出现了帮派组织，新转来的学生组织了一个'斧头帮'。班上很多男生都说最近班里的风气很不好。"

[①] 田冰冰. 轻轻松松当好班主任. 北京：教育科学出版社, 2017. 题目为编者所加.

……通过和学生的谈话我摸清了斧头帮的底细。一节班会课上,我进班就开始点名,学生一个接一个被叫上了讲台,全都丈二和尚摸不着头脑。"斧头帮成员到齐了吗?""没有!"孩子们一开始有些慌神,明白我的意思后连忙检举。经学生七嘴八舌地检举,上讲台学生的总数增至十二人。我在一番问询后发现,一个小小的"斧头帮",竟然还有组织有分工,有帮歌。悲观派的家长要是知道这些,还不紧张到崩溃!

"老师,他是打手。"一时间,所有人的目光都转向了一个男孩。"哦!打人的人叫打手,那打扫卫生的人也可以被称为打手啦!我看你们这个斧头帮,不如改成'扫帚帮'。"

全班同学笑成一片。

我们继续就这件事情展开讨论。我问:"你们认为什么是黑社会?"有的同学说黑社会就是欺负人的组织,有的同学说黑社会就是骗人钱财的组织……各种稚嫩的看法让人啼笑皆非。我以全国各地出现的黑社会的恶行为例,告诉学生黑社会是通过暴力手段非法谋取钱财,给广大人民的正常生活造成极大的危害的犯罪组织。

"你们认为他们是黑社会吗?""是!"学生不假思索地回答。

我继续说:"我们来比较一下他们和黑社会的不同。他们有杀人越货吗?""没有。""这个斧头帮是以谋取钱财为目的吗?""不是。""他们有打死、打伤过人吗?"一时间议论声四起。一个学生站起来说:"他们把人打哭过。"众生一愣,随即都开心地笑了。经过这么一比较,大家都发现所谓的"斧头帮",不过是学生天真的游戏罢了。

"你们有没有愿意退出斧头帮的?现在可以向前走一步。"我问道。学生纷纷大跨步向前,毫不犹豫要脱离这个组织。

在瓦解掉斧头帮的组织后,我话锋一转,开始赞扬这些同学,让同学们大跌眼镜:"我对这件事情还有不同的看法。这些同学能够在学习之余组织起自己的队伍,足见他们精力旺盛,有时间做自己喜欢的事情。我还能看出他们当中很多人十分有才华。"啊?!组织帮会也能体现出才华?!众生愕然。"我们这个'扫帚帮'啊(众生笑),有组织有分工,这不得了啊!这说明什么?这说明他们的思路很清晰。"我说。

"我告诉过大家,思路清晰的人是能做大事情的!这么有组织能力的人不当领导,谁当领导呢?"班里一片惊叹声,学生像是发现了新大陆。我继续说:"编帮歌的同学,歌是编得太歪了。但我从中看出了他的文学才华,他能主动写东西,这是多么了不起的事情啊!"同学们瞪大了眼睛,既兴奋又好奇地重新审视着他们。

"这个帮不能散!"我斩钉截铁地说,"你们只需改变一下航向,立志为大家服务,就会受大家欢迎了。"不知是谁鼓起了掌,这掌鼓得很好很及时。"提一个小问题,我刚才说的'扫帚帮',觉得还是很不雅。换成什么名字更合适呢?"我问道。大家稍加思考,便从"卫生帮""卫生团""雷锋帮"和"雷锋团"中确定了"雷锋团"这个名字。

我开始给各位帮派成员分配任职。帮主荣升团长,负责全班的卫生管理工作;团长自选一位助手任副团长,职责是保障大家能及时喝到纯净水;其他成员负责班级的日常卫生保洁。

下课铃响了,伴随着铃声,我带领"雷锋团"全体成员庄严宣誓:"作为雷锋团的一员,我郑重宣誓,我要尽我所能,为人民服务,为同学服务。请大家监督我的行动。"宣誓后,我悬着的心终于放下了。但是我知道,未来还有一段相当长的路要走。

案例分析：

田老师在从学生家长处了解到班上有"斧头帮"这种给班风带来不良影响的非正式小群体后，并没有简单地去训斥学生，而是事先进行了周密详细调查去了解情况，然后利用班会课帮助其他同学认识到"斧头帮"和黑社会组织的区别，并能够瓦解"斧头帮"的组织，有的老师的处理可能就到此为止了，但是田老师在此件事情的处理上走得更远，她能够用"育人"的眼光去看突发事件，用"发展"的眼光去看学生，努力发现学生身上思路清晰、有组织能力、有才华的积极因素和事件中的有利因素去促进学生的发展，引导学生成立"雷锋团"，帮助成员分配任职并进行了庄严的宣誓，从而改变了非正式小群体的性质，使之成了为学生服务的组织。

(七)协调性原则

班主任是联系任课老师的纽带和沟通学校与家庭、社会的桥梁。教育下一代是全社会的责任，育人是系统的工程，需要学校、家庭和社会的共同努力。光靠班主任一个人的力量是不够的。班主任的班级工作一定要顾及学校、家庭、社会环境等多方面的因素。处理突发事件时，应该努力征求学校和家庭的意见，以求各种因素和力量能步调一致，相互协调配合，从而形成对学生的教育合力。如果班主任的处理，校长不能理解，家长不能接受，那么对学生的教育力量就会互相抵消，直接影响教育效果。只有各方面的力量互相配合，校长和科任教师尊重班主任的工作，协调和统一学校内各种教育力量，家长也主动配合学校教育工作，不护短，不偏爱子女，对学生形成连续不断的一致性教育，才能收到良好的效果。

(八)因材施教原则

在根据学生身心发展的规律进行科学合理教育的前提下，使每个学生都得到全面发展，是我国教育目的的基本要求。处理突发事件更强调照顾学生个性特点和差异。例如，男生女生的性别差异就应充分重视，同样一件事，男生用严厉批评的方法去解决可能有效果，但对于女生来说其效果可能会大打折扣甚至还会起到反作用。对性格外向的学生和性格内向的学生处理的方法也应该不一样。性格外向的学生可能能够接受老师开门见山、直截了当的正面批评，但是对于性格内向的学生就不适用，会加重学生的心理负担，导致性格更加内向。如果不注意每个人的不同素质和个性差异，采用一种方式去解决同一问题，就势必要挫伤一些人的自尊心或打击其他方面的积极性。因此，在处理某些突发事件时，既要注意针对学生的一般特点，考虑到学生集体的年龄特征，同时又要考虑到个别差异，做到因材施教，方能收到良好的教育效果。

(九)主体人格性原则

尊重学生的独立人格、尊重学生的主体性一直是国际教育界所倡导的重要原则，也是实现我国教育目的的基本要求。在处理班级突发事件时教师也应该坚持主体人格性原则。所谓主体人格性原则是指在处理突发事件时，班主任必须以人为本，正确认识到学生的主体地位，特别要承认学生独立的人格和尊严，不能伤害学生的自尊心和独立人格，同时要积极调动学生的主动性、积极性和创造性，让他们积极参与到处理突发事件的队伍中来，为突发事件的处理献言献策，通过学生的参与可以让当事者和其他同学都能够接受到教育。苏霍姆林斯基曾经有个十分精彩的比喻：要像对待荷叶上的露珠一样，小心翼翼地保护学生幼小的心灵。晶莹透亮的露珠是美丽可爱的，却又是十分脆弱的，一不小心露珠滚落，就会破碎，不复存在。

课堂讨论

阅读下面短文，讨论班主任的做法有何不妥。

某个同学总在家里干活，身体又不好，上课的时候总是咳嗽。在开班会的时候班主任总因为自己的思路被此同学的咳嗽打断而感到很气愤。某节课该同学又咳嗽了，班主任生气地说："你是不是痨病鬼投胎，怎么总咳嗽呢？弄得课都没法上！"学生听了很生气，当场就骂班主任一句很脏的话，班主任气得要去打他，学生就在教室里跑着躲班主任，边跑边骂，班主任追又追不着，气得拿起学生的文具盒，用力地拧，把文具盒都给拧歪了。课堂乱成一团，其他同学对班主任和学生的行为议论纷纷。

二、处理突发事件的方法和艺术

有人认为，突发事件一般都是严格违反校纪校规甚至违法的事件，因而，最好的办法就是批评或者处分，以儆效尤。当然必要的批评和处分是应该的，但是处理突发事件需要注意一定的方法与艺术。

（一）冷处理

所谓冷处理，就是指对于有些突发事件，班主任不应急于表态，急于下结论，而应该保持头脑的冷静、情绪的镇定，冷静观察、沉着分析当时当地的情况，采取最佳的手段当时解决突发事件或者待把问题的来龙去脉弄清楚，再去处理。

采取冷处理，首先是给学生降温，缓解矛盾，缓和情绪，不能粗暴地把学生推到矛盾的对立面，使学生产生抵触情绪，要给学生留点余地，必要时要给学生一个下台阶的梯子。不仅如此，老师还必须善于为学生着想，充分理解学生的思想感情特点，善于从好的方面去考虑他们的行为。如果班主任一味地从坏的方面去估量或批评学生，甚至粗暴地伤害学生的自尊心，学生就容易自暴自弃，产生心理上的对抗。尤其当学生与老师发生矛盾时，应该表现出高姿态，从检查自己的工作入手，多作自我批评，要采取容忍和宽容的态度，消除学生的恐惧心理和对立情绪，缩短与学生之间的距离，切忌采取报复行为或强硬手段，或凭一时之怒处理，否则只会使矛盾升温。魏书生在谈到这方面问题时讲到了他的经验就是"选一位控制教师发怒的同学"，在自己发怒时及时提醒"控制发怒"，令自己"冷"下来。其次，处理突发事件不要急于求成，要有耐心，不能急躁，等一等，看一看，给学生自我反省的时间，让学生把发热的头脑冷却下来，达到学生自我教育的目的。

总之，在突发事件发生时，班主任一定要保持头脑的冷静，结合学生的个性特点和具体情境，灵活处理问题。冷处理并不是置之不理，而是随机应变，为学生创造一个"好的自我"和"坏的自我"进行斗争的情境，促使学生能够自我评价，自我反思，然后在他们有所省悟时加以引导，动之以情，晓之以理，学生就会心悦诚服，问题也就迎刃而解。需要指出的是，冷处理法在实际运用时要因人、因时、因事而异，而不是对学生冷若冰霜，置之不理。

(二)幽默化解法

一些突发事件是学生出于某种动机或逆反心理有意引起的，强制或直接处理会起到适得其反的效果，甚至会激化矛盾，从侧面以轻松的话题化解可能引起的矛盾，是教师处理偶发事件的一种重要技巧。此外在与学生的交往中，有时会因教师的本身知识或者能力的问题对学生存在误解引起学生顶撞，或者因为某事处理不当，使教师自身处于一种尴尬的处境中。这时，班主任如能理智地分析形势，恰当地使用幽默化解法这一妙招，定会缓和气氛，避免冲突，使问题迎刃而解。一位班主任在"支教"时由于对当地土话产生误解，使一位同学受了委屈，这位学生当场辩解，课堂里的气氛顿时紧张了起来，班主任马上说："经调查，我对某同学的指控不能成立，我撤销原判，为某同学平反昭雪。"然后，他把目光转向其他学生，认真而诚恳地说："今天我批评了某同学，是因为自己没有听懂他的话，错怪了他。为此，我向他表示歉意。"这位班主任通过使用法律公文体的夸张语言营造了幽默的氛围，顺利地为自己解了围。①

(三)因势利导法

教育的艺术从某种意义上讲是一种发现和引导的艺术。因势利导一是针对突发事件中的事件，在日常突发事件中，班主任不应该只看到违纪的一面，还应该视不同的情况敏锐地洞察和发现违纪行为中所蕴含的"闪光点"，善于挖掘利用突发事件的积极因素，化不利为有利，化消极为积极，化被动为主动，使之转化为良好的教育契机，这样不仅能有效地处理突发事件，而且能够收到很好的效果。二是针对突发事件中的学生，班主任在处理问题时，要善于根据学生的年龄、心理特征和不同学生的性格、气质特点，运用一定的教育方式进行巧妙的引导，使一时冲动的情绪或矛盾得以缓解，进而再通过正面教育，促使犯有错误的学生提高认识，改正错误。山火在《中国教育报》2005年4月5日第6版记载了这样一个故事：一个大学志愿者在山村支教，让全班38个学生投票选5个组长，结果在监票计票的时候发现共有47张票，这时马上就到下课时间了。老师觉得很生气，但是他冷静下来，在有学生提议"重新投票"和"让多投票的学生站起来向老师认错"时，这位志愿者所做的决定是请全体学生向后转，背对黑板，他也一样，然后请多投了票的同学上台擦去黑板上相应的票数。之后，志愿者老师确定了五个组长人数并对全班同学说："犯了

---

① 张明龙. 语言是处理好师生关系的一门艺术. http://gmcj.hpe.sh.cn/item-detail.asp?num=M112N5$399.

错误并不重要，重要的是要勇于改正。今天大家用自己的行动向我也向你们自己证明了你们已经长大了。有一些基本的东西，是我们在这个社会上生存所必需的。"这位老师没有因为少数人而否定大多数人的诚实和努力，而是因势利导，急中生智，察觉并充分利用了这一"突发事故"中的积极的教育因素，不但帮助犯错误的学生认识并改正了错误，而且让所有人包括教师自己都从中体验到了人性的光辉。

(四)迂回法

有些突发事件不便直接处理，宜采用"曲线"迂回的方式解决，方法虽不通，但是解决问题的目的是一致的。所谓"迂回法"，就是当教育时机还不成熟时，另辟解决矛盾冲突的路径的一种教育方法。它避开突发事件产生的直接原因，调整学生的心理状态，激发学生的情感，并从现有矛盾的消极因素中找出积极的因素，使学生的情感发生变化，以形成解决矛盾的有利契机，然后另辟蹊径，在新的情境中解决纠纷。

拓展阅读

巧妙化解争吵风波[①]

小王、小林两位同学课间打篮球时发生争吵，互不相让，结果扭打起来。上课进教室时小林恶狠狠地说："你等着，放了学咱俩再算账！"看来，仇恨还挺深的。

正好班主任上语文课，他看在眼里，记在心上，但没有表态，只让他们先好好上课。下课后，班主任在布置下午大扫除时，故意回避他们的纠纷，笑着对他们说："你们两人都喜欢体育，热爱集体，要求进步，下午大扫除，我想让你俩共同完成刷围墙的任务，怎样？"不等他们回答，老师又鼓励说："我相信你们一定能出色地完成任务！"这时，两学生的对立情绪已有所缓解，各自默默回家了。

下午劳动时，他们配合默契，很快把围墙刷得干干净净。班主任看见，及时地表扬了他们，并且当着许多同学的面，要他们谈谈干得这么好的感受。小王说："这是小林的功劳，是他从家里带来洗衣粉和刷子。"小林抢着说："小王还从学校附近的亲戚家借来了小桶。"这时班主任欣慰地插上一句："是你俩齐心协力团结得好。"他俩高兴得脸上像开了花，一场风波烟消云散。

(五)当机立断法

当机立断法就是在班级突发事件发生、发展的紧要关头，班主任应该立即做出决断，采取有效的紧急措施，控制事态的发展，达到釜底抽薪的效果。这适用于处理急性突发事件，如学生持械殴斗、突发疾病以及发生人身安全事故等，这类突发事件情况紧急，不容迟缓。处理时，班主任应表现出应有的办事魄力，当机立断，绝不能拖泥带水，优柔寡断，延误时机，使问题严重化。班主任迅速、果断地做出决策，对于助长正气、增长信心、防止事态的发展起着至关重要的作用，反之一旦失去控制，局面将无法挽回。

[①] 史铁成，张宝臣，张忠恒. 班主任工作操作策略. 哈尔滨：哈尔滨工业大学出版社，1998.

(六)用爱感化法

某些突发事件的发生是由于学生心理上失衡，如自卑、抑郁、焦虑、绝望、逆反等不良心理。而班主任对这类突发事件的处理最好的方法就是爱心，用教师的毫无保留的伟大的真诚的爱心才能真正打动学生的内心，触及他们的灵魂，使之发自内心地接受班主任的教育，从而达到"亲其师，信其道"的效果。

对突发事件的处理，很多优秀班主任在工作中积累了丰富的经验，突发事件的发生往往存在着复杂的原因，呈现出不同的方式，产生在不同的场合，遇到不同的对象，因此，处理突发事件要因时因地因人而异。总之，与处理日常工作相比较，对待突发事件要有爱心、耐心、慧心、细心，要把握好控制的艺术、调查的艺术、分析的艺术、处理的艺术，尤其是处理的艺术，既不能轻易表态，轻易表态容易出现"误打误判"，又不能"各打五十大板"，否则曲直不辨，主从无别，不但收不到教育效果，反而会滋长歪风邪气；更不能不理不问，这样不利于扶正祛邪，不利于惩恶扬善，相反会留下隐患，造成恶果。因此，对突发事件，班主任应该尽量避免严重影响和干扰突发事件处理的简单化方法和不负责任的态度。

📖 拓展阅读

班主任如何处理学生突发事件？[①]

校园突发、校园欺凌事件常见诸媒体。作为一线的班主任和老师应该如何处理此类突发事件？今天上午，由北京市教委基教一处与北京教育科学研究院德育研究中心主办的"心理危机干预经验交流与研讨现场会"举行。首都师范大学附属苹果园中学分享了其十三五市级规划课题"班主任如何积极应对和处理学生突发事件"的研究成果。

研究课题将学生突发事件大概分为四类：学生意外伤害类突发事件、学生人际关系类突发事件、学生心理问题类突发事件、"随班就读生"类突发事件。苹果园中学分享时表示，不论哪一种类型的学生突发事件，在发生后，班主任老师都要经历以下几个环节：一是要快速对突发事件做出评估，即判断事件类型、影响程度大小；二是对突发事件做基本处理；三是对突发事件进行及时记录；四是就事件本身的初步处理进行反思；五是进行跟进处理或对学生进行延伸教育。不过，对不同类型的突发事件，其应对处理还有所差别。

三、突发事件的善后教育

突发事件处理只能是暂时性地解决问题，要解决学生思想上的根子问题，为学生发展创造良好的环境，还必须做好善后教育的工作。苏联教育家苏霍姆林斯基曾先后对 3700 名学生做过详细的记录。数十年后，他仍能够说得出"最难教育"的 178 名学生的艰难曲折的成长过程。这与他在教育实践中善于思考，勤于总结，注意做好"最难教育"学生的善

---

① 牛伟坤. 班主任如何处理学生突发事件？. 北京晚报，2017-09-27.

后教育工作密切相关，无疑正是班主任在善后教育中应当效法和躬行的地方。教育的长期性特点和德育的巩固性原则都要求班主任要坚持不懈地进行善后教育。班主任在进行善后教育时应注意处理好4对关系和避免10个误区。[①]

(一)处理好4对关系

任何一个学生的成长都是整个社会的系统工程，离不开学校、家庭和社会的共同努力。在突发事件发生后，班主任在进行善后时要注意协调好人与人之间的关系，为当事学生营造一个良好的人际环境，使当事学生能够积极地改正缺点和错误，因此，需要班主任处理好以下4对关系。

(1) 处理好班主任与当事学生的关系。班主任做善后工作不在于"经常性"的说教和要求，而在于做到"以身立教"和关爱学生两点。

(2) 处理好全体同学和当事学生的关系。班主任要面向全班，对全体学生一视同仁；对当事学生要从严要求，严中有爱，让学生感受到教师的关心和帮助。班主任要发动全班同学都来关心和帮助犯错误的学生，绝不允许其他同学说风凉话，甚至排斥挖苦，进而导致他重犯类似错误。

(3) 处理好班干部和当事同学的关系。班干部是班主任的工作助手，他们生活在学生中，与犯错误的同学朝夕相处，实际上是善后教育的具体体现者，因此班主任要特别关照班干部，注意平时对当事同学既监督又帮助，绝不能让当事学生认为班干部就是班主任派来"监督"他的耳目，而对班主任产生误解，甚至与班主任和班干部闹对立情绪。

(4) 处理好班主任与当事学生家长的关系。在处理突发事件时，班主任应该主动和家长就学生的教育方法进行沟通和探讨，寻求家长对班主任工作的支持与配合，以保证善后教育的有效性和成功率。

(二)避免10个误区

班主任在对突发事件进行善后时除了处理好4对关系外，还要避免以下10个误区。

(1) 师道尊严，高高在上。有的班主任持有传统的观念"师道尊严"，不愿意走近学生，和学生平等相处。平时总是摆着一副威严的面孔，学生很难接近。学生有"难处""苦楚""隐情"，也不敢找其倾诉，教师也很难了解到实情。师生之间的心理距离越远对突发事件的善后越不利。

(2) 评价单一，只重量化。有一些班主任为了追求所谓的"效率"，给班级制定了详细的量化分评定标准，学生在校的各种表现都有相应的评分标准。每天每周每月都核定一下，到最后期末时核定总分。以"分"定优劣，以"分"定奖惩。教师不需要费尽心思地去针对每个学生特点进行因材施教，也不需要在学生犯错误后进行耐心引导，只需借助学期末每个学生的量化分管人、卡人、压人。这种过度的量化评价只注重结果评价，忽视过程评价；评价者仅限于教师，缺少学生自评和同学互评；评价的目的是给学生贴标签而不是促

[①] 郭毅. 班级管理学. 北京：人民教育出版社，2002.

进学生的发展,违背了基础教育课程改革的目标和我国教育目的的精神实质。

(3) 任性轻率,急于求成。"十年树木,百年树人",教育事业是育人的事业,不可能一蹴而就。有些青年教师在当上班主任后存在着"速成"心理,希望短时间内建设好班集体,使自己的班级能够超过其他的班级,一遇突发事件,由于经验不足,往往表现出态度任性,处理问题轻率。"欲速则不达",有时把事态搞得更为严重。苏联教育家马卡连柯曾忠告这类班主任:"不能克制自己的人,就是一台被损坏的机器。"班主任要管理好班级,首先要学会自我管理,理性地控制自己的情绪。"千里之行,始于足下",班主任应该脚踏实地地处理好班级的每一件事情,如制定好班规,培养学生自我管理的能力,对学生进行心理健康教育等,从而做到未雨绸缪,防患于未然。在突发事件发生后,草率的处理可能会适得其反。班主任需要做的就是沉着冷静,全盘考虑,理性应对。

(4) 偏心偏爱,厚此薄彼。由于班主任受自身性格、性别、志趣、爱好、阅历的影响,有时在不知不觉中对学生产生了亲疏之分,这是班主任的无意识的行为,尚可以理解。而有的班主任处理问题不公,学习成绩好与差的学生有了矛盾,明显袒护成绩好的学生;有家庭背景的学生与一般老百姓子女发生争执,明显偏向有家庭背景的学生。这种亲疏之分,无论是对亲者,还是疏者,都是十分有害的:亲者可能产生"反正老师喜欢我,犯点错误没啥"的错误观点及我行我素的不良行为;疏者可能产生"后娘身边难做人"的想法和自暴自弃的不良行为。被亲者还可能高高在上,傲视一切,被疏者则可能鄙弃这种傲视,从而造成同学之间的矛盾,以致对立。公正是教育的应有之义,班主任老师应该爱每一个学生,认理不认人,绝不能公开偏向谁,尤其是处理问题,绝不可偏袒,一定要一碗水端平,公正无私。只有这样才会受到全班学生的尊敬与爱戴,得到所有学生的信赖与拥护。

(5) 偏听偏信,时紧时松。"兼听则明,偏信则暗",班主任切记不要靠听取班干部汇报或者找个别同学谈话后就去工作。因为学生的心理还不成熟,反映问题不免夹带个人色彩,具有一定的片面性,这些意见只能作为了解情况的参考,只是"兼听"的材料,真实的第一手材料应该靠自己深入实际,调查研究获得。还有的班主任对学生的要求前后不一致,时紧时松,导致学生认为班主任要求不严格从而放松对自己的道德和纪律约束。

(6) 无的放矢,唠唠叨叨。有的班主任,每逢周会班会,高谈阔论,进行"德育渗透",45分钟下来,学生思想基本没有什么触动,班内存在的问题非但没有解决,反而有加大的趋势。有些班主任发现班级学生中有某些违纪行为,在心中无数的情况下,就在班内发出某些警告,结果却又无法查出谁是行为人,从而使自己的话成了空话,这就会使大多数同学产生老师言而无信的印象,使少数违纪同学认为班主任无力查处违纪事件。

(7) 言行不一,光说不做。教师的言行是具有示范性的,这种示范性是潜移默化的,它在自觉不自觉地影响学生。正如第斯多惠所说:"教师本人是学校里最重要的师表,是最直观的最有教益的模范,是学生最活生生的榜样。"[①]班主任的威信除来自他渊博的知识、强烈的事业心外,还来自他诚实可信的言行。言而有信,有令则行;言而无信,虽令不从。班主任一定要做到言行一致,做到身教重于言教,切忌言行不一,光说不做。

---

① 傅道春. 教育学——情境与原理. 北京:教育科学出版社,1999.

(8) 孤军作战，独自为营。有的班主任在管理班级、处理突发事件时过分相信自己的实力，总愿意孤军作战，独自为营，而不调动其他人的积极性参与到班级管理和突发事件的善后中来。作为一名班主任，要竭尽全力地调动起学生、任课教师和家长三方面的积极性：首先要调动全班学生的积极性，欲调动这一积极性，则需要调动全体班干部管理班级的积极性。班干部学习、生活在学生之中，他们对同龄人最了解，最有发言权，他们的话最能引起共鸣，效果也最好；其次，要调动任课教师的积极性，任课教师每天在不同程度地和学生交往着，教育管理着学生，其作用是不可低估的，绝不能把他们当局外人；另外，还应调动学生家长的积极性，家长是孩子的第一任老师，真正得到家长的支持、配合，可使班主任工作事半功倍。

(9) 奖惩不明，标准随意。有的班主任在日常管理班级时有奖惩不明、标准随意的缺点，在突发事件的善后时也如此，对该奖励的学生没有奖励，对该惩罚的学生没有惩罚，在不该奖励的时候奖励，不该惩罚的时候惩罚，随意性很大，致使学生对正确行为规范的标准没有准确的认识，也难以让班级养成良好的班风。

(10) 自行其是，无视校规。学校教育管理工作是一个整体，班主任工作是学校整体工作的一部分，班主任开展工作一定要紧密配合学校工作，尤其在执行学校各项规章制度时更应如此，不能自行其是，违背学校的统一要求。有的班主任在突发事件的善后时无视学校校纪校规，甚至与学校校纪校规发生冲突，给学生留下各方面教育力量不一致的印象。因此，班主任根据本班实际，对学校制度加以分解，使之更具体可行是可以的。反之，随意或找借口不执行学校制度是不允许的，保持与学校工作目标一致性是班主任能否顺利开展工作的重要一环。

本 章 小 结

班级突发事件的处理是班级管理中的重要内容之一，是班主任工作经验与智慧的体现。为了更好地提高班主任处理突发事件的能力，本章首先对班级常见的突发事件进行了分类，并对班级突发事件形成的原因进行了分析，然后探讨如何对班级突发事件进行善后和处理。通过本章的学习，既可以使读者对班级突发事件有一个整体的认识，同时又可以帮助读者提高处理突发事件的能力。

【推荐阅读】

[1] 熊华生，李慧. 班级管理智慧案例精选. 上海：华东师范大学出版社，2011.

[2] 刘岩，王萍. 班主任与班级管理. 北京：北京师范大学出版社，2013.

[3] 覃吉春，王静萍. 班级管理智慧. 北京：清华大学出版社，2016.

[4] 吴小霞. 班主任微创意：59招让班级管理脑洞大开. 上海：华东师范大学出版社，2018.

思考与练习

一、名词解释

1. 突发事件
2. 冷处理
3. 迂回法
4. 当机立断法

二、简答题

1. 班级常见的突发事件都有哪些？
2. 班级突发事件常用的处理方法都有哪些？

三、案例分析

阅读下面的两个案例并思考问题。

案例1： 刘老师接手一个差班，上第一堂课时，她刚把手伸到粉笔盒里掏粉笔，突然触摸到一个冷冰冰、软绵绵的东西，吓得她叫了一声。仔细一看，原来是一条中指大小的冬眠水蛇，在倾倒的粉笔盒里边蠕动。全班哄堂大笑。刘老师努力使自己镇静下来。待笑声稀疏了，她带着余悸平缓地说："据说，每位接我们班的新老师，都有一份大家赠送的特殊礼物，比如王老师的灰老鼠、郑老师的大王蜂……而我呢，你们送了条水蛇。"她微微笑了笑，指着那条蛇说："我是第一次这么近看到蛇，刚才还摸到它，而且着实吓了我一跳。不过，我觉得捕捉这条蛇的同学挺行，至少他挺勇敢，有一定的捕蛇经验……"这时，一名男生"扑哧"一声，嘴凑到同桌的耳根："老师还表扬你呢。"那名同学不自在地摇了摇头。他原以为这节课像以往一样有"戏"看了，没料到老师还表扬了自己，这是他上学以来第一次受表扬，可就是高兴不起来，只是呆呆地听着刘老师讲有关蛇的小常识、有关写蛇的文章……第二天早晨，刘老师又踩着铃声走进教室，一股清香扑鼻而来。她意外地看到，讲台的粉笔盒上插着一束野菊花，在射进教室里的阳光中闪烁着异样的光彩。教室里鸦雀无声，一双双眼睛扑闪扑闪地……从此，这个班变了，变成了全校的先进班。①

案例2： 上课的铃声响了，两个学生还在打闹。牛老师见状，火冒三丈。下面是他的"训词"："你俩是聋了还是瞎了？上了这么多年的学，连这点规矩都不懂？×××，昨天上自习课说话的事儿，我还没找你算账呢，今天你又捣乱！我可告诉你，今天下午你必须把家长叫来，让他看看你这次期中考试考的是倒数第几名，看看你今天在学校干的什么'好事'！上课铃响过这么长时间了，还在闹？下午，如果你叫不来家长，就别想上课！你俩先给我站在后边听课去！"

---

① 李耀新. 课堂教学的组织与管理. 广州：暨南大学出版社，2005.

"老师,是他先打我的。况且,我没听见铃声,不是故意破坏纪律的。请原谅!""别给我讲这么多理由,我不听!你俩都不是好东西!"[1]

问题:

此班主任在处理突发事件时遵循或者违反了哪些原则?

---

[1] 赵传江,高尚刚,余柏民. 新课程背景下小学教师素质培养研究. 开封:河南大学出版社,2005.

儿童只有在这样的条件下才能实现和谐地、全面地发展，就是两个"教育者"——学校和家庭，不仅要一致行动，要向儿童提出同样的要求，而且要志同道合，抱着一致的信念，始终从同样的原则出发，无论在教育的目的、过程还是手段上，都不要发生分歧。

——题记

第九章　班级管理过程中的家校合作模式

本章学习大纲

➢ 家长与学校的有效合作直接决定着学校教育的效果，家长在家校合作中既要享有权利又要履行义务。
➢ 在我国，家校合作虽然日益受到关注，但是存在的问题也不容忽视。
➢ 为了争取家庭的合作，为孩子营造健康成长的氛围，家长工作管理是班级管理中的重要内容。
➢ 家校合作的基本模式有两种："以校为本"模式和"以家为本"模式。

家校合作(home-school cooperation); 家长工作管理(parents work management); 家校合作模式(home-school cooperation model); 家长会(teacher-parent conference); 家访(home visit)

家访的语言艺术

某学生历史成绩非常差，班主任为此去家访。学生的父亲问："我儿子的历史学得怎么样？我做学生时最头疼的就是历史，经常考不及格。"教师笑了，随口便说道："我正想同您商量，怎样使历史不再重演。"话一说完，他们就相视而笑。这信手拈来的幽默，一语双关，轻松诙谐，既说出了不便直言的话，又润滑了教师与家长的关系，从而可以争取家长的积极配合。

 **案例分析**

进行成功家访的前提是获得家长的接纳和信任，而要达到这点，家访时如何进行交流沟通，就显得格外重要了。班主任进行家访时讲求语言艺术不仅能吸引听者的注意力，而且能与听者建立亲密的关系。班主任进行家访时首先要注意幽默，幽默可以使谈话的气氛变得轻松和谐。其次要注意委婉。说话委婉是指在不便于直接说出本意的时候，抱着尊重对方的态度，采用同义代替、侧面表达、模糊语言等方法，含蓄曲折地表达自己的本意。再次是讲究灵活。灵活指说话人根据不同的对象、不同的场合，确定自己的谈话内容和谈话方式，并且在情况突然变化时能迅速地调整其说话的内容与方式。最后是注意分寸。班主任家访时要注意斟酌语言，措辞要有分寸，千万不可因失言导致失礼。从教育者对成功家访的追求可以看出，学校与家庭的合作是教育成功的重要条件之一。

 **学习指导**

班级管理过程中家校合作是教育获得成功的不可忽略的因素之一。因此，要成为一名合格的班级管理者，就必须学会妥善处理学校与家庭的关系，正确认识家校合作的意义，理解家校合作中不同主体的权利和义务，不断追求学校—家庭合作的有效模式。

第一节 家校合作概述

当今社会，教育已无法局限于学校之内，必须寻求社会各方面的支持与配合。在社会参与教育的力量中，家庭教育的参与对中小学来说具有极大的影响，可以说家长是否能有效地配合学校对子女的教育，直接决定着学校教育的效果。因此，在家校合作问题上，班主任及其他任课教师应该达成共识，并正确认识家校合作中的权利与义务，理性分析家校合作的现状及存在的问题。

一、家校合作的重要性

当代，美国为着重研究解决公立学校的危机问题，把家校合作作为教育研究和学校改革的主题，英国、德国、法国、芬兰和挪威等欧洲国家，也将家校合作作为教育改革的重要组成部分。可以说，家校合作是当今学校教育改革的一个世界性的研究课题。

教育是一个广泛复杂的系统工程，现代素质教育更要求根据孩子自身特点和不同的成长背景因材施教，要求家长和教师能及时沟通并修正对孩子的教育。德育、智育和体育的延伸使得教育不再局限于学校和课堂，广泛持续地进入社会、进入家庭。实际上，家庭也同样成为最重要的教育场所，家长是孩子的启蒙老师。建立学校、老师、家长、孩子通畅的、互动的渠道，形成学校、社会、家庭的全方位网络系统教育，将具有十分重要的意义。

美国在《2000年教育战略》中就已经指出："为保证学校取得成功，我们要把眼光放到我们的社区和家庭上。"同样，日本在2000年《教育改革国民会议报告》中也指出："如果教育是一条奔流不息的长河，家庭教育可能就是这条长河第一滴清纯的水，仅依靠学校作为形成少年儿童人格的基本途径是非常困难的，因此，校内和校外的结合以使学生获得更多的直接经验就显得尤为重要。"

"家校合作"的可行性和必要性，是要通过学校多宣传、家庭多参与、社会多支持，三方合作，相互支持，逐渐形成教育的一致性，共同努力才能取得良好的社会效果。社会各界热心教育人士，如电视台、电台、书报媒体、书店、商店、青少年活动中心以及公园、公交车等公共场所的管理工作人员，都来关心我们青少年的成长，及时指出孩子不规范的行为，积极帮助他们改正缺点和错误，不断增强他们各方面的规章制度和法律常识。这样，受益匪浅的不仅是孩子，也是我们家长及整个社会。

家校合作是基础教育新概念，教育行政部门应该尽力调动社会各方面的支持和配合，吸取国内外家校合作的历史与经验：家庭、学校和社会"三结合"。积极探索"三结合"教育的形式和方法，不断提高教育水平，把社会、家庭与学校的教育紧密结合起来，形成全社会关心学生健康成长的良好舆论和风气。

二、家校合作中的权利与义务

家校合作是家庭与学校在享有一定共识的前提下进行的互动，在互动进行过程中家长既享有权利，又享有义务，是权利和义务的统一。

(一)家长参与学校教育的权利与义务

家长是孩子的法定监护人，有权利和责任让子女接受义务教育，这几乎在各国的义务教育法中都有明文规定。又因家长是学校教育的纳税人，所以他们也有权利和责任监督、参与学校教育工作。

一般来说，家长应有以下权利：①知道学校怎样教育他们的子女；②了解学校的政策和计划并可对此作出回应；③采取必要的措施，保护子女的受教育权利不受任何人剥夺侵犯；④认可学校在日常生活及教学上承担的责任。

家长的义务主要是：①保障子女获得同等的教育机会和合适的教育；②为学校教育其子女提供必要的条件和资料；③为子女创设一定的家庭学习环境；④与学校合作并支持学校的工作。

这些权利和义务在欧美各国普遍受到重视，并大多明确地得到法律保障。我国1995年3月18日第八届全国人民代表大会第三次会议通过的《中华人民共和国教育法》规定："未成年人的父母或者其他监护人应当为其未成年子女或者其他被监护人受教育提供必要条件。未成年人的父母或者其他监护人应当配合学校及其他教育机构，对其未成年子女或者其他被监护人进行教育，学校、教师可以对学生家长提供家庭指导教育。"上述权利和义务的理论基础是家庭和学校在儿童教育过程中的互补性。

(二)家校合作中学校的地位与作用

苏联著名教育家马卡连柯在论述学校教育和家庭教育的关系时，有一个简洁而鲜明的观点，那就是："学校应当领导家庭。"美国北佛罗里达大学隆巴那(J.H.Lombana)教授也认为，学校应在家校合作中起"主导"作用。学校应吸引并组织家长参与其孩子的教育活动，给家长提供参与机会，对家庭教育进行指导。因为学校是从事教育的专门机构，拥有大量的教育专职人员，能按教育规律科学地对儿童施以教育。这些教育专职人员应懂得教育学、心理学的知识，懂得儿童的身心特点和发展规律，掌握科学的教育方法。在家长的教育素养普遍较低的情况下，教师应主动地指导家庭教育。这是当前广大教师的另一项伟大而又艰巨的使命。

另外，学校之所以在家校合作中起主导作用，也是因为它能明确地认识到家校合作的总体目的，即：①使家庭教育和学校教育成为一个一致的过程；②强化地方教育机构(教育管理机构和学校)的自我管理；③使家庭支持学校教育；④使学校帮助家长解决其在教育子女过程中遇到的各种问题。

三、当代国外家校合作的研究

当代有很多国家对家校合作进行研究，其中美国和英国的研究较为出色。

(一)美国

按家长在家校合作中担任的角色不同，可将家校合作分为如下三类。

(1) 家长作为支持者和学习者。家长以这种角色参与的家校合作方式主要有家长学校、家长会、家长小报、家庭教育咨询、家校书面联系、电话联系和个别家长约见等。

(2) 家长作为学校活动的自愿参与者。这类家校合作的方式主要有家长报告会、课外辅导、家长帮助指导职业实习和特殊技能训练等。

(3) 家长作为学校教育决策参与者。家长参与决策的具体合作方式有家长咨询委员会、教师—家长会、家长出任校董事会成员等。

(二)英国

北爱尔兰大学教授摩根(V. Morgan)等人按家长参与的层次将家校合作分为如下三类。

(1) 低层次的参与。这个层次的家校合作方式有访问学校、参加家长会、开放日、学生作业展览等活动。另外，家长联系簿、家长小报、家庭通信等也属此类。

(2) 高层次的参与。这种层次的合作方式有经常性的家访、家长参与课堂教学和课外活动、帮助制作教具、为学校募集资金等。

(3) 正式组织上的参与。这种层次的合作方式有家长咨询委员会等。

四、我国家校合作的现状及存在的问题

对照国外家校合作的发展形势，反观我国家校合作现状，可以看到我们虽然在家校合作方面有所发展，但是问题仍然很多。

(一)我国家校合作的现状分析

1. 难以单独承担的重任——学校教育作用的有限性

作为育人场所，学校教育目的性、计划性和组织性都很强，而且学校教育工作的开展是通过受过专门训练的教师来进行的，因此学校教育在人的身心发展中起主导作用。然而，学校教育的主导作用并不意味学校教育要对学生承担所有任务，事实是有很多任务应该由家庭、社会承担，很多家长想做甩手掌柜的观念是错误的。

2. 个性教育的主战场——家庭教育的优势

家庭教育是个体社会化过程的关键时期，中学生正处在大脑迅速生长发育时期，也是潜意识学习的最佳时期和人格陶冶的重要时期。心理学告诉我们，人与人之间的感情越亲密，相互之间情感的感染性越强，强化作用越大；反之，则感情越弱，感化作用越小。因此，父母和子女由于特殊的血缘关系，他们之间容易产生感情上的共鸣，直接影响到子女的情绪、态度，甚至决定子女的行为，这种情感的共鸣，就是一种强大的教育力量。

另外，父母不仅和孩子接触最早，而且和孩子接触时间长，长期的共同生活和特殊的亲子关系，使父母能够深刻而系统地了解子女的全面情况，从而做到家庭教育从孩子的实际出发，有针对性地进行教育。因此，个别教育、因材施教是家庭教育的优势，这是其他教育难以具备的。我国著名文学家老舍在纪念他母亲的时候写道："从私塾到小学、到中学，我经历过起码有百位教师吧，其中有给我影响的也有毫无影响的。但是我的真正的老师，把性格传给我的，是我的母亲。母亲并不识字，她给我的是生命的教育。"的确，父母对子女的影响可以说是"生命的教育"，这种影响所起的作用是其他人难以做到的。

从学生自身来看，在小学阶段，他们幼稚，不成熟，对学校生活在充满兴奋、激动和期望之余，还会伴随着一些困惑不安和紧张，他们不知道该如何更好地去处理和解决在学校所遇到的各种难题，他们非常需要并依赖于父母的帮助，此时家庭的引导和教育尤为重要。中学阶段，是学生成人感产生、独立性和自我意识增强的时期，此时是其人生道路的"多事之秋"。这时青少年迫切需要父母的理解和帮助，作为父母要充分发挥家庭教育的优势，引导青少年解决发展中一系列矛盾，顺利完成青春期的过渡。因此，学生青春期的教育与引导，家庭成为教育的主战场。

3. 党和国家对家庭教育的重视

早在20世纪80年代末，家校合作的问题便得到了国家的高度重视。1988年12月25日颁布的《中共中央关于改革和加强中小学生德育工作的通知》指出："要把社会和家庭

教育同学校教育密切地结合起来，形成全社会关心中小学生健康成才的舆论和风气。"1989年国家教委《关于进一步加强中小学德育工作的几点意见》强调："教育行政部门和学校，要主动争取家庭、社会各方面的支持和配合，在实践中探索三结合的形式和方法。"1986年颁布的《中华人民共和国义务教育法》和1995年颁布的《中华人民共和国教育法》赋予家庭、学校依法保障适龄儿童、少年接受义务教育的权利。1991年颁布的《中华人民共和国未成年人保护法》，对家庭、学校和社会等对未成年人保护作了明确具体的规定。20世纪90年代，我国政府颁布的《九十年代中国儿童发展规划纲要》规定，要"使90%儿童的家长不同程度地掌握保育、教育儿童的知识"，要"发展社会教育，建立起学校教育、社会教育、家庭教育相结合的育人机制，创造有利于儿童身心健康、和谐发展的社会和家庭环境"。2015年2月，习近平总书记在春节团拜会上讲话指出："我们要重视家庭建设，注重家庭、注重家风、注重家教，紧密结合培育和弘扬社会主义核心价值观，发扬光大中华民族传统家庭美德，促进家庭和睦，促进亲人相亲相爱，促进下一代健康成长，使千千万万个家庭成为国家发展、民族进步、社会和谐的重要基点。"

(二)我国家校合作存在的问题与偏差

1. 认识错位，观念陈旧

从家庭方面来看，大部分家长缺乏参与学校教育的意识，没有认识到参与是自己的权利和义务，他们认为教育孩子主要是学校的事，孩子的学习和品德由老师管，自己只管吃、喝、拉、撒、睡。有的家长只关心子女的学习成绩和分数，在其他方面则抱着无所谓的态度，或对子女娇生惯养，百依百顺。还有的家长对教育子女无自信心，认为自己文化素养不高或不懂教育，没有能力参与学校教育活动。

从教师的角度来看，教师总认为家长不懂教育规律，一般因教育程度低、文化素质差，往往不懂如何教育孩子，他们不仅没有能力参与学校教育工作，反而时常给学校带来麻烦和干扰。当家长走进校园，坐入课堂时，教师们倾向于自我保护并产生不同程度的恐惧感，觉得他们的职业权威和形象受到威胁和挑战。教师认为家长介入校内事务，是在监督、挑毛病，这是对家校合作意义的狭隘认识，实际也是我国几千年来从私塾到学堂、学校教育封闭的体现。

从学校方面来看，由于当今各中小学一味片面追求升学率，办学思想的偏差，学校教师、家长、学生以及社会舆论界都将眼光集中在学生的学习成绩和学校的升学率上，致使学习成绩的好坏几乎成了衡量一个学校或教师的教学质量好坏的唯一准绳，这就造成了家校合作的内容极其单一，只限于督促学生的学习上。特别是我国长期以来形成的封闭教育体制，阻碍着学校采纳家长的见解，不能使家校合作成为学校教育运行机制的组成部分。

2. 活动无序，合作无据

在实际工作中，由于家校合作方面既没有教材，也无其他依据，只是零散于各级领导讲话及文件中，所以家校活动的开展存在以下一些问题。

(1) 缺乏计划性。在实际中，许多学校缺乏家校合作的整体计划，甚至没有将此项工作纳入学校工作日程，校、年级、班级各层面的家校合作难以相互配合。有的年级、班级往往是因为年级主任、班主任认为有必要召开一次家长会了，就将家长一个个通知到学校，实际是因年级、班级有了问题才想起了家长。即使是已经开展的活动也往往缺乏活动记录，更不会对家校合作方面的经验进行总结。在这些目的性不强、准备不足的活动中，收到的效果是可想而知的。

(2) 缺乏互动性。家校合作应该是家长与学校、教师在活动中相互了解、相互配合、相互支持的过程，即双方需要互相交流、沟通，这才是家校合作的真正前提。但在实际活动中，教师对家长大都采取简单的灌输方法，由教师讲如何去做，只有单向交流，缺乏双向对话。如我们常见的一种合作形式——家长会，基本上是校长讲、教务主任讲、年级主任讲、班主任讲，这种形式已形成固定模式，如同报告会一般，家长被动地听，没有发言的机会，其效果微乎其微。

(3) 缺乏平等性。在很多学校中，家校活动处处以学校为中心，以教师为主导，只考虑学校、教师的需求而不照顾家长的需要，活动的时间、地点只考虑教师的便利，家长只有被动地接受通知。有的教师总认为家长是不懂教育规律的，没有发言权，家长到学校只是为了了解情况，教师处处高人一等，致使许多家长到学校后诚惶诚恐，怕说错话，怕得罪老师，使家长在整个活动中处于不平等的地位。

(4) 缺乏连贯性。家庭、社会参与学校教育有利于教育教学水平的不断提高，有利于我们教育事业的发展。但在实际教育工作中，许多学校家校合作活动并没有正式纳入学校整体教学工作计划之中，而是想起来了或是有事了去做一做，或者仅固定在一个学期的开头等，致使其活动在时间上断断续续，在活动的内容上缺乏前后呼应，家长无法找到活动规律，也就无法找时间与学校沟通，家长在活动中所获得的教育知识也就零零碎碎，不系统，无法从根本上形成一套相对完整的家庭教育观念、知识、方法体系。可以说，这种零碎活动的开展很难达到我们的目的。

3. 亟待改善的家长会

各学校的期中考试刚刚结束，在判卷、学校总结成绩之后，令多数学生"恐慌"的家长会就开始了。据了解，大多数学生对家长会存在抵触情绪，只要爸妈去开家长会，孩子就会忐忑不安地在家里等待，猜测老师会和爸妈说什么？通常情况下，爸妈回来后，脸色"多云转阴"的时候偏多。

从家校合作的重要性及我国家校合作的现状与存在问题看，家校合作问题是值得我们重视，并且需要进行深入研究的领域。

第二节 家长工作管理

家校合作在提高教育质量、深化素质教育方面是必不可少的，为了在教育活动中切实推进家校合作的实践与研究，需要把家长工作管理作为班级管理的重要内容进行研究。家长工作管理有利于促进学校教育和家庭教育的有机统一，有利于充分调动家长教育子女的积极性，有利于帮助家长掌握正确的教育方法。

一、家长工作管理的一般原则

家长工作管理一般应遵循如下原则。

(一)科学性原则

家庭教育是一门科学，其基础是教育学、心理学、生理学、营养学等学科，但大多数家长对这些理论都不甚了解，不懂得家庭教育的科学知识和方法，因此，家庭教育与学校教育在教育思想、培养目标等方面都存在着一定差距，难以形成教育合力。为此，我们在家长工作管理中，应努力普及教育学、心理学的有关知识。

(二)理论与实践相结合的原理

教师应充分利用自己的理论优势，注意从学生家庭中收集实际材料，只有这样，才能通过指导，使家庭教育既有针对性，又富有生命力，更有利于家长接受。家长来学校参加家庭教育指导，无不渴望学校能为他们提供行之有效的教子良方。教师只有理论联系实际，通过家长工作使指导内容通俗易懂并具有操作性，才能受到家长的欢迎。

(三)针对性原则

由于家庭具有差异性，包括家庭类型结构单一性、家长素质的差异性和学生年龄、性格的差异性，因此家长工作管理内容的安排要加强针对性。

(四)激励性原则

家庭教育说到底，首先是教育家长自己。在不同的家庭里，有成功的家庭教育，也不可避免存在失败的家庭教育。为此，班主任在家长工作中要揣摩家长的心理，以尊重、理解、体谅的态度与家长共商家庭教育的对策，帮助他们树立信心，激励他们配合班级管理的积极性和主动性。

(五)互补性原则

家庭教育的指导者应有正确的家长观，相信每个家长都具有教育子女的责任心和基本的教育能力，并通过家庭教育的指导，使每个家长潜在的教育能力得到开发，只有这样，在家长工作中，指导者与被指导者才能相互补充，相互促进，共同提高，指导者也可以从家长的实践体会中，总结经验，上升理论，丰富指导的内容。

(六)坚持性原则

作为家庭教育的指导者，必须在实践中持之以恒，细水长流，先易后难，先近后远，按家长的需要，在家长工作的难度、深度、广度上制订一个长远的计划，使家庭教育指导成为一个过程，而不是一时运动。

(七)全面性原则

家庭教育指导的原则应坚持孩子德、智、体、美、劳全面发展的原则。当前家庭教育存在重智轻德、重知识轻能力的倾向，作为指导者，应当纠正家长片面的认识，促进孩子的全面发展。

二、家长工作管理的具体要求

班主任应引导家长从德、智、体、美、劳诸方面对子女进行全面系统的教育，要达到这一目的，班主任必须注意以下几个方面。

(一)经常进行家访，切忌怠惰

要实现我国社会主义教育目的，没有家庭教育与学校教育的紧密配合，没有教师与家庭的真诚合作，是完不成的。所以，班主任应该密切同家长合作。家访是班主任主要工作职责之一，是联系家长工作的一种基本的形式，是实现教育过程的关键环节。一次成功的家访，不但与家长建立了感情，而且掌握了学生在家庭中反映出的个性特征和具体情况，增强了教师转化学生的信心，从而给教师带来欢乐和鼓舞。

班主任家访要勤而不惰，首先思想上要勤，每次应提出明确的家访要求，制订周密的家访工作计划，在家访中随时积累资料，勤于思索加工；其次，在作风上要勤，做到坚持原则，克服困难，不达目的绝不罢休。

(二)尊重家长和学生，切忌告状

对于广大班主任来说，坚持尊重、信任、依靠广大家长和学生，既是对教师是否具有群众观点的检验，也是对教师道德修养的要求。首先，要尊重学生家长的人格；其次，要尊重学生家长对学校及教师的教育教学工作的监督、评价及意见；再次，对不同类型的家长要一视同仁；最后，尊重学生家长，还要教育学生尊重自己的父母，同时，班主任要正确运用家长的力量，切忌向家长告状。

(三)平等公正，切忌偏袒

平等和公正是一种待人的规则，是一种调节人际关系的道德准则。我国社会主义学校，师生关系是民主、平等的关系。广大教师和家长之间，也应该建立互相尊重、亲密合作、坦诚相待、以礼相待的平等关系。

第三节　建立有效的家校合作模式

无论是中国还是外国，对家校合作模式都非常重视，它们在不断地实践与探索中形成了多样的家校合作模式。

一、国外家校合作的研究与实践

国外对家校合作的研究与实践体现在合作策略、合作方案、合作模式三个方面。

(一)国外家校合作的策略

在国外家校合作策略中，直接针对教学和学习活动的称为直接策略；与教学和学习活动并不直接有关，但是支援教学活动的，称为中介策略；与教学活动无关的教育活动称为边缘策略。

1. 直接策略

家长在家庭中参与青少年儿童的学习活动，比如进行对话和思考的活动，指导家庭作业，进行语言、音乐和艺术活动，提供学习用品等。家长还可以在学校中参与指导学生学习的活动，例如协助教师教学等。

2. 中介策略

学校与家庭广泛接触沟通。例如使用各种联络方式，向父母说明学校情况和学生的进步或通知父母参加学校活动。家庭协助教学活动。例如家长参加学校组织的参观、旅行活动，指导学生游戏等，家长参加学校举办的研讨会，参与学校政策的讨论，与教师建立良好的合作关系等。

3. 边缘策略

家庭提供青少年儿童基本的生活条件，如营养、健康和安全；家长参与对学校事务的管理并提出建议，家长参加家长委员会、教师家长协会等。学校帮助家庭联系社区资源，提供给家庭和学生一些服务和赞助等。

(二)国外家校合作方案

为增进学校与家庭的合作，国外一些研究者设计了一些合作方案，对于我们有一定的参考价值。其中家庭配合学校教育的方案大致有如下两类。

1. 整体方案

整体方案是指由学校或相关机构对家庭和青少年提供一定程度的整体服务。包括营养(食物、咨询)、健康服务(健康检查、免疫防治、介绍医院医生)、社会服务介绍、家庭教育指导等。在发展中国家和地区这种整体方案是非常重要的。近年来在拉丁美洲、非洲、中东以及亚洲地区进行的研究，大部分采用整体教育方案进行儿童教育的早期开发。印度"整体性儿童发展服务"的主要内容，是介绍营养的补充、免疫防治、健康检查、学前教育等，这一方案的实施有专业人员的指导和协助。在哥伦比亚，这种整体方案的主要内容，包括每天的亲子互动与游戏、发展儿童心智能力的方法等，并建立社区服务计划，同时对父母进行增进技术、帮助就业和提高收入的职业教育，以及提供儿童营养方案和刺激儿童学习的方法。在美国，目前正在进行的整体方案，是1991年提出的"及早开始转换示范计划"。全美大约25个地区的"及早开始中心"与地方教育机构负责设计学校与家庭合作的方案，提供各种家庭的支援服务和健康检查。这些计划在实施的第一年起，由地方政府和国家检查评鉴。

2. 传统方案

传统方案是指由学校和教育机构指导家庭教育，帮助改进学生的认知或学业技能。这类方案有些是为学前儿童父母设计的，以便增进儿童的就学准备；有些是为学龄儿童父母设计的，便于辅导学生的学业。其主要内容，有些集中指导父母的教学行为，有些集中于语言训练，还有些强调阅读或其他学科的学习方法。

(三) 国外家校合作模式

国内外学者对家校合作的模式有许多阐述。例如，香港大学学者何瑞珠、美国学者穆勒(Muller)不约而同地将家校合作的模式分为"以校为本"和"以家为本"两种主要模式。马忠虎先生在其编著的《基础教育新概念 家校合作》一书中，对上述两种模式作了介绍。

1. "以校为本"的家校合作模式

"以校为本"的家校合作模式是指以学校为中心延伸出去的能够满足家长需要的各项合作。这一模式包括校内外环境分析、策划和组织、分工和指导、执行、评估。从内外环境分析到评估是一个不断循环的过程。

(1) "校内外环境分析"是指在具体制定家校合作政策前，先分析影响家校合作的学校内外环境因素。校外因素包括社会环境，政府政策和办学宗旨，家长的能力、需要和态度等；校内因素则包括教师的态度和交际能力、工作量、学校文化、学校政策、管理形式以及人力、财力组成等。通过对这些因素的分析，可以确定开展家校合作活动的层次。

(2) 策划和组织是根据对校内外环境因素的分析，确定学校推行家校合作的有利因素和不利因素，然后有针对性地制定家校合作的目标和政策的过程。

(3) 分工和指导是指制订家校合作的计划后，实施合理分工，请有关专家或有经验的教师对有关人员进行培训。

(4) 执行阶段，确保家校合作活动能得到社区和家长的支持，从而成功地实施。

(5) 评估阶段，是对前面过程的检验和评价。

"以校为本"是保证正常教学秩序的前提，学校的职业教师起指导作用，家长起辅助作用，要积极配合学校；学校要建立一个良好的气氛，增强家长、教师、学生之间的情感沟通与信息交流，在此基础上合作关系才能得以形成。班主任在学校、家庭、社会中要起到关键作用。

每位班主任不仅要管理好班级的每一位学生，还要努力调动任课老师和家长的积极性，发挥他们各自的特长和热情，为了一个共同目标而努力。老师对学生要多鼓励，对有"进步"或有"问题"的学生要及时通知家长，寻找对学生最有效的方法，达到教育方法的一致性，及时激励和帮助他们不断进取，尽快建立有效的家校合作：分工、分类、角色、问题及关系。"以校为本"的家校合作模式包括家长访校、家长学校、家长会、家访、电访、成立家校合作委员会等。

2. "以家为本"的家校合作模式

"以家为本"的家校合作模式是指由学校或社区指向家庭的、能够配合学校教育的各项活动。这一模式包括家庭内外环境分析、策划和组织、分工和指导、执行、评估和反馈五个环节。

(1) 对家庭内外环境分析就是熟悉和了解每个家庭。家庭内部环境因素包括家长的受教育程度、教育素养、健康状况、年龄、职业、兴趣、需求、特长、家庭的构成、经济状况以及儿童的年龄、健康状况、智力水平、兴趣爱好等。家庭外部环境因素主要包括亲戚邻里、社区的自然和文化环境等。

(2) 通过对内外环境分析，确定家校合作政策，合理策划和组织家校合作的活动。

(3) "以家为本"的家校合作活动由学校或社区指导，学校和社区进行合理分工。

(4) 执行阶段，由专职人员按计划对家长进行指导和培训，控制活动进度和类型。

(5) 评估和反馈阶段，由学校或社区对活动效果进行阶段性的评估，从而为下一阶段家校合作活动的进行提供参考。"以家为本"的家校合作活动包括家长学校、社区家长与儿童发展中心、家长咨询委员会、家庭学习活动等。

"以校为本"和"以家为本"两种家校合作模式相应地都有许多家校合作的具体活动和方法措施，以保证家校合作的目标得以实施。

二、我国家校合作的基本策略

(一)营造家校合作的氛围

1. 充分发挥行政部门的权力作用

各级政府和教育主管部门要重视家校合作，制定符合各地实情的法规和政策性文件，完善管理体制，成立专门的领导机构，并使之形成制度。要把家校合作放在振兴教育的高度，广泛调动全社会的参与，使之无论在社会中、家庭中、学校里都成为一项正常的工作。

2. 学校要从教师的观念着手，帮助教师端正与家长合作的态度

自古以来，学校总以教育权威自居，教师也因此总有几分教育优越感，有的教师认为家长参与教育是外行干预内行。他们把家长会、家访等看作向家长告状的好机会，专讲学

生的问题与不足，对学习困难生家长态度傲慢，出言不逊，不是真心地通过与家长沟通去协商解决问题。这实际是教师对家校合作的意义认识不清，致使影响了合作的态度与成效。因此，学校要帮助这些教师与家长建立合作伙伴关系，让他们为学生的成才而齐心协力。

3. 在家校合作的过程中，学校方面应起到主导作用

如何与家长建立起友好的合作关系，第一步应由学校迈出，要制订合作的计划、日程、活动方案等，主动邀请家长参与，处处体现接纳家长为合作伙伴的姿态。同时，在活动过程中，学校对家长要进行引导，帮助家长懂得教育、参与教育，让家长真正介入教育的合作之中。

(二)提高家长的教育水平

家长素质的高低，直接关系到家校合作的效率与成效，一个懂得教育规律、热心教育的家长就如同一位教育高参。如何整体提高家长素质，学校应主动去做好这一工作。

(1) 通过宣传和咨询手段，激发家长关心教育、支持教育的热情。调动家长参与教育的积极性、主动性，同样必须由学校主动地去做好宣传和咨询工作，要让家长懂得参与合作的意义，更多地了解和关注学校教育，形成积极参与教育的社会风气。其手段可用板报、橱窗、广播、电视等多种形式进行宣传，也可采用宣传日等；其内容可涉及大到党的教育方针、学校的教育目标，小到有关教育知识、校内简讯、社会对学校的某些关心与支持的通报等。

(2) 通过开办家长学校、举行系列讲座的形式，传授家庭教育知识。以提高家长的教育素养讲座的内容，如关于家庭教育的意义，如何对孩子进行品德教育、审美教育、保健教育等，可以结合学校的工作计划开展，也可结合家长的实际需要，同时亦可采取家长教育子女的经验交流会，给家长提供相互学习的机会。

(3) 举办家长会，强化感性教育。通过家长会的形式，向家长宣传各种科学的学习方法及要求，以及家长互相介绍教育子女的成功经验，对学校教育和教学工作提出意见、建议等，让家长多了解校情，掌握科学的教学方法。

拓展阅读

"网上家长学校"全国先行[①]

200万家庭，120万未成年人，如何更新家庭教育观念，树立正确的育人观、教子观和亲子观，帮助和引导家长们完成从"自然父母"向"合格父母"的转变，已成为苏州市妇联家庭教育工作中的重要任务。

据不完全统计，苏州市现有各级各类中小学、社区家长学校3000多所，以及在全国率先建立的网上家长学校，它们共同成为培育合格父母的温馨摇篮。

社区家长学校：从源头抓起，在苏州工业园区湖西社区工作委员会里，记者看到了一

---

① 茹希佳. 苏州家长学校形式多样 "网上家长学校"全国先行. 中国妇女报，2007年2月7日，第A01版.

份详细明晰的《湖西社区家庭教育工作评估数据汇总表》，作为家庭教育的试点社区，它们成立了社区家庭教育指导站，健全完善了"一站、一制、三支队伍"。"一站"，即以居民学校为主体，成立以社区工作人员为骨干、社区居民广泛参与的社区家庭教育指导站；"一制"，即建立一套社区家长学校的长效运行机制；"三支队伍"，即充分利用社区人才资源，加强由资深专家、学者、在岗及离退休的教师、儿保医生、计生干部、法官律师等组成的指导者、志愿者、管理者的"三支队伍"建设。

为了深入培训家长，苏州市妇联在广大家长中开展多种活动，并组织专题讲座和报告会，引导家长们学习家庭教育新知识，并使城市社区家长的年培训率逐步达到90%以上。

网上家长学校：无限制沟通从2005年起，苏州市妇联和苏州市教育局整合社会资源，将先进的信息技术与网络资源用于家庭教育上，在全国率先建立了"网上家长学校"。

如今的"网上家长学校"，将现有的3000多所家长学校囊括其中，使学校、社区、家庭结合得更加紧密，为家长们开辟了一个不受时间和空间制约，随时随地获取家庭教育知识和信息的教育大课堂。

网站的专家服务窗口还积极开展网外的服务，聘请国内知名高校和国内教育机构的6位教育专家，以及苏州的12位专家组成苏州市网上家长学校的专家教育团，开展大型义务咨询活动。

目前，网站累计访问人次突破600万，参与苏州市网上家长学校的学校、社区超过700所；70万家长成为网校的注册学生；近15万人次通过网上家长学校开通的"林老师信箱"进行咨询；网校专家指导建议信息近万条。

(三)保障交流渠道的畅通

畅通的交流渠道是家校合作的良好开端，作为学校来说，可采取以下方式加强与家长的交流。

(1) 开办家校通信，可分为校级通信和年级及班级通信，其内容可涉及学校工作计划、目标、年级组、班级情况、学生的个性展示、评论、好人好事等。学校通信可由专人负责，年级、班级通信可组织学生主办。

(2) 自办校报或其他刊物，可以利用其来宣传学校政策、学校新闻，刊登家教知识、好人好事、学生优秀作文、生活见闻等。

(3) 开辟家校热线，回答家长提出的各类问题，也可为学生解答学习问题。

(4) 利用喜报、便条等形式向家长汇报学生情况，密切学校与家长关系，增强学生自信心。

(5) 设家长意见箱，鼓励家长向学校提建议。

对教师来说，要主动地在适当时期走访学生家长，定期组织各年级、班级家长会，有计划、有目的地与家长交流学生的情况。与家长一起分析原因，寻求解决实际问题的方法，促使学生进步。

对家长来说，在学校保证交流渠道畅通的同时，要按照学校的安排主动参与学校活动，如学校听课活动、家长值周日活动等，在教师的指导下，以"家长结对互助"的形式，互相交流，互相提高。

三、我国家校合作模式的实践与探索

(一)组织召开家长会

家长会是中小学在长期的教育实践活动中形成的班级教育与家庭教育相联系并形成教育合力的方式。在家长会上，班主任、任课教师和全班学生的家长，在一起交流班级教育情况、学生发展状况及家庭中有关教育信息，从而取得对学生教育的共识。

1. 家长会的优点

班主任与家长协调的方式是多样的，家长会作为班主任及其他管理者与家长联系的一种方式，其特点表现为家长会是班主任与家长群体进行交流的方式。家长会的优点表现在以下两个方面。

(1) 经济。班主任与家长交流的任务是繁重的，集中交流可以在有限的时间里获得最大的交流信息量。

(2) 可以在家长间进行交流，相互间借鉴家庭教育的经验或吸取教训。

2. 召开家长会的方法

1) 做好召开会议的准备工作

为了确保家长会的成功召开，班主任需要做好如下准备工作。

(1) 根据学校教育教学工作的实际，确定会议目的和会议内容。可通过召开学校领导班子、班主任会，客观地分析现状，发现促进学生发展的有利因素和制约学生的不利因素，确定主要收集、交流哪方面的信息，共同解决哪些问题，并明确分工。

(2) 印发开会通知。一般在会前两周，在通知中应简要通报会议目的、内容、时间、地点，并附学生家长对学校工作的意见、建议栏。会前一周收回，目的在于使学生家长做好充分的准备，落实到会人员，提前收集部分信息。

(3) 以教学班为单位，收集整理学生家长书面意见、建议，归类分析，客观地确定需要沟通解决的问题。

(4) 由班主任和任课教师根据本班情况，准备翔实的发言材料，并做好会议召开的有关准备工作。

2) 围绕会议主题，开诚布公，广泛交流，达成共识，增强合力

家长会上，班主任要紧紧围绕主题，与家长进行全面的沟通，形成合作意识。

(1) 组织安排要全面。领导教师分工要明确，学校应由领导负责，任课教师分到各教学班，班主任为会议的主要组织者和中心发言人。另外，应安排几名学生，迎接学生家长，指引会议地点，使学生家长一进学校就感受到热情和温暖，这会为家庭和学校教育配合打下良好的基础。

(2) 全面汇报教育教学工作。从学校的教育教学目标、任务，到班级工作的组织落实，

向学生家长做全面汇报。如在教育教学工作中，采取了哪些措施，组织了哪些活动，收到了哪些成效，教师是怎样教书育人的，学生在各项活动中有哪些突出表现，本班在学校特别在平行班中的优劣之势等。同时简要介绍下一步的目标和措施，使学生家长对子女所在的学校班级的教育环境有个大概的了解，有助于家长献计献策。

(3) 面向全体，一分为二，全面介绍学生个体发展状况。学生家长最关注的是子女在学校的发展情况。教师应该既肯定成绩，又正视不足。从德、智、体、美、劳等方面具体介绍学生的发展状况，介绍学生发展突出的方面。作为家长，谁不愿意多了解孩子在校的情况？谁不渴望多获取孩子成长的信息？因此，班主任带来的"喜报"能满足家长这一需求。所以不要遗忘任何一个学生。对于后进生，更要介绍其闪光点，肯定其成绩。要使家长了解自己孩子各方面的情况，从而架起新时期家长和学校之间沟通的桥梁。

(4) 全面介绍学校对学生校内外的管理要求，明确提出需要家长协助教育、管理学生的要求。如介绍学校管理制度、作息时间、请假制度，要求学生家长保证学生按时作息。指导家长督促教育学生遵守交通规则，确保交通安全，按时到校；注意观察学生变化，及时发现并纠正其不良行为而切忌护短；要尊重学生的人格，用科学方法教育、引导学生，切忌因简单、粗暴的武力压服而影响学生的身心健康，导致不良的教育后果等。总之，就是要达到学校和家长共同负责的态度，要用正确的教育方法共同塑造学生健康的心态，培养良好行为习惯，激发勇于创新、不懈努力的积极性的目的。

(5) 教师与学生家长共同商讨教育措施，教师要设法调动学生的积极性，从中最大限度地了解学生的家庭情况和个人特点。教师要对学生家长提出的意见，作出合理性的说明，表明态度，要提出合理的带有针对性的问题，进行商讨。如怎样最大限度地扬长避短，把教育理想和现实结合起来，激发学生的上进心？怎样做到言教和身教的结合？如何创造良好的学校家庭育人环境？其目的在于把共同关注学生健康成长的良好的愿望集中到科学育人的统一行动上来。

(6) 在和谐、愉快的氛围中结束会议。中心发言人应充分肯定学生家长提出的正确意见和建议，总结会议收获，衷心感谢学生家长对学生教育工作的大力支持，并寄希望于今后多联系和沟通，共同做好培养下一代的工作，让学生家长高兴而来，满意而归，为下次会议打下良好的基础。

3) 做好家长会的记录

每次家长会都要认真进行记录，其目的如下。

(1) 记下家长会上家长反映的情况和提出的意见，以便进一步有针对性地展开工作。

(2) 家长会记录可以用来作为分析和反思的材料，以进一步改进家长教育工作。

家长会记录应该有专门的格式，内容一般包括开会时间、地点、主题、家长到会情况、会议议程及会议过程记录。

(二)适时进行家访

随着信息及网络的发展，人们的沟通方式也发生了变化，但是这并不能取代人与人之间面对面的交流，因此家访对改善教育效果仍然具有重要意义。

班主任通过家访不仅可以直接与家长交换意见，还可以亲自观察家庭中孩子学习的环境，亲自感受学生家庭里的精神气氛与文化修养。班主任在对学生的家庭教育情况基本了解的基础上，不仅可以有选择性地修正学校教育，而且还可以有目的、有意识地影响和指导学生的家庭教育，通过改善家长的教育方式，来巩固、强化和协助学校教育。

为了做好家访，班主任应充分设计好家访前、家访时、家访后三个环节。

1. 家访前

在家访前这一环节，班主任应做好如下准备工作。

(1) 约定访问时间。教师在进行家庭访问前，应该和家长约定时间，让家长对教师的访问有事先的准备，不至于心慌意乱。

(2) 准备好有关学生表现的各种材料。材料要真实、齐全，这是做好家访工作的首要条件，班主任通过准备材料，进一步熟悉和掌握学生德、智、体诸方面的具体表现，要将学生在学校、年级、班级中所处的位置进行正确的定位，并在此基础上全面、客观、公正地评价学生，避免对学生简单地作出"好"或"坏"的主观评断。

(3) 准备好学生家庭的有关材料。家访前，应通过多种途径对学生的家庭背景、家庭的组成情况、家长的年龄、文化修养、个性特点、教育子女的态度和方法等进行细致了解，并在此基础上制定出不同的家访策略，编制出相应的谈话提纲，避免因对学生的家庭情况一无所知而造成尴尬，以至于无法达到相互沟通、共同教育学生的目的。

(4) 要准备好家访谈话的主题。家访前，班主任要事先规划好谈话的主题，做到有备而来，胸有成竹，避免临场漫无目的，以至于弱化了家访的作用。同时，还应将谈话主题提前采取适当形式通知家长，以便使家长也有时间做好心理准备，而且，这样做也避免了突然造访的不礼貌行为。

2. 家访时

在家访的过程中，班主任要注意如下问题。

(1) 要注意自己的言谈举止、仪态、仪表。班主任以一个什么样的形象出现在家长面前，会直接影响家长对教师的信任度和尊敬感。同时，谈话时也不能只顾自己滔滔不绝，而不给家长说话的余地。因为家访是双向交流的教育工作，而不是班主任唱独角戏，班主任应以一个坦诚、平等、合作的态度面对家长，在与家长交往中形成一种民主的、和谐的气氛，只有态度诚恳、善于合作，才容易说服家长并取得家长的支持和配合。

(2) 要注意避免流于形式，走过场。有些班主任进行家访，是出于一种应付差事的态度，到了学生家里，客客气气，三言两语，对学生的优点和缺点往往模棱两可，缺点提得不尖锐，优点说得不明显，这就使得家长感到家访可有可无。他们既感受不到学校教育的力量，也觉察不出自己在教育中存在的问题。因此作为班主任应以解决具体问题为目的，以达成一定的协议为效果来进行有效的家访。

(3) 要注意不偏离主题，有名无实。家访时，班主任应抓住主题，真正朝着了解学生、教育学生的目的去做，而不应打着家访的旗号，忘却自己的身份，为一己私利，随随便便拉关系，奉迎讨好家长。类似这种家访给学生教育工作造成的不良影响是极为严重的，班主任以及家长都应戒免。

(4) 要注意家访要面向全班学生。长期以来，许多班主任总是在学生出了问题之后才去家访。而且班主任到了学生家里，往往要尽数学生其"坏"、其"笨"，并往往要做出学生"没出息"的结论，而且还要发出"家长若再不配合，学生就要完蛋"之类的警告。这就造成在一些学生及家长的心目中，家访往往同"上家告状"同名。这种做法不仅会损伤家长、学生的自尊心，使家长、学生对家访产生恐惧心理，而且还会给今后的学生教育带来极大的困难，这是极不足取的。因此，班主任应从告状的家访模式中跳出来，以客观、发展的眼光来看待学生，看待家访。同时家访要拓宽内容与范围，要面向全体学生，既要面向"差生"，也要面向"优生"和"中等生"，使全体学生共同提高。

(5) 要注意自身的安全。教师实施家庭访问时，应该注意自身的安全事宜，尽量请同事作陪或是请热心熟悉的家长同行。

3. 家访后

家访之后，并不是整个家访工作就完成了，家访是否达到了目的，还应在以后的时间里观察学生的反应和表现，这就要求班主任做到"二反馈"。第一，要将家访后学生在家里的表现情况，让家长及时反馈回来。通过家访，家长采取了哪些教育措施，学生因此而有了多少改变，都应在一段时间后反馈回来，以便班主任据此采取相应的教育方法，来更好地教育学生。这项工作是检查家访目的是否达到的重要手段。第二，要将家访后学生在校的表现情况及时反馈给家长。通过家访，学生在学校的表现比以往是否有了进步，在一段时间内都应有所反映，班主任应及时将这些情况反馈给家长，以便双方能够更好地协调合作，共同达到教育学生的目的。

此外，教师完成家庭访问之后，应该针对访问重点形成访问记录。如果是属于重点访问的话，应该将访问记录提交给学校领导，让学校校长或主管了解重点家长，以便在必要的时候提供行政方面的支援。

班主任按照上述环节进行家访时，在内容和形式上应该注意与时俱进。这主要是因为：第一，家访是沟通教师、家长、学生三者思想的桥梁。现代的孩子需要学习人际交往，通过老师家访这种面对面、零距离的交流，可潜移默化地培养学生的人际交往能力。第二，家访可矫正家庭和学校教育的不足。家长与教师平时忙于工作，可能对学生的了解呈片面性，家访可使双方直接研讨、分析情况，有利于教育的针对性。第三，家访要适应时代的变化，体现时代精神。教师平时忙可以分别采用"走访""信访""电访""网访"等不同形式。

拓展阅读

学生进步，教师家访[①]

家访是一项费时耗力的工作，但我却乐此不疲，坚持不懈地做了 26 年，并且总结出了"生进师访"的激励性家访策略，即"学生进步，教师家访；学生再进步，教师再家访"。这样良性循环的办法改变了"老师家访，学生遭殃"的弊端，家访成了教师的乐事和学生的荣耀。

我刚工作不久，班上一个男生屡教不改，我决定家访。谁知道，当我拿着他告诉我的家庭住址前往时，却吃了闭门羹，这个门牌号码是错的，显然，这个男生在跟我耍心眼儿，这说明他拒绝我家访。这件事促使我改变家访策略，变报忧为报喜，变被动为主动。

如今，我每接一个新班，必利用暑假家访，尽快与家长取得联系。开学初在第一时间召开家长会，告诉家长我的家庭电话和手机号码，并宣布我家访的原则：一是"生进师访"；二是家访时间不超过 40 分钟；三是家访地点在孩子的房间，因为我要查看孩子学习、睡觉等情况。

多年的教育实践使我明白，那些品德、学习不佳的特殊学生和他们的家长，往往是最需要理解、尊重和鼓励的教育群体。作为班主任，一定要宽容、有耐心。

学生小赵成绩不好，尤其是作文，一开始几乎连话都写不清楚。每次，我都力求在他的作文里找几句通顺的话来表扬他。渐渐地，他的作文有了起色。一个周末，我带着他的作文本来到他家，我给他的评语是："看了你的这篇文章，我很高兴。你已经有了很大的进步。桂老师决定到你家家访，当面感谢你的家长，他们养了一个多聪明的儿子呀！你能在桂老师的班级里，我很幸运！"

小赵和妈妈看了评语，都乐得合不拢嘴。临走时，他妈妈把我叫到一边，悄悄地说："桂老师，小赵曾有两次拿过同学的文具。我批评他，他都不听。"我吃惊地问："你怎么不早告诉我？"她流着泪说："这些事以前我是绝对不会说的。您今天到我家里来，跟我像朋友一样，我也就无话不说。今后我一定全力配合。"

第二天，小赵笑着来交作文本，我看到他妈妈在上面写道："桂老师，您的家访和不一样的评语，都有助于孩子更加自信地成长。上周，小赵捡到了同学的书能主动交还给失主，他的确进步了。谢谢您，我和孩子会继续努力，不辜负您的期望！"

这是一个聪明的妈妈，这些话既是写给我看的，也是写给小赵看的。在这样和谐的教育氛围中，小赵有了更多令人欣喜的变化。

学生小张自从我家访后，学习的劲头更足了。她自信地说："我要让桂老师多到我家来。"因为担心我家访不方便，她特意送给我一个手电筒。那年除夕，她的妈妈从老家打来长途电话说："桂老师，是您与众不同的家访，使我的孩子抬起了头。祝您一生平安！"

有人问我："如今通信如此便捷，您为什么还要家访呢？"我说："'小灵通'永远没有人灵通，再发达的高科技也比不上面对面的情感交流。"

[①] 桂贤娣. 学生进步，教师家访. 人民教育，2007(19).

(三)给家长的一封信

在班级管理过程中可以运用"给家长的一封信"和家长沟通学校及班级生活状况,让忙碌的家长对孩子在学校的生活有一个概括的认识。教师如果有重要且隐秘的事情要家长了解的话,也可以通过给家长的信,告知家长重要的信息。教师在撰写给家长的信件中,应该以鼓励取代打小报告的方式,轻轻提醒家长应该配合之处,尽量避免过于指责家长或一味地指陈学生在学校的反社会行为。教师写给家长的信件在内容方面应该包括教师自我介绍、学校重要政策、班级管理理念、家长应该配合的事项、学生的身心发展特征、学期或学年的教学重点、各学科的知识与内容、学校与班级的生活作息、教师与家长的联络方式等。

拓展阅读

美国加利福尼亚州教育部会给即将入学的残疾儿童家长一份资料袋。它是用硬纸做成一个活页夹,里面装有一张张资料,内容是家长在孩子入学时需要了解的。在活页夹的封面上印有家校合作的图画或照片,下面是"家长可以成为合作伙伴"的字样。夹内首先是一封热情洋溢的"告家长书"。[1]

亲爱的家长:

我们很高兴有此机会与您分享几则好消息——几则对我们全体需要特殊教育的孩子们的家长来说的好消息。今天的教育正在进行激动人心的变革。这些变革正在给我们和我们的孩子一起创造新的机会。我们衷心希望这本为家长而写的小册子能让您更好地了解特殊教育领域中的新趋向。

许多家长为使他们的孩子得到更好的教育,已和教育家和立法机关合作,制定出了州和联邦新的法律——《加利福尼亚特殊教育总计划》和《残疾儿童教育法》。这些法律保障每一个孩子根据他的特殊需要得到免费的、适当的教育。

法律赋予家长权利和机会来参与评估孩子的特殊需要、制订个体发展计划以及促成孩子在学校的进步。在根据每个孩子的特殊需要制订教育计划的过程中,家长和教育工作者是密切的合作伙伴。我们,作为家长,如果要在这一特殊教育的新方法中发挥积极作用,知道除获悉自己的权利外,参与是相当重要的。因此,不要为提问而有所顾虑。教师、校长、医生和社区机构都有您应了解的重要情况。

我们必须承认,通过一项法律并不真正意味着一切都能马上到位。各学区之间的服务是不同的。尽管人们发奋努力,但教育体制有时会不尽如人意。这正是需要家长们与当地学区积极合作的更充分的理由。我们希望您能利用这一特别的机会,与学校一道塑造您孩子的未来并参与规划所有儿童的福利蓝图。

若想得到更多的信息,请与您所在的学区联系……

请记住:家长在拥有责任的同时也拥有权利!

---

[1] 林进材.班级经营.上海:华东师范大学出版社,2006.

家长是学校的合作伙伴!
致以最美好的问候!

(负责人签名)

(四)家庭联络簿的运用

家庭联络簿是学校班级与家长联络的重要渠道,同时也可以提供学生每日生活的重要信息。教师在班级生活中应该妥善运用家庭联络簿,作为和家长沟通的重要渠道。

1. 家庭联络簿的内容

教师在家庭联络簿的内容方面,应该结合班级教学活动的实施。联络簿可以包括如下内容。

(1) 每天班级教学的功课以及学生必须携带的用具。

(2) 亲师联络的重要事项,包括赞扬学生在学校的良好表现、在班级中的生活点滴以及家长需要配合之处。

(3) 学生在班级教学中的学习心得。

(4) 教师应该要求家长每天签阅孩子的家庭联络簿,了解学校的重要记事,以及子女在学校的生活点滴。

(5) 教师如果有需要家长配合或是要求学生改进之处,应该尽量以电话联络,避免在联络簿上直接写学生的缺点。

2. 家庭联络簿的批阅

家庭联络簿的批阅应注意如下几点。

(1) 批阅在家长签名之前。教师在家庭联络簿的批阅,应该在家长签名之前,换言之,每天在教室让学生抄完联络簿之后,就应该进行检查签名,这样,一来可以确定学生联络簿抄写是否完整;二来可以将学生的错别字挑出来,让学生及时改进。

(2) 避免在上面写学生的缺点。一般教师习惯在学生的联络簿上写下学生的缺点以及需要改进之处,殊不知,首先接触联络簿的是学生而非家长,如果学生在联络簿上发现教师的评语,因为怕回家被家长惩罚而不敢将联络簿交给家长,反而会失去联络簿的功能。

(3) 多运用鼓励原则。教师应该尽可能在学生的联络簿上写一些鼓励学生的话,让学生可以从联络簿上了解教师对自己的期望,此外,将各种鼓励的话写在联络簿上,可以让学生从中感受到教师的关怀。

(4) 多写一些感性的话。教师在联络簿上的评语可以考虑写一些感性的话,作为鼓励学生的座右铭,同时可以让家长从联络簿的签名中了解教师对学生的用心,以及学校对学生的教育。

(5) 给家长提供各种亲职教育常识。教师可以在联络簿上提供各种教育基本常识以及各种亲职教育的基本原理,让家长可以从联络簿签名中,附加学习各种重要且有用的理念。

(五)家长来访

班主任与家长的联系,既可以是家访的方式,也可以是家长来访的方式。家长来访有两种情况:一是班主任主动约请家长来访;二是家长主动来访。随着家长对子女教育越来越重视,家长主动来访的情况会不断增加。

1. 班主任主动约请家长来访

班主任约请家长来访时需要注意的问题有:①非特殊情况不约;②理智、冷静地与家长交流;③形成班主任与家长有效的教育合作。

2. 家长主动来访

班主任处理家长主动来访时应该注意的问题有:①家长主动来访可能比较随意,班主任应能妥善接待;②家长主动来访,有较强的功利性,班主任应该能正确指导家长的行为,如对家长不合理的要求,应以正确的方式回绝;对送礼者,应坚决拒绝。

(六)家校合作的新模式——"家校e"

"家校e"中的"家"代表家庭,"校"代表学校,而"e"具有教育(education)、电子信息(electronic information)、容易(easiness)三重含义。"家校e"的意思就是:利用现代电子信息的技术手段,以最容易的方式把家庭和学校双方融入现代教育中,实现家校教育合作和教育信息化。在当代,计算机科学技术、网络技术、通信手段的迅猛发展,给家校合作提供了新的有利条件,"家校e"教育信息服务系统就此产生了。"家校e"系统为教师、家长、学生三方交流提供了平台,通过信息高速公路可以实现教师、家长、学生的信息互通,达到学校教育和家庭教育的融合。

1. "家校e"平台的使用是教育少年儿童的科学方法和有效途径

1) "家校e"改变了家校合作的手段

以现代科技手段基础建立的"家校e"改变了家校合作的手段。

(1) 学校与家庭合作在空间位置的距离、教师与学生家长寻求学校老师的帮助在时间和空间上的矛盾,都需要有一种简便快捷的交流和沟通方式。有时家长来校找老师,老师恰好又有课;老师请家长来校,是学生和家长最怕的一招;老师走访吧,面向大多数同学是不可能的。一种突破时空限制的沟通交流方式就变得十分必要。

(2) 家校结合更多的时候是教师和家长结合,实际上这种结合长期以来是一种松散、无序、断断续续的结合。而"家校e"教育信息服务系统则以现代化的网络信息技术为手段,把家庭与学校紧密联系起来,弥补了家校合作双向互动在技术方面的空白,让家庭与学校的结合不受时空的限制,为教书育人创造了一个全新的空间。

2) "家校e"开创了家校合作的新领域

"家校e"的出现使教师和家长突破了空间的限制,开阔了家校合作的新领域和新思路。

(1) "家校e"教育信息服务系统带来了班主任工作方式的全新变化,如信息发布方式、个别指导方式、与家长沟通的方式、跟踪管理的方式都因此而发生变化。

(2) "家校e"教育信息服务系统为学生自主学习搭建了一个获取信息的平台、与他人互动交流的通道：自主学习有了资料库；自主学习有了参照性；自主学习有了讨论者和指导者。

(3) "家校e"教育信息服务系统可以让老师的"手口脑"延伸，"面对面"地为学生提供课业指导。

(4) "家校e"教育信息服务系统使学校和家庭双方的地位、教育责任变为平等。也可以使老师、学生、家长三方成为提问的主体或客体，或者是信息的创造者、发出者或享受者。

(5) "家校e"教育信息服务系统具有网络信息高速公路的功能，同时又有网络不可比拟的安全性，学生在使用时不会接收到任何有害信息。

(6) "家校e"教育信息服务系统还具有对学生进行及时评价、多元评价的功能，其过程资源、个案资源可以成为记录学生成长轨迹的宝贵资料。

2. "家校e"的优越性

"家校e"具有如下优越性。

(1) "家校e"互动传真情，增强了教育的人文关怀性。如"家校e"信息平台上的信息内容就很好地体现了这一点。下面是"家校e"信息平台上的留言实例。①重要提示类：各位家长，大家好！近段时间街上流行一些网络游戏，这些游戏中夹带了很多黄色打斗动作，如果流传开来将对孩子们的身心健康造成很大影响，所以紧急通知家长们：及时关注孩子们的书包和电脑，确保把这类网络游戏拒之门外。请及时与我们保持联系。②评选类：我班将于下周开展班干部的选举活动，希望家长根据学生的具体情况给予一定的建议和指导。本次评选结果将在"家校e"有关栏目公布。③活动类：我校决定在11月1日召开全校运动会，班级选拔将在下周进行。请家长在周末期间适度安排学生的活动及控制运动量，以保证充足的体力参加比赛……④阶段测验：下周三数学课将进行一次阶段测验，本次测验将重点考查学生在应用方面的能力以及基础知识的掌握情况。请家长督促子女做好复习、总结工作。⑤期末考试：学校期末考试定于6月28—29日进行，具体安排为：28日上午语文、下午科学，29日上午数学、下午英语。望各位家长提醒学生认真复习，做好期末考试的准备。

(2) 紧扣实际问题，增强"家校e"教育信息的有效性。①学生受益。通过使用"家校e"，从中可以获取大量的资料；提高与人沟通的能力；增强问题意识；锻炼动手能力；养成收集信息的习惯。学生在信息平台上关注：学业方面的信息；活动安排方面的信息；小伙伴之间的信息。开展"家校e"信息平台上的主题活动，内容十分丰富，如通过文字留言或语音留言可以自主设计多种多样的活动。例如："我为班级进一言""假如我是班长"等；"脑筋急转弯""猜谜语""难题征答"等；"格言警句欣赏""一分钟故事""历史的今天"等。有的班级还针对信息发送的数量和质量开展了"巧巧手""妙妙笔"活动，效果极佳。②老师方便。"家校e"平台可以让老师"面对面"地为学生提供课业辅导。例如：面对学生的难题征答，老师可以了解学生的需求，同时也可以通过"家校e"平台，提出指导性意见。班主任老师需要的信息：一是要求家长通过"家校e"及时向老师反映学生在家的情况，以便老师有的放矢地进行思想教育；二是积极引导家长在"家校e"上对学校的德育工作、教学工作、学校管理工作提出合理化的建议。下面是一位班主任通过"家校e"进行班级管理的案例：中队长每半个月将举手发言有进步的同学名单发布在"家校e"的《班级学情公告》里；班长将守纪律和经常不守纪律的同学记载下来，每半个月将名单发布在"家校e"的《班级学情公告》和《家长留言信箱》上；课代表每一个月将不按时交作业次数最多的同学名单发在"家校e"的《家长留言信箱》里；管理员检查同学(因病除外)带学具、带劳动工具的情况，大扫除的清洁情况，在《班级学情公告》上每半月发布一次信息；也可发布信息表扬积极参加早锻炼活动的同学。这种学生自主管理的模式极大地提高了班级工作的效能。③家长省心。有的家长说，我通过"家校e"了解其他孩子的表现，知道了同龄孩子达到的水平，对教育自己的孩子会更有针对性。通过查看信息，足不出户，家长可以了解关于孩子30多个条目的信息。

由于"家校e"的优越性，很多地方都建立家校互动平台——"家校e"。例如，新华网上海频道2006年8月18日报道："接收手机短信，就能了解孩子几时离校回家、考试成绩怎样；打开电子邮箱、登录个性网页，便可查看学校最新通知、当天回家作业……本市160万名中小学生及其家长和老师都可免费申请专项账号，使用由市教委和市信息委推动实施的'家校互动平台'，接收和储存来自学校和教育部门的各类信息。除互联网模式外，该平台还提供短信模式。"此外，像湖北、江苏、深圳等地也相继建立了"家校e"系统。

从对家校合作模式的论述中可见，家校合作的有效模式不是一成不变的，它随着社会经济及科学技术手段的发展而不断创新。为了适应不同的教育目的及教育活动，家校合作模式可采用传统方式与现代相结合的形式。

本 章 小 结

家校合作是班级管理的重要内容，体现了教育过程中教育力量的整合。为了更好地发挥家校合作的优势，我们首先对家校合作的意义、家校合作中权利与义务及目前所面临的问题进行了分析，然后着手探讨了家校合作的策略及模式。通过本章的学习，既可以引起读者对家校合作的重视，又可以引导读者对家校合作的内容有一个整体认识。

【推荐阅读】

[1] 赵琴. 学校教育与家庭、社会教育. 广州：广东高等教育出版社，2000.

[2] 马忠虎. 家校合作. 北京：教育科学出版社，2001.

[3] 蒙晨. 中西方家庭比较. 北京：科学普及出版社，1991.

[4] 吴明隆. 班级经营与教学新趋势. 上海：华东师范大学出版社，2006.

[5] 张彦春. 16位教育家的智慧档案. 上海: 华东师范大学出版社, 2006.
[6] 李镇西. 用心灵赢得心灵: 李镇西教育讲演录. 上海: 华东师范大学出版社, 2008.

思考与练习

一、名词解释

"以校为本"的家校合作模式　　"以家为本"的家校合作模式　　家长会　　家校e

二、简答题

1. 结合我国家校合作的实际，谈谈家校合作中家长权利的履行情况。
2. 家长工作管理的原则有哪些？
3. 联系实际，谈谈你对我国家校合作模式的看法。

三、案例分析

阅读下面的案例并思考问题。

又一届新生入学了，学校召开热烈而简洁的入校欢迎典礼，邀请家长和学生一同参加。进入班级后，原先配置的桌椅显然不能满足所有人员的需求，一时间教室内外人头攒动，有家长爱子心切，自己占住座位让孩子入座；有的家长顾全大局，站在窗户边伸头旁听；学生们也无所适从，产生了归心似箭的急躁情绪。部分班级无奈之下采取"公交车式"处理方法——先入班者就座，后入班者屈尊站听；也有的班级见局面混乱，迅速散场。

分析：

"尊重他人就是尊重自己。"教师在家长会上对学生的家长多一份尊重，就是直观地教育学生尊重师长的人伦礼仪。大部分家长渴望尽快与班主任形成合力，但在家庭教育中，家长们往往处于"言而无效，教而无力"的弱势地位，因此，在家长会上，要善于现身说法，教会家长明确在教育中的重要地位，合理地树立家长权威，从根本上杜绝学生"在校当猴子，回家充老虎"的侥幸心理，培养学生谦恭礼让的优良举止和表里如一的诚实品质。

基于以上认识，我迅速在黑板上写下8个大字："孝敬父母，人伦之本。"教室里立刻由嘈杂变得肃静。我立刻宣布："新生站在教室后侧，请家长入座。"短短几分钟后，教室里秩序井然。有的家长见座位仍然短缺，又主动礼让他人，和孩子并肩肃立，引来大家赞佩的目光。在开场白中我说道："进入高中，同学们年纪大了，知识多了，翅膀硬了，但在任何场合任何时候尊敬父母的传统美德也应该'与时俱进'。吴淞中学培养的是知书达理的社会栋梁，不是目中无人的纨绔子弟。同学们记住：'百善孝为先。'我一旦听家长反映谁在家里有顶撞父母、蛮横骄纵的表现，肯定会对这位同学在班级提出公开严肃的批评……"

通过历次家长会，我反复向家长强调"其身正，不令而行。其身不正，虽令不从"的道理。要求家长在子女面前注意个人修养，及时介绍个人的奋斗经验和社会见闻，维护自身的健康形象，增强个性鲜明的家长尊严。

从 2000 年开始，我历任过 3 届共 5 个班的班主任。班级里从未收到过家长关于学生对父母不尊敬的反映。大部分学生在和父母产生矛盾后能较理智地分析原因，采取联系老师、书信交流等形式，合理地进行沟通，化解彼此心结。家长也通过参加家长会坚定了"对孩子负责就是树立威信、从严要求"的共识，在家庭管理中坚持原则，很好地规范了学生的课外言行，保证了学校教育的延续性。

问题：

1. 你认可该教师在家长会上的做法吗？如果是你，你会采取什么方法解决上述局面？
2. 用本章相关理论分析该教师的做法。

【实践课堂】

请自行设计一个主题，给家长写一封公开信。

"评价"最重要的意图不是为了证明,而是为了改进。

——题记

第十章　班级管理的评价

本章学习大纲

➢ 班级管理的评价是指以班级管理为对象,根据班级管理目标,采取一定的测量技术和方法,对班级管理工作过程及效果进行测定,并对班级管理目标的实现程度做出价值判断的过程。

➢ 班级管理评价指标体系的设计包括确定评价指标、分配评价权重和编制评价标准三个步骤。

➢ 班级管理评价要遵循一定的原则。

核心概念

班级管理的评价(class evaluation of the management);班主任(class teacher);学生(students);班集体(class group);班级环境(class environment)

××××中学文明班级量化考核实施方案(试行)

为贯彻党的教育方针,面向全体学生,因材施教,发展特长,加强德育管理,全面提高教育教学质量,培养良好的班风,建设优良的校风,使学生在德、智、体、美、劳等方面全面发展,根据原制定的《罗平三中文明班级量化评比管理规定》,结合学校发展实际特制定本方案。

Ⅰ. 指导思想

班级是学校对学生管理的基本组织形式,为全面落实班级目标管理,有效提高班务工作质量,客观评价班主任工作,培养师生的竞争意识,为增强管理班级、建设班级的主动性、针对性和实效性,从而形成良好的班风学风,保证学校形成良好的校风及育人环境。

Ⅱ. 考核办法及原则

(1) 考核坚持"公平、公正、公开"的原则。

(2) 按月考核量化，实行月综合考评、学期综合考评和学年综合考评相结合。

(3) 考核采取定性与定量考评相结合，以定量考评为主的办法。

(4) 考核采用年级组与各处室考核相结合的办法：各处室考评年级组给定参数；再由年级组考核所在年级班级。

(5) 常规考核与重点抽查考核相结合的原则。

(6) 考核遵循过程与结果并重原则，遵循客观与可操作性相结合的原则。

(7) 所有考核内容由学校政教处统一汇总，并报校长审批。

Ⅲ. 考核机构

1. 领导小组

组　长：

副组长：

成　员：

班级量化评比领导小组，对班级量化评比工作负总责，做指导、领导、考核、监督等工作。

2. 考核办公室： 各处室、各年级组

3. 考核成员： 各处室成员、各年级组成员、全体值日教师、宿舍管理员、门卫、膳食科及食堂工作人员

4. 汇总办公室： 政教处

Ⅳ. 文明班级的评定方法

(1) 政教处将本年级的除年级主任、副主任所带班级的所有班级考核分累计作为本年级的考核总分 M，计算出本年级该月文明班级数 N；$N = n - \dfrac{100 \times n - M}{8}$。（四舍五入）($n$=本年级班数-年级主任、副主任所带班级的班数)

(2) 年级组对政教处提供的文明班级数 N 对本年级文明班级进行评比上报政教处，政教处公示一天后认定。

(3) 如果公式中计算的文明班级总数不足学校总班级的 80%，学校原则上将班级考核总分在学校总班级的前 80%(包含一票否决)的班级定为文明班级(不含一票否决的班级)补到各年级。

Ⅴ. 考核细则

一、思想教育

1. 班会： 按时开好班会，对学生进行经常性的政治思想、法制安全、学习目的、关心集体、团结互助、校纪校规等方面的教育。(要求在黑板上明确主题、将班会材料上交政教处)

① 按时组织开好班会的班级：分为好、差、不开，分别记分 0、-1、-2。

② 班主任未到扣 3 分。

2. 好人好事：每出现一件有影响的好人好事，给该班加 2 分；该年级加 1 分。

3. 教室文化：优、良、中、差分别记分 1.5、1、0、-2，没有的直接扣 3 分。(每月考核一次)

4. 宿舍文化：优、良、中、差分别记分 1.5、1、0、-2，没有的直接扣 3 分。(每月考核一次)

5. 德育作文竞赛：一等奖、二等奖、三等奖每人次分别记分 1.5、1、0.5 分。

二、仪容仪表

(1) 未佩戴校徽每人次扣 0.5 分。

(2) 烫发、染发、留怪发、男生长发、女生化妆或前额过眉等每人次扣 0.5 分。

(3) 佩戴耳环、项链、戒指、手链等饰物及留长指甲每人次扣 0.5 分。

(4) 穿奇装异服、穿拖鞋，男生裸穿背心、女生穿超短裤、超短裙、高跟鞋等每人次扣 0.5 分。

(5) 着装不整齐，披衣散扣等每人次扣 0.5 分。

三、纪律规范

(1) 严禁攀爬窗户、攀爬栏杆或者在栏杆上坐着，若有以上行为视情节每人次扣 1～4 分。

(2) 严禁进网吧，严禁看色情、凶杀、暴力、封建迷信书刊和音像制品，严禁进营业性舞厅、KTV，有以上行为每人次扣 2～4 分。

(3) 严禁在教学区拍打球类；严禁乱丢垃圾；严禁吸烟，有以上行为每人次扣 2 分。

(4) 帮他人买烟或传烟给他人的情况每人次扣 1.5 分。

(5) 乱踢墙壁、门窗，故意损坏公物，破坏公共设施的每人次扣 2～3 分。

(6) 带一次性饭盒(含泡沫盒、纸盒等)进校园者每人次扣 0.5 分，方便面盒必须投放到垃圾桶内，乱丢乱扔者每人次扣 1 分。

(7) 课间休息时间，在走道、教室内打闹，每人次扣 1 分。

(8) 教室内无人时不关灯，用水后不关水龙头者，一次扣 1 分。

(9) 学生到其他年级、其他班级无事乱串的，一人次扣 1 分。

(10) 因各种原因受学校开除学籍或勒令退学、留校察看、记大过、记过、严重警告、警告、通报批评处分者，每人次分别扣所在班级 5 分、4.5 分、4 分、3.5 分、3 分、2.5 分、2 分。

(11) 不接受老师的教育一人次扣 3 分，无理取闹一人次扣 4 分。

(12) 就餐打水纪律：

① 打水、打饭不自觉排队，拥挤、起哄、吵闹厉害，不服从管理，每人次扣 2 分。

② 浪费粮食、乱倒剩菜剩饭每人次扣 1 分。

③ 饭后乱丢废弃物、乱倒洗碗水每人次扣 1 分。

④ 将自己碗中不要的辣椒皮、花椒等随便乱丢在地上的每人次扣 1 分。

(13) 宿舍纪律：

① 严禁学生使用热得快、电热毯、电炉等电器，若有违犯，一人次扣 2 分。

② 不按时作息，熄灯后不及时上床睡觉保持安静者，每人次扣0.5分。
③ 不回本人寝室睡觉者，未经同意，任意调换寝室或床位者，每人次扣2分。
④ 端饭入室，乱扔果皮纸屑者每人次扣1分。
⑤ 宿舍内出现高声喧闹、玩扑克、下象棋、玩手机等不良行为的，每人次扣2分。
⑥ 未经允许，乱拿他人东西使用者，一人次扣1分。
⑦ 宿舍楼内外(对应到部、年级)、宿舍内(对应到班级)出现烟头的，每个烟头扣0.5。
⑧ 在宿舍内生火、点蜡烛，有以上行为每人次扣2~4分。
⑨ 两睡期间洗衣服或从事其他活动使宿舍不安静，或者在教学区、运动场等活动每人次扣1~3分。

四、班级卫生及宿舍内务(见表10-1)

表10-1 罗平三中班级卫生及宿舍内务量化考核标准

内容	考核指标		不达要求所扣分
	要求	具体要求	
卫生	地面净	水泥地面、碎石路面、楼梯、台阶、地面落水洞（尤其是台阶立面、床下）	①地面干净，无污水积水、无污渍、无烟头、无废弃物 ②沟内水流通畅无漂浮物，下水道畅通，落水洞无堵塞	1~3分
	绿地净	花坛、草坪	花坛、草坪内无废弃物、无剩饭菜、无其他物品置放	
	墙体净	瓷砖墙面、仿瓷墙面、天花板、防护栏杆、水管、黑板、吊灯、消防箱	①墙面、天花板、栏杆、水管、黑板干净光洁，无积尘，无污渍，无蜘蛛网，无随意张贴，无乱画现象。吊灯表面无灰尘、蜘蛛网 ②消防箱表面干净，箱内无废弃物	1~3分
	门窗净	教室门、宿舍门、各建筑物内大小门、窗户、窗帘	①门窗洁净，玻璃明亮，窗台无污迹灰尘 ②窗帘干净(每学期初检查一次，见通知)	1~3分
	卫生工具净	扫把、拖把、簸箕、垃圾桶、废纸篓、毛巾	①卫生工具干净，整齐规范置于室内。拖把拧干挂起 ②垃圾日产日清，不得积留于室内	1~3分
	桌体凳体净	桌子、凳子	①表面洁净，无贴纸(每学期末检查一次，见通知) ②摆放整齐有序	1~3分
宿舍内务	被子规范折叠		被子折成四方块放于床后侧，枕头放被子对侧	每床未折扣1分
	床面平整		①床面平整无折痕，床单折于床垫下 ②空床上物品摆放规范，无凌乱物品	各项每床扣1分

续表

内容	考核指标		不达要求所扣分
	要　求	具体要求	
宿舍内务	鞋子规范上架	鞋子成线摆放在床下鞋架上，且鞋跟朝外	1~2分
	洗漱物品、餐具摆放有序	口缸、牙刷、香皂、毛巾、脸盆、饭碗、水桶等摆放整齐有序，不得随意乱放	1~3分
	衣物摆放整齐规范	干衣服折叠整齐，不得挂于帐架、床帮上 行李箱、书籍等物品规范摆放 阳台上晾晒的衣物挂成线 地面无凌乱物品	1~3分

五、学风建设

(1) 上课、自习准时到班，保持安静，不擅离座位、随便进出，不谈笑和大声讨论问题。若有违者，每人次扣1分。

(2) 上自习课的时间在教室里做与学习无关事情者，每人次扣1分。

(3) 学生迟到、早退、旷课1人次分别扣0.5、1、2分。

(4) 上课时教室内外吵闹、打闹和高声喧哗每出现一次扣2分。

(5) 在课堂上玩手机每人次扣1分。

六、两操两会、集体活动

1. 眼保健操

① 按时做操，有班干部组织，但做操不认真，有个别人说话或不做操，每次扣1分。

② 按时做操，但无人组织，班内吵声大，有一部分人不做操，每次扣2分。

③ 非教师原因，班级集体无故旷操扣3分。(注：由教师拖堂引起的眼保健操迟做或旷操，由责任教师及时向值周检查人员说明情况可不予扣分，否则，按标准要求扣分，过后概不更改。)

④ 每缺席一人次扣1分。

2. 课间操

① 出操拖沓，自由站队，无人组织，队形混乱，动作不规范，或部分人站着不做操，讲话突出，出现一种情况每次每班扣1分。如有欺哄检查人员，或态度蛮横等现象，视其情节，严肃处理，扣2~4分。

② 集体无故旷操扣3分。

③ 每缺席一人次扣1分，迟到每人次扣0.5分。(因伤病不能参加两操的，班主任必须到政教处核减本班人数，不扣分。)

3. 集体活动

凡学校组织的大型活动，包括升旗晨会、晚会、集会、演出、外出参观等，值周人员要检查人数和遵守公共秩序等情况。

① 不按口令迅速集合，队列混乱，有个别人说闲话，吵闹声大，集合不迅速每次扣2分。

② 每缺席一人扣 0.5 分，每迟到一人或早退一人扣 0.2 分。
③ 无人组织，自由活动，每次扣 2 分。直接不参与的每次扣 5 分。
④ 活动中秩序差的班级扣 1~3 分。

七、学生巩固率

学生巩固率的考核从开学后的第二个学期开始。非正常流失一个学生当月扣 5 分(因为家庭原因流失即为正常流失)。非正常转学每人扣 1 分(因家庭原因而转学即为正常转学)。

八、奖励

(1) 受到学校通报表扬的每次奖 1 分。

(2) 做好人好事、拾金不昧者每次奖 1 分。

(3) 检举不良行为，经查证如实者，每人次奖 2 分；对重大违纪事件(包括翻越围墙、打架斗殴、夜不归宿、偷盗、赌博、酗酒、与教师及管理人员顶撞不服从教育、带管制刀具进校园、抢劫、勒索、恐吓、威逼利用他人、随地大小便、撕毁涂改学校通知板报、不遵守门卫管理制度、冒充班主任私自编写请假条出校、不假外出、考试作弊等情况)的检举经查证如实者加 4 分。

(4) 学生个人受到表彰奖励，按照省、市、县、学校分别奖励 2、1.5、1、0.5 分； 班集体受到表彰，按照省、市、县及其部门分别奖励 2.5、2、1.5、1 分。学校奖励一等奖每人次、每班次另加 0.5 分。

(5) 奖励重复的取最高值。

九、班主任本人常规工作考核细则

(1) 不按学校规定完成临时性工作任务，如表册和材料的上交、突击性工作、有组织性的集体活动等；每缺一次扣 1 分，扣完为止(年级组和政教处同时考核)。

① 各班级学期初要制订班级工作计划，期末要有总结，并及时上交。
② 各班级要制定严谨的班规和班级文明公约。要求张贴上墙。
③ 各种安全责任书、家长告知书、矛盾纠纷排查化解材料、管制刀具收缴等痕迹材料应及时上交。

(2) 为了使学生尽快转入正轨，开学第一个月要求班主任做到每天早自习前早查，课间操、午休午查，晚休晚查，少一次扣 1 分(由年级组进行常规考核及政教处重点抽查考核)；从第二个月开始要求班主任每周早自习早查不少于 2 次，课间操全勤，午休检查不少于 2 次，晚休晚查不少于 3 次，少一次扣 1 分，扣完为止。

(3) 班主任 24 小时开机，有事找班主任通信不畅，每次扣 0.5 分。(各处室、年级组考核)

(4) 升旗仪式全勤，少一次扣 1 分(由年级主任及政教处考核)。

(5) 离放假的最后一个月，要求班主任每天早自习前早查，课间操、午休午查，晚休晚查，少一次扣 1 分(由年级组进行常规考核及政教处重点抽查考核)。

(6) 学校召开的班主任工作会议，应按时参加，每缺 1 次扣 1 分。

(7) 大型集会活动要按时、按质、按量组织好本班学生参加活动，迟到 2 次、缺席 1 次、脱岗 1 次扣 1 分(由年级组进行常规考核及政教处重点抽查考核)。

(8) 每个大周进行两次全方位的矛盾纠纷排查化解工作，少一次扣1分。

(9) 每个月进行两次全方位的管制刀具清理工作，少一次扣1分。

(10) 放假时班主任必须亲自组织本班学生参加年级会，在年级组的允许下把本班学生带出学校大门，将学生离校签名表交门卫处方可离校，少一次扣1分。

十、对于严重违纪、重大安全责任事故实行一票否决文明班级制

包括翻越围墙、打架斗殴、夜不归宿、偷盗、赌博、酗酒、与教师及管理人员顶撞不服从教育、带管制刀具进校园、抢劫、勒索、恐吓、威逼利用他人、随地大小便、撕毁涂改学校通知板报、不遵守门卫管理制度、冒充班主任私自编写请假条出校、不请假外出、考试作弊等行为。

班主任在学校的各种突击性检查中无故不参加或隐瞒本班违纪情况，学生流失不及时跟踪落实上报导致后果严重的，实行一票否决该班该月文明班级。

十一、附则

(1) 每学年文明班级评定的次数作为向省、市、县推荐表彰的主要依据。

(2) 考核结果作为评选优秀班主任、履职考核、奖励性绩效工资考核、评定班主任津贴等的主要依据。

(3) 对量化考核总分在各级排名最后1名的班级，学校将给予通报批评。

(4) 年级主任、副主任所带班级政教处直接考核评定。

(5) 年级组考核方案由年级组针对本年级实际情况制定。

(6) 各项检查数据来自学校值日领导、政教处、年级组、校团委、学生会、教务处、总务处等相关领导和部门，学生考勤、班主任到位情况由年级组提供。各项检查资料及时交政教处汇总。

(7) 班级常规管理考核情况所有原始材料存档一个月备查，如班主任认为检查结果与现实情况有出入，可以到政教处查档核实，但不准查检查人。

(8) 各项检查采用定期和不定期抽查方式进行，不预先通知。

(9) 本细则解释权归政教处。

(10) 本实施方案从2018年4月1日起实施，根据实际情况每学年进行适当修改并逐步完善。

2018年3月28日
×××中学

案例分析

这是一个比较成功的班级管理评价方案。该方案包括评价目的、评价办法、评价内容三个组成部分。在该方案中，首先，评价目的明确，评价目的基本体现了班级管理评价在班级管理工作中的各项功能；其次，评价方法民主，评价方法体现了班级管理评价各部门各主体协调配合、全员参与的特点，体现了班级管理评价的民主性与科学性；再次，评价内容全面，评价内容涵盖了班级管理者的素质、班级组织的发展状况以及班级环境建设等内

容；最后，评价指标体系的设计比较合理，权重分配比较得当，班级管理评价可操作性强。

学习指导

学习班级管理的评价这部分内容，首先必须明确的是班级管理评价的目的，即促进今后的班级管理工作，这一思想应贯穿于学习本章的始终。它可以帮助理解班级管理评价的内容、原则以及今后改进和发展的方向。在学习班级管理的指标体系以及实施相关内容时，应抓住"操作性"的原则，要将理论与实践相结合，将有关班级管理评价实施的相关知识(包括班级管理评价体系的制定、班级管理评价的实施等)围绕着解决"是否具有可操作性以及如何进行操作"的疑问来学习。

第一节 班级管理评价概述

班级作为教育和培养学生的主要阵地，在整个教育工作中越来越受到教育工作者的重视和关注，关于班级管理工作的研究与探索已成为当今教育领域的一个热点，许多教育工作者也已加入到关于班级管理工作质量问题的探讨之中。作为未来的教育工作者应该对班级管理评价的相关知识有一个深入的把握。本节将介绍有关班级管理评价的一些基本问题，包括班级管理评价的含义、功能及类型。

一、班级管理评价的含义

所谓评价是指评价者依据一定的评价标准，通过对评价对象进行量化和非量化的测量，从而对评价对象做出可靠而合理的价值判断。由定义可知，评价的内涵中至少包含两个本质属性：一是依据或标准；二是判断或测评。首先，评价必须依据一定的标准，标准科学，评价的结果有价值，标准不当，评价的结果毫无意义；其次，评价必须通过测量得出一个结论，或者说做出一个判断。这个通过测量得出的结论可以是量化的，也可以是非量化的。因为有些评价对象是可以量化的，如学生的学习成绩、学生的智商水平等，而有些评价对象是无法量化的，如学生的思想品德、学生的个性特征等。根据评价对象的不同，评价的标准和测量的方法也随之而不同。

班级管理的评价是评价的一种，它以班级管理为评价对象，以班级管理目标作为班级管理评价的标准，采用一定的测量技术和方法，以对班级管理目标的实现程度作为班级管理评价的结论。简言之，所谓班级管理的评价是以班级管理为对象，根据班级管理目标，采取一定的测量技术和方法，对班级管理工作过程及效果进行测定，并对班级管理目标的实现程度做出价值判断的过程。

班级管理评价活动分为测量和做出价值判断两个部分。测量即测定效果，包括运用各种方法收集与班级管理目标实现程度相关的事实材料和数据，用以测定班级管理的效果；做出价值判断则是将测量中取得的事实和数据，进行分析比较，判定实现班级管理目标的程度，做出对班级管理的价值判断。测量和价值判断关系密切不可分割，测量是价值判断的基础，价值判断是测量的目的，两者共同构成班级管理评价的基本内涵。可见，班级管理评价的实质就是根据目标测定效果、判断价值。

二、班级管理评价的功能

班级管理的评价是对班级管理目标达成程度的判断，评价的目的绝不仅仅是为了得到一个价值判断的结果，而在于对前期工作的反思，以及对后续工作有所指导和启示。这样才能使班级管理的评价产生价值的增值，这种增值的作用主要表现在以下几个方面。

(一)导向功能

任何工作的开展和进行都需要有一个明确而科学的方向，方向性将会直接决定着人力、物力、财力等的导向以及这些付出的有效性，如果方向正确，当然付出就能收到应有的效益，但一旦方向错误，轻则造成资源的浪费，重则背道而驰，引起更大的破坏性。在班级管理工作中方向性同样重要。班级管理的评价是依据一定的标准和所要完成的目标所进行的价值判断，班级组织要获得理想的发展，就必然要求班主任和班级同学了解和认同班级组织的发展目标，将发展目标反映在班级的管理中，并不断根据目标要求调整班级的发展状态，为达到目标而努力。这样势必对班级的管理及其组织发展发挥导向作用。

(二)诊断功能

班级管理工作并不是一件轻而易举的工作，班级工作纷繁复杂、问题众多，在班级管理工作中难免会出现一些问题，从而影响到班级工作有条不紊地进行，阻碍班级的发展，因此，我们必须采取有效的措施，找出失误和问题所在，及时给予更正和调整，从而保障班级管理工作的顺利进行。对班级管理工作进行评价可以起到这样的作用：通过评价能够有效判断班级组织的发展状态，更重要的是诊断班级管理中存在的问题。如同医生看病一样，班级工作评价能够帮助班级管理者发现班级组织运行中的困难点、焦点，寻找存在问题的原因，为班级管理者管理好班级、促进班级组织的良性运行，提供有针对性的咨询信息。

(三)激励功能

激励就是利用某种外部诱因调动人的积极性和创造性，使人有一股内在的动力，向所期望的目标前进。在班级管理工作中，管理者们，无论是在班级管理中起主导作用的班主任，还是作为班级主人的学生，他们在班级管理中都付出了艰辛的努力和辛勤的汗水，所做的工作业绩和表现应该给予充分的肯定和认可，所有的付出应该得到回报，只有这样才能进一步强化班级管理者在班级管理工作中的积极行为和满腔热情，这无疑有利于促进班级工作更上一层楼。班级管理的评价就是要对以往的班级管理工作给予一定的价值判断，表彰优秀的，激励落后的，促进班级管理工作朝着正确的方向顺利进行。

(四)发展功能

班级的管理不同于一般的管理工作，其目标是育人，根本追求是实现学生身心和谐、健康地成长。就班级管理的本质而言，班级的管理过程就是教育的实施过程，是班级管理者帮助班级中的每个成员依托班级这一组织寻求发展的过程，因此，班级管理的评价应是以促进学生的发展为根本目的，要重视发挥班级管理评价的形成性作用，实施评价的过程就是帮助学生不断认识自我、发展自我和完善自我的过程。

三、班级管理评价的类型

根据评价的目的任务不同，班级管理的评价可分为诊断性评价、形成性评价和终结性评价三种。

(一)诊断性评价

诊断性评价是指在班级管理活动开始之前，为了解班级管理工作存在的周期性和规律性情况，以便找到解决班级管理问题的办法而进行的一种评价。这种评价的主要目的是确定产生结果的原因，并提出补救措施，如班级活动的诊断性评价，目的在于了解班级活动的开展情况，以便为开展新的班级活动做准备。

(二)形成性评价

形成性评价是指在班级管理活动过程中，为了了解班级管理工作的进展或进步情况，用以调节班级管理活动进程，通过反馈信息保证班级管理目标顺利实现的一种评价。这种评价侧重于班级管理工作的改进与不断完善，是"前瞻式"的，可以及时探寻影响班级管理质量和目标实现的原因，以便立刻采取措施加以补正，以免造成难以挽回的后果。

(三)终结性评价

终结性评价是指在班级管理活动告一段落时，对班级管理工作的最终结果进行价值判断的一种评价。这种评价是以预先设想的班级管理目标为标准，对班级管理工作达到目标的程度进行的评价，它的优点在于客观具体，易于服人；缺点在于只看最终结果，容易出现虚假现象，影响评价的可靠性。与形成性评价相比，终结性评价侧重于确定已完成的班级管理效果。

第二节 班级管理评价的内容和指标体系

要对一个班级的管理状况做出一个公正、科学的评估，首先要明确的是，应从哪些方面对班级进行评价，换言之，就是一个班级的哪些方面最能体现出一个班级的管理状况。班集体相对于国家、行政机构，是一个非常小的集体，然而，班级管理工作千头万绪，要创建一个"政治合格、成绩过硬、班风优良、纪律严明、团结有力"的优秀班级并不是一件容易的事。每天，因组成班级的学生背景不同、个性迥异，以及师生之间、师师之间、生生之间的纷繁复杂的人际关系，会在班级中发生零零碎碎的琐事、各式各样的纠纷。由学习内容和学校布置等所组成的物质和精神环境等都能从某一侧面、某一角度、某种程度上反映出一个班级的面貌，从而体现出该班级在管理上的成败、优劣。

一、班级管理评价的内容

可以将班级管理评价的内容概括为以下几个方面。

(一)奋斗目标

"凡事预则立，不预则废"，一个班级如果没有一个明确的、合理的、可接纳的奋斗目标，班级将会迷失前进的方向。因此，在班级管理评价中，首先应该将班级的奋斗目标作为评价的重要内容，并应从该奋斗目标的明确性、合理性和学生的可接纳性等维度对其进行价值判断。

首先，班级的奋斗目标，是班级所有成员的理想和前进的方向，一个积极向上、团结上进的班级，应该是一个目标明确的班级。只有目标明确、方向一致，班级的所有成员才能心往一处想，劲往一处使，力量集中，共同进步。

其次，班级的奋斗目标必须是合理的。作为班主任应结合本班学生的思想、学习、生活实际制定出本班的奋斗目标。对一个班级来说，既要有远期目标，又要有近期目标。特别是近期目标要切合实际，学生易于接近，易于实现，只有实现了一个又一个近期目标，才能引导学生实现其理想的远大目标，并为实现这些目标而努力。所以我们需要发挥整个班级中每个学生的积极性，促使其形成集体荣誉感和责任感。

最后，应从学生的思想和实际行动中考查，该班级的奋斗目标是否在学生中产生了一定的影响力，也就是说，它是否已经融化为学生的思想，并影响到了学生的实际行动。因为，奋斗目标不应该是一个口号，或者是一个标语，要想使它实实在在地发挥作用，不但要使奋斗目标本身务实，深入人心，还要与班级管理的其他工作相互配合才能将其落到实处。

总之，在班级管理的评价中，首先应从一个班级的奋斗目标入手，不但要评估其目标本身的科学性和吸引力，同时，还应考查其在班级组织中的实际影响力。

(二)班级管理者

班级管理者是班级管理工作的策划者、实施者、评价者，其既包括教师，又包括学生。在传统的班级管理理念当中，把教师作为班级的管理者，把学生作为班级的被管理者，这种观念显然是有失偏颇的。在班级管理的评价中，学生是否真正参与到班级管理当中来，这本身就是评价一个班集体管理工作优劣的一个重要的方面。在班级管理评价中，班级管理者自身的素质以及他们之间的相互作用和关系，都能体现出该班级的管理状况。因此，可以从教师特别是班主任的素质、学生的发展、班级中的人际关系三个方面评价班级管理者在班级工作中作用的实现程度。

1. 班主任的素质

在班级管理工作中，班主任的素质和个人魅力时刻教育和影响着学生，班主任在学生心目中的形象，不仅是无字之书，也是无言之教。他的思德素质、智能素质和身心素质都是影响班级管理工作的重要因素。

(1) 思德素质。主要包括思想政治素质和道德素质，可以从管理者的思想政治理论水平、事业心与责任感、教育管理理念、师德修养等方面进行评价。

(2) 智能素质。主要从文化知识、专业知识、教育管理知识、观察和表达能力、教学能力、分析解决问题和实际动手操作能力、教育科研能力等方面进行评价。

(3) 身心素质。主要从运用身体语言的能力，身心自我调控的能力，身心健康、卫生保健与心理关怀的知识和能力，个性倾向性(审美情操)、意志品质与性格特征等方面进行评价。

2. 学生的发展

促进学生的全面发展是班级管理工作的起点和归宿，所以，学生的发展状况也将成为评价班级管理工作的一个重要的方面。我们主要是通过评价学生在德、智、体、美、劳、心等方面的表现及发展水平，以及学生在这几个方面的发展是否平衡，是否达到应有的水平，从而判断学生各方面的发展。

(1) 德育效果。主要考查思想品德及格率、遵守学生守则及行为规范情况、先进表彰情况等。

(2) 智育效果。主要考查学习成绩巩固率、人均成绩提高率、学习成绩差生转化率、突出成果率等。

(3) 体育效果。主要考查体育课及格率、体育达标率、早操、课间操、课外体育锻炼情况、卫生习惯、身体健康情况等。

(4) 美育效果。主要考查音乐课、美术课及格率，审美观、情操、审美习惯情况，文艺活动情况及表演成绩等。

(5) 劳动技术教育效果。主要考查劳动技术课及格率、劳动观点与劳动习惯、劳动形式多样性情况、劳动总结鉴定情况等。

(6) 心理健康教育效果。主要考查班级学生的心理健康状况。

3. 班级中的人际关系

班级成员是否具有良好的精神面貌，班级是否形成了互助友爱的风气；班主任与学生、学生与学生之间是否建立了良好的人际关系；班主任与班级科任教师之间是否建立了良好的人际关系；班级的建设是否得到了班级科任教师、学生家长的理解和支持等。这些都是衡量一个班级的管理和发展状况的重要方面。

小贴士

心理健康的标准

联合国世界卫生组织对健康的最新定义是:"健康,不但是没有身体缺陷和疾病,还要有完整的生理、心理状态和社会适应能力。"从这一定义来看,健康的内涵应包括生理和心理两个方面,而且对"心理状态"和"社会适应能力"做了明确的界定,即突出了心理健康的重要性。

学生健康的心理状态,是他们整个身心健康的重要组成部分。现代科学研究表明,学生的心理健康与否,对学生身体健康、身体发育和学习影响极大,对教育教学工作的影响极大。

1. 学生心理健康的鉴别标准

对在校学生而言,心理健康的鉴别标准有三点。

(1) 个人与环境关系和谐。个人与环境的适应是指个人的生理与心理能与环境保持平衡。从个体与环境的关系看,心理健康的标志是:能接受和适应各种社会刺激;能习惯地遵守各种社会规范,个人的言行能符合社会要求;个人的需要和欲望能从社会中获得满足,个人具有安全感、稳定感。当环境不能满足个人的需要与欲望时,能积极地去适应环境,驾驭、改造、推动社会向前发展,发挥人的主观能动性。

(2) 自我认识正确。正确的自我认识,是指对自己的过去、现在和未来有实事求是的反映与评价,其中特别重要的是对现在的我,如自己的身体条件、经济条件、社会角色、责任等有清楚的认识;现实的自己头脑中的"我"与别人心目中的"我"或客观的"我"的认识出入不大。

对自我认识不正确的人,主要分为两类:对自我估价太高的人与对自我估价太低的人。前者多表现为:狂妄自大,目中无人;幻想太多,眼高手低;脱离实际,自不量力。后者多表现为:妄自菲薄,自轻自卑,多愁善感,悲观失望。两类人都属于心理不健康的人。

(3) 人格完整。人格完整表现为个人的需要、动机、欲望、理想、目标与行动协调一致,形成一个统一的整体与环境发生相互作用。

2. 学生心理健康的鉴别准则

以上心理健康标准过于抽象化,可以将这些标准分解为具体化的标准准则。

(1) 有与自己年龄阶段特征相符合的自我意识水平和智能水平。能比较正确地认识和对待自己的优缺点。有自尊心、上进心和自信心,有一定的求知欲和兴趣爱好,爱学、会学。

(2) 情感健康,情绪比较稳定,比较活泼开朗,经常保持愉快。遇事比较冷静,处理比较谨慎;同情老幼弱小伤残,憎恨坏人坏事;常常向往美好的未来。

(3) 有与自己年龄阶段特征相符合的自制力,不易受消极性暗示的诱惑;注意力比较集中;活动性的兴奋或抑制处于正常状态。

(4) 有良好的人际关系,心中有他人,不以自我为中心和自私自利,和同伴友好相处,乐于友好交往,与人为善;有一定的独立性、自主性,不依赖别人,不屈从别人,不嫉妒别人,也不固执己见。

(5) 有较好的心理适应能力，能较好地适应多变的人际环境、心理环境，乐于接受新东西，能够承受日常生活中遭遇的不幸。

(三)班级组织的发展状况

班级不是自发的集体，它的发展要经历由低级到高级、由松散到凝聚的过程，班集体是班级组织发展的高级形式。由班级组织的初步形成到发展成为班集体一般要经历三个阶段，即形成期、巩固期和成熟期。在这三个阶段，班级成员在组织系统、心理系统和实践活动系统中表现出不同的特点。

1. 班集体的形成期

在班集体的形成期，集体的特征已经出现，但不很稳定，时不时会受到挑战，还需要较多地借助以班主任为首的领导核心的力量。从组织系统方面来看，以班主任为首的集体领导核心已经形成，在集体中有一定号召力，但领导核心的作用主要依赖于班主任个人的威望和能力，其他领导成员的作用尚不明显；组织机构已经建立，组织形式基本健全，能履行一些简单的职能，各组织机构之间的协调、合作程度不高。从心理系统方面来看，班集体目标已经确立，但只被集体中积极分子所接受，还不能成为全体成员的自觉要求；行为规范和必要的规章制度已经建立，但尚未被全体成员内化，不得不依靠制度的约束力；健康的舆论占据上风并能发挥一定的作用，但尚处于较为软弱的状态；有建立在团结互助基础上的人际关系，但还会受到多种因素的干扰。从实践活动系统来看，各项活动对集体成员有一定的吸引力，多数成员能够积极参加，但活动的设计、组织还依赖于班主任；活动有一定的积极效果，但效果并不十分明显。

2. 班集体的巩固期

班集体的巩固期是班集体稳定发展的时期，集体的特征比较鲜明地显现出来、稳定下来。从组织系统来看，领导核心在集体中享有较高的威信，不但班主任，其他领导成员的作用也已经明显发挥，形成了共同决策的局面；各组织机构的协调、合作明显加强，组织机构的职能得到有效的发挥，能胜任较为复杂的管理职能。从心理系统来看，班集体目标为大多数成员所认同，并积极为之奋斗；行为规范的执行越来越靠成员的自觉性。虽然纪律还是必要的手段，但它的约束力的强制性在迅速消退；集体舆论开始发挥显著作用，已经成为一种不可忽视的力量；良好的人际关系得到巩固，团结互助已经成为普遍的风气。从实践活动系统来看，集体活动对学生有很大的吸引力，已经成为学生生活中不可缺少的组成部分。学生越来越多地参与集体活动的设计、组织，班主任已经可以摆脱具体事务而上升到指导地位；集体活动的效果显著增强。

3. 班集体的成熟期

在班集体的成熟期，集体的特征得到充分而完全的体现，集体成员的创造性得到发挥。从组织系统来看，领导核心有很高的权威，各领导成员的主动性和创造性高度发展；各组织机构密切配合，主动承担规定的职能，在活动中有创造性的发挥。从心理系统来看，集体目标被集体成员内化，成员主动承担集体目标所规定的任务；行为规范被成员内化，成为自觉的要求；集体舆论的威力得到最大限度发挥，能有效地抵御外界的不良干扰；成员的人际关系建立在共同努力实现集体目标的基础上。从实践活动系统来看，成员个性在集体活动中得到充分、自由的发展；集体活动中包含着集体的智慧，富有创造性；集体活动对成员产生深刻影响，活动效果卓著。

(四)班级环境建设

理想的班级环境，一般包括物质环境和精神环境。物质环境主要指班级的卫生状况；精神环境主要指班级的布置以及班级的风气。良好的环境不仅有利于教学活动周而复始地高效运转，而且能陶冶学生的情操，净化学生的心灵，激励学生勤奋学习、积极向上，促使学生全面发展、健康成长，因此，班级的环境建设也是班级管理工作的一项重要内容，在班级管理评价中不容忽视。例如，教室的环境布置是否适合学生的成长特点和发展需求，教室的通风、采光、照明、桌椅是否符合卫生标准，教学设备是否能满足教学活动的基本需求，班级的设施是否安全；班主任对每个学生的自然状况是否很清楚，班主任与学生的信息沟通渠道是否通畅，班主任对每个学生的评价资料积累是否能作为全面评价学生的客观依据；班主任是否按计划召开班会，主题班会是否达到预期效果，是否有班级日记，班主任是否每天翻阅日记，班级日记是否发挥了应有的教育作用等，都应成为班级管理评价的指标和因素。

二、班级管理评价的指标体系

班级管理评价指标体系是指根据评价的目的，由从班级管理目标中分解出来的不同等级、不同层次、不同方面的指标群及其相应的指标权重和评价标准所构成的集合体，它主要由各级各项评价指标、指标权重和评价标准三个方面有机组成。

(一)班级管理评价指标体系的设计步骤

1. 确定评价指标

评价指标是针对评价对象从评价所依据的目标中分解出来的，是评价所依据的目标的具体化，因此，确定评价指标，首先应确定评价的对象和评价所依据的目标。确定评价对象主要是明确班级管理评价的因素和范围，在班级管理评价中，班级管理评价总的对象是班级管理，又可细分为具体的评价对象，班级管理评价所依据的目标是学校教育目标；其次应运用结构分析法对评价所依据的目标进行分解，形成一个层次清楚、内容全面、条目简明清晰的评价指标体系。分解目标时要注意三点：①制定出的指标体系不能遗漏任何重要方面的情况，应全面地、系统地、本质地反映和涵盖评价对象各方面的情况。②分解出来的每一个指标要确切，以利于评价者理解一致、标准统一。③在分解的过程中，下一级指标必须构成上一级指标的整体，一系列相互联系、相互依存的指标构成整体的指标体系，此外，在确定评价指标体系时，可以根据本学校的实际情况选择具体的评价内容。

2. 分配指标权重

所谓指标权重，就是表示指标体系中各项评价指标在评价体系中所占的重要性程度，或各项指标在完成、实现整体目标中的贡献程度，并赋予相应的值，这个数值就叫对应指标的权重，确定权重的过程叫加权。在评价中，只有赋予不同的指标以应有的权重，才能使评价结果正确反映工作质量的真实情况。目前确定指标权重的方法，一般靠经验、调查、专家咨询和统计的方法。调查统计法是经验法与统计法的结合，是定量与定性统一的一种方法，比较简便易行。具体做法是把确定下来的评价指标，按级制成问卷，首先把问卷发给有经验的教育工作者，请他们按各级指标重要程度做出判断；然后统计每项指标的得分，并计算出平均分；最后按指标的隶属关系归一化处理，就可以得出每项指标的权重。

确立了评价的一级指标的权重之后，二级指标、三级指标可仍然以百分制权重形式评定或直接以一级指标的权值来对二级指标、三级指标分配权数。

3. 编制评价标准

评价标准包括两个方面的含义：一是指评价指标体系中最低一级指标所包含的主要内容；二是指衡量评价对象达到评价指标要求的尺度，又称"标度"，通常用等级(如优、良、中、差)或量化分数(如 1.0、0.8、0.6、0.4)表示，评价标准可以根据不同的分类标准分为不同的种类。班级管理评价标准是根据班级管理目标，通过对班级管理评价内容进行恰当分解后制定出来的，符合评价原则，并具有可测性、可比性的具体规定。主要由三个既相对独立又具有统一性的部分组成：①效能标准，包括效果标准和效率标准。效果标准是指从班集体建设成果，班级学生在德、智、体、美、劳、心等诸方面发展成果和班级管理者对工作规律的研究成果等几个方面来确定班级管理评价的效能标准。效率标准是指班级管理者在一定时间内完成的工作量。②职责标准，从班级管理者承担的职责和完成任务的情况确定评价标准。③素质标准，从承担班级管理职责和完成各项任务应具备的条件确定评价标准。

(二)班级管理评价的指标体系举例

在班级管理评价中，评价的指标体系依据评价内容大致可分为评价班级管理者的指标体系、评价班级组织发展状况的指标体系、评价班级环境建设的指标体系等。但由于班级管理评价的各项内容之间有着千丝万缕的联系，它们往往相互渗透、相互影响。如班主任的素质要通过班主任的工作绩效表现出来，班主任的工作绩效又是通过学生的素质、班级组织的发展状况、班级环境建设等方面的情况来考核的。因此，各级学校在设计各自班级管理评价方案时，往往根据自己学校的实际情况，从方便评估的角度设计符合自身发展要求的指标体系。本书为了给学习者更系统明晰地表明班级管理评价指标体系和评价内容之间的关系，是依据班级管理评价的内容列举班级管理评价指标体系的，仅供学习者参考。

1. 对班级管理者的评价

在班级管理中，班级管理者包括教师和学生，教师包括班主任和各科教师，班主任是各科教师的代表，在班级管理中作用突出。因此，班主任和学生的综合素质，以及他们之间的关系即班级的人际关系和谐水平都可以作为班级管理评价的重要指标。

1) 评价班主任素质的指标体系

评价班主任素质的指标体系如表10-2所示。

表10-2 评价班主任素质的指标体系

一级指标	二级指标 评价项目	等级 权数	优	良	中	差	得分	备注
评价班级管理者素质的指标体系(100)	A_1 思德素质 40%							
	B_1 政治理论水平和修养	10						
	B_2 责任感和事业心	10						
	B_3 教育管理理念	10						
	B_4 师德修养、师表作用	10						
	A_2 智能素质 40%							
	B_5 专业基础知识和知识面	8						
	B_6 教育管理知识和科研能力	8						
	B_7 观察和表达能力	8						
	B_8 教学能力	8						
	B_9 分析解决问题和动手操作能力	8						
	A_3 身心素质 20%							
	B_{10} 运用身体语言的能力	4						
	B_{11} 身心自我调控能力	4						
	B_{12} 身心健康、卫生保健的知识和能力	4						
	B_{13} 个性倾向性(审美情操)	4						
	B_{14} 意志品质与性格特征	4						

等级评定中"优"是评定该项目权数的85%～100%；"良"是权数的75%～85%；"中"是权数的65%～75%；"差"是权数的65%以下。

2) 评价学生发展状况的指标体系

学生发展状况的评价指标体系如表10-3所示。

表 10-3　评价学生发展状况的指标体系

一级指标	二级指标		等级				得分	备注
	评价项目	权数	优	良	中	差		
班级学生发展	A_1 德育效果	B_1 思想品德课及格率	9						
		B_2 遵守学生守则、行为规范	8						
		B_3 先进表彰	8						
	A_2 智育效果	B_4 学习成绩巩固率	5						
		B_5 人均成绩提高率	6						
		B_6 成绩差生转化率	6						
		B_7 成绩优秀人数提高率	5						
		B_8 突出成果率	3						
	A_3 体育效果	B_9 体育课及格率	6						
		B_{10} 体育达标率	6						
		B_{11} 早操、课间操、课外体育锻炼	5						
		B_{12} 卫生习惯	4						
		B_{13} 身体健康情况	4						
	A_4 美育效果	B_{14} 音乐课、美术课及格率	7						
		B_{15} 审美观、情操、审美习惯	7						
		B_{16} 文艺活动情况	6						
		B_{17} 文艺表演成绩	5						
	A_5 劳动技术教育效果	B_{18} 劳动技术课及格率	3						
		B_{19} 劳动观点、劳动习惯	3						
		B_{20} 劳动形式多样性	2						
		B_{21} 劳动总结鉴定情况	2						
	A_6 心育效果	B_{22} 学生心理健康情况	10						

3) 评价班级人际关系状况的指标体系

班级人际关系的测评可以通过对全班学生的"择伴问卷调查"获取数据，计算班级组织内的积极情绪扩展指数、消极情绪扩展指数、内聚力指数、离散性指数、参照性指数等，以此判断班级的人际关系状态。

(1) 择伴问卷调查[①]。

表 10-4 所示为班级人际关系状况调查表。

---

① 吴康宁．教育社会学．北京：人民教育出版社，1998.

表 10-4　班级人际关系状况调查表

被选择数＼选择数	A	B	C	D	E	F	G	H	I	J	被选数	被拒数
A		(+)		+		+		(+)	(−)		4	1
B	(+)			(+)				+	(−)		3	1
C		+		−		+				+	3	1
D	+	(+)	+		+	(+)	+	+	−	(+)	8	1
E						(+)	+				2	0
F	−			(+)	(+)			−		(−)	2	3
G		+							(−)		1	1
H	(+)	−	−	−	−		−				1	5
I	(−)	(−)	−			(−)	(−)			(+)	1	6
J		−		(+)		−			(+)		2	2
选择数	3	4	1	4	2	3	3	3	1	3	27	
拒绝数	2	1	3	1	3	2	3	0	6	0	21	
互选数	2	2	0	3	1	2	0	1	1	2	计 14	
互拒数	1	1	0	0	0	1	1	0	4	0	计 8	

(2) 班级组织人际关系指数计算。

班级组织人际关系指数的计算,主要根据以上介绍的"择伴问卷调查"的结果及其统计所获得的数据进行计算。

① 班级组织内积极情绪扩展指数的计算公式为

$$积极情绪扩展指数 = \frac{班级成员对其他成员的选择数之总和}{[班级成员人数(班级成员人数-1)]}$$

计算结果的数值在 0～1 之间。数值越大,说明班级组织内的支持性气氛越浓,正向交往的人数越多。

② 班级组织内聚力指数的计算公式为

$$内聚力指数 = \frac{班级成员相互选择的总数}{[班级成员人数(班级成员人数-1)] \div 2}$$

计算结果的数值在 0～1 之间。数值越大,说明班级组织的内聚力越强。

③ 班级组织参照性指数的计算公式为

$$参照性指数 = \frac{班级成员相互选择的总数}{所有班级成员选择他人的总数 \times 2}$$

计算结果的数值在 0~1 之间。数值越大，说明班级组织成员对其他成员的参照性价值越高。

④ 班级组织内消极情绪扩展指数的计算公式为

$$消极情绪扩展指数 = \frac{班级成员对其他成员的拒绝数之总和}{[班级成员人数(班级成员人数-1)]}$$

计算结果的数值在 0~1 之间。数值越大，说明班级组织内的防范性气氛乃至攻击性气氛越强，负向交往的影响面越大。

⑤ 班级组织内离散性指数的计算公式为

$$离散性指数 = \frac{班级成员中未被任何人选择为交往对象的人数}{班级成员的总数}$$

计算结果的数值在 0~1 之间。数值越大，说明班级组织的离散性程度越高。

2. 对班级组织发展状况的评价

对班级组织发展状况进行评价要采用班级组织发展水平指标体系，如表 10-5 所示。

表 10-5 班级组织发展水平指标体系[①]

A-1 结构要素	B-1 集体目标	C-1 班集体教育目标
		C-2 班集体管理目标
		C-3 小组自我教育目标
		C-4 个人学习目标
		C-5 集体目标方向性与参照度
	B-2 组织机构	C-6 班委会组织
		C-7 团队组织
		C-8 小组建设
		C-9 非正式组织
		C-10 组织机构开放性与有序度
	B-3 人际关系	C-11 师生关系
		C-12 生生关系
		C-13 个人与集体的关系
		C-14 班际关系
		C-15 人际关系团结性与凝聚度
	B-4 集体纪律	C-16 学生守则
		C-17 课堂纪律
		C-18 日常行为规范
		C-19 社会公德
		C-20 纪律自觉性与自由度

---

① 吴康宁. 教育社会学. 北京：人民教育出版社，1998.

续表

一级指标	二级指标	三级指标
A-1 结构要素	B-5 集体舆论	C-21 主导舆论及阵地建设
		C-22 社会文化信息加工
		C-23 对待不同意见
		C-24 评价活动
		C-25 舆论正确性与认同度
A-2 教育功能	B-6 管理功能	C-26 规范管理水平
		C-27 目标管理水平
		C-28 质量管理水平
		C-29 自我管理水平
	B-7 教育功能	C-30 思想政治道德素质
		C-31 科学文化素质
		C-32 审美艺术素质
		C-33 劳动技能素质
		C-34 身心潜能素质
	B-8 发展功能	C-35 个性倾向性
		C-36 个性心理特征
		C-37 个性自我调节水平

3. 对班级环境建设的评价

对班级环境建设的评价要采用班级环境评价指标体系，如表 10-6 所示。

表 10-6　班级环境评价指标体系

一级指标	二级指标	三级指标	等级				得分	备注
			权数	优	良	中	差		
班级环境	物质环境	室内卫生							
		室内布置							
	精神环境	学习风气							
		班级舆论							

班级环境评价指标体系的三级指标以及权数可根据不同学校的具体情况以及对班级的具体要求设定，因此，在这里不加以详细列举。

拓展阅读

小学班级管理评比细则

一、指导思想

为了进一步提高我镇各校常规管理水平，倡导良好的校风、班风、学风，美化校园环境，强化学校常规管理，规范学生行为，不断提高我镇学生的整体素质，根据《小学生日常行为规范》《小学生守则》和我镇的实际情况，现制定武阳镇中心小学班级管理评比细则，作为考核的主要依据。

二、评分细则

评比采用百分制，分别从出勤(10分)、纪律安全(30分)、出操(10分)、卫生(20分)、爱护公物(15分)、班队活动(5分)、加分(10分)七个方面进行综合评比，按上级规定的学生在校学习时间内，按日进行评比，评比采取扣分制，当日公布该班扣分情况，以周、月、学期为时间段，按中心学校规定的年级段，以积分多少评出相应的优胜班级。

(一)学生出勤(10分)

(1) 迟到、早退一人次扣0.5分。

(2) 无故缺勤的算旷课，一人次扣2分，并通知家长。

(3) 有事、有病请假的不扣分，以班主任出具的请假条为准。

(4) 值周检查人员无故缺岗、迟到、早退者，一人次扣1分。

(二)纪律、安全(30分)

(1) 早自习无教师跟班扣2分。

(2) 学生按规定时间到校，不按时到校，有违反要求的，每人次扣1分。

(3) 不得将零食(方便面等)带入校园或教学楼，每人次扣1分。在校内喝饮料，吃口香糖、瓜子等零食者，每人次扣1分。

(4) 在校内随地乱扔瓜皮、果壳、纸屑、包装袋等，每人次扣1分，经指出后不及时改正且态度恶劣扣2分。

(5) 课间有说脏话、打架斗殴、骂人、追逐、大声喧哗、玩不当游戏，分别视情况扣2~3分。

(6) 在楼梯上故意推搡他人，敲扶手或趴扶手下滑者扣3分。

(7) 上学期间(课间)，不得随意出校门，有事必须向班主任请假，违者一人次扣1分。

(8) 经查实，在校内外有偷窃行为的，进出网吧、游戏机厅等场所，及参与其他校外不良活动，给学校造成不良影响的，每人次扣5分。

(9) 严禁爬护栏、围墙、大门，违者每人每次扣3分。

(10) 校会、会演、比赛等集体活动，不能遵守活动纪律的，影响秩序的，扣该班1~3分。

(11) 不得携带铁棍、刀具、火种、玩具枪或其他危险品进入校园，违者每人次扣2分。

(12) 不经老师同意擅自到别的班级拿东西、打架，扰乱其他班级学生正常学习或活动的，每人次扣2分。

(三)出操(10分)

(1) 课间操有学生无故不出操者,每人次扣1分。全班不请假未能出操的,扣10分。

(2) 出操不能做到快、静、齐,做操时态度不认真、动作不规范、不整齐的,视情况扣该班1~3分。

(四)卫生(20分)

(1) 凡学校布置的劳动任务,不能按时完成,扣该班3~5分。

(2) 卫生责任区,应坚持每天两小扫一大扫,扫除不彻底,视情况扣该班1~5分。

(3) 教室卫生包括地面(室内和走廊)、门窗、室内外墙壁(顶面)、黑板槽、桌椅、饮水机等,及桌椅、扫帚、洒水桶、土簸箕等物品摆放。打扫不干净,有纸屑、杂物、灰尘、蛛网等,桌椅等物品摆放不整齐的,视情况扣该班1~5分。

(4) 未能及时清除垃圾或未按指定地点倾倒垃圾的,扣1~2分。

(五)爱护公物(15分)

(1) 在桌椅、门窗、墙壁、立柱上乱刻乱画或粘贴纸,发现一人次扣2分。并追究责任,负责清理。

(2) 放学后,教室门窗有一个锁未关,扣该班2分,如损坏则负责赔偿。

(3) 爱护学校的花草树木,不踏进花坛半步,不乱折损花草,不乱摇摆树枝,违者每人次扣2分。

(4) 爱护校园内宣传标语、板报,不能擅自抹擦损坏,违者每人一次扣2分,损坏者负责赔偿。

(5) 节约水电,放学回家将教室的电源关掉,违者每班每次扣2分。

(六)班队活动(5分)

(1) 学生要仪表端庄,穿戴整齐、大方。少先队员未按规定佩戴红领巾,每人次扣0.5分。

(2) 素质教育园地要求三至六年级每三周更换一次,一至二年级每五周更换一次,少一次扣2分,每次检查评定,对于版式混乱,内容简单,视情况扣0.5~3分。

(3) 无故不参加学校组织的大型活动或兴趣小组,缺席一人次扣该班1分。班集体无故缺席扣该班5分。

(4) 在升旗仪式中,不能保持肃立,敬礼动作不规范、仪表不整洁,唱国歌不响亮,视情况扣该班1~3分。

(5) 未按少先大队部要求举行班队活动,或敷衍了事,效果不明显的,视情况扣该班1~3分。未按时完成少先大队部布置的其他任务的,每次扣1~2分。

(七)加分(10分)

(1) 对表现突出的(助人为乐、拾金不昧、见义勇为等),在校园或社会上造成较大影响的,经讨论协商视情况当周给该班加3~5分。

(2) 参加中心校组织的活动,获得前3名的,当周奖励该班3分。参加市组织各类比赛和大型活动,获得优异成绩的,当周给每人加4分。

小学少先队大队部
2017年9月3日

第三节 班级管理评价的实施

建立常规的班级管理评价体系，设计班级管理评价方案是做好班级管理评价工作的前提条件和前期准备，能否科学地、有效地将班级管理评价工作落到实处，产生实效，最终还要看班级管理评价工作的具体实施情况。班级管理评价的实施主要涉及班级管理评价实施的原则、办法以及程序等问题。

一、班级管理评价实施的原则

班级管理的评价要具有科学性和实用性，必须遵循以下原则。

(一)主体性原则

主体性原则是指在班级管理评价中，要尊重学生的主体地位，注意调动学生参与班级管理评价的主动积极性，因为班级管理评价的目的是实现班级管理的目标，即通过评价，促进和实现学生的发展。而在班级管理中，是否得到发展，学生最清楚、最有发言权，因此，班级管理评价应该让学生参与到其中来，使学生成为评价的"主角"，让学生发表自己对班级管理工作的想法和要求，否则，没有学生参与的评价是片面的评价，得出的结论是不可信的。

(二)整体性原则

整体性原则是指评价时要把班级管理工作作为一个有机整体来看待，要尽可能全面地了解班级学习、生活状况及其中的各项措施和活动对学生个体和班集体成长的价值，并全面探讨这些因素所拥有的教育意义。例如，在考查学生班级活动时，不仅仅看班级活动开展的次数，更强调活动内容对学生成长是否真正有意义，活动形式是否真正有利于学生的参与，活动过程是否对每一位学生都产生了教育效果。

(三)发展性原则

发展性原则是指用发展的眼光对班级管理工作进行评价，建立以促进学生全面发展为目标的班级管理评价理念和体系。在评价过程中，既要关注每一个班级可能拥有的成长机会，而不是以整齐划一的标准简单地要求各班学生，又要考查具体班级的发展历史，探讨班级未来的发展方向，更要关注每一位学生个体具体获得的成长机会。

(四)操作性原则

操作性原则是指在制定班级管理评价指标体系时，应尽可能地将班级管理的目标与任务分解成若干可操作的评价指标，力求简要易行，切忌烦琐，使评价者与被评价者都能了解评价的标准，以便促进班级管理评价工作的开展。

(五)导向性原则

班级管理评价指标体系一旦确立，在实践中就像指挥棒一样，起着指明管理者努力方向的作用。为发挥评价指标体系的导向作用，把班级管理工作引导到实现班级管理目标上来，建立的评价指标体系要与班级管理目标一致，避免出现方向偏差或分散。

二、班级管理评价实施的方法

班级管理评价实施的方法具体是指在评价过程中设计评价指标体系的方法、收集评价资料的方法、分析评价资料的方法和进行价值判断的方法。设计评价指标体系的方法在前面介绍过，这里只介绍后三类方法。

(一)收集评价资料的方法

评价资料的收集是评价开展的前提和基础。收集班级管理评价资料的方法很多，常用的有观察法、调查法、测验法、个案研究法、文献研究法等。其中调查法又包括问卷调查、调查表调查、访谈调查、座谈会调查等。在这些常用的方法中，既有定量的方法，又有定性的方法，如观察法和访谈调查就是比较典型的定性方法，而测验法和问卷调查就是典型的定量方法。这里需要明确和加以澄清的一点是定性和定量的方法都是科学的方法，都必须以客观事实为依据，绝不能认为定性的方法等于主观思辨。

(二)分析评价资料的方法

收集来的资料必须经过整理分析后才能成为对班级管理进行价值判断的依据。分析班级管理评价资料的方法通常有定性分析法和定量分析法。定性分析法是对收集来的并经过整理的反映班级管理工作状况的文字资料进行性质特点或变化原因、变化过程分析评估的方法。其基本方法是哲学上的思辨方法，具体包括比较分析法、系统分析法、因果分析法、归纳与演绎法、分析与综合法等。定量分析法是对收集来的并经过整理的反映班级管理工作状况的数据资料进行量的特征和变化态势分析评估的方法。主要包括指数法、累积分数法、统计分析法、综合评判法等，其中最常用的是统计分析法。

(三)进行价值判断的方法

评价的关键在于价值判断。在进行价值判断时，根据所选取的用于对照的价值标准的不同，价值判断的方法可分为相对评价法、绝对评价法和个体内差异评价法。

(1) 相对评价法是指在某一学校内部将学校中所有班级管理工作的平均状况作为基准(常模)，评价每个班级的管理工作状况在学校所有班级管理工作中的相对位置，也称常模参照评价。其特点是根据评价对象的整体状态确定，只适用于所选定的评价对象的学校内部，对其他学校未必适用，如某校某班主任的主题班会搞得好，学校组织评优活动，便可以之为参照,让该校每位班主任自选一个主题班会或分别做内容相同的班会,请有关人员来评价,经过比较,凡是接近或超过作为参照的那个主题班会的都作为优秀的主题班会。这种评价就是相对评价。

(2) 绝对评价法是指以预先制定好的教育目标为评价标准,评价每个对象的到达程度,也称目标参照评价。其特点是在评价对象的学校之外,确定一个标准,这个标准被称为客观标准。在评价时,要把评价对象与客观标准进行比较,不需要考虑评价对象学校的整体状况。如评选区、县、市、全国优秀班主任,依据教育方针和德育大纲,参照班主任应具备的基本素质和完成职责的情况进行评定时所采用的就是这种评价。

(3) 个体内差异评价法是把被评价集体中的个体的过去与现在相比较,或者个体本身的若干侧面进行比较。如一个班主任的基本素质可以从政治思想表现、业务理论文化水平和工作能力等方面进行考查,考查之后可以清楚地知道该班主任的素质在哪一方面较好,哪一方面不足。

三、班级管理评价实施的程序

班级管理评价是一项系统工程,是一项技术性很强的工作,有其自身的活动程序,因此,班级管理评价只有按照一定的操作程序进行,才能保证班级管理评价的质量。班级管理评价大体上可分为准备、实施、总结三个阶段。

(一)准备阶段

做好评价准备是进行班级管理评价的前提和基础。班级管理评价的准备阶段也称预备阶段,是指在评价实施前进行的组织准备、方案准备和舆论准备。

1. 组织准备

班级管理评价的组织准备是指成立专门的评价领导机构和评价工作组,制订和审核评价工作的计划,建立评价工作的规章制度和对评价人员的考核奖惩条例等,并对评价人员进行业务和规则培训。

2. 方案准备

班级管理评价的方案准备是指在评价前,评价者对整个评价过程进行全面规划和对主要工作进行合理安排,主要解决为什么评,由谁来评,评什么,怎样评的问题。评价方案的核心是解决评什么和怎样评的问题。评什么依据的是学校教育目标及其分解的评价指标,怎样评是在评什么的基础上,设计评价的标准及其量化统计方法。

评价方案准备要完成的任务和经过的程序为:①确定评价对象和评价目标;②设计班级管理评价的指标体系;③根据指标内涵选定信息资料收集和结果评价的方法;④制定好评价所需的各种文件材料。

3. 舆论准备

班级管理评价的舆论准备是指在评价实施前,对被评价者进行广泛、深入的宣传动员,调动被评价者的参评积极性，赢得被评价者对评价工作的支持和配合。

(二)实施阶段

班级管理评价的实施阶段，主要是评价人员根据评价的指标和标准，去收集、整理和分析反映被评价者达标状况的信息资料，进而做出定性或定量的评价结论。它是整个评价过程的中心环节，包括以下几个阶段。

1. 收集评价信息资料

收集评价信息资料是一项基础工作，班级管理评价者要根据评价指标体系，确定信息资料收集的范围，选择信息资料收集的途径，运用多种手段和方法，全面、客观、真实地采集评价信息资料，为科学评价做好铺垫。

2. 整理评价信息资料

整理评价信息资料也就是对收集的信息资料进行检查、分类、汇编或统计。

(1) 检查，就是对所收集的评价信息资料的真实性、准确性、完整性进行考查和研究，以确保资料的可靠性和有效性。

(2) 分类，就是根据评价信息资料的性质、内容或特征，将相同的或相近的资料归为一类，将相异的资料区分开来的过程。

(3) 汇编是对分类后的定性资料进行汇总和编辑；统计是对量化的原始数据资料，按评价标准的要求进行统计或标准化处理。

3. 计量评价结果

计量评价结果是指根据评价的信息资料，比照评价指标的标准，判定被评价者在每项指标上的达标等级，并根据一定的数学法则或数学模型，计算被评价者单项指标的评价值和所有指标的综合评价值。

4. 撰写评价报告

撰写评价报告就是以书面的形式对整个评价工作进行概括和总结。撰写评价报告一般分为两个层次：一是各专题评价小组编写的专题评价报告；二是评价领导小组撰写的综合评价报告。

(三)总结阶段

班级管理评价的总结阶段也就是对评价结果进行纵横比较，反馈评价信息，总结经验，表彰先进，诊断问题，使其充分发挥班级管理评价的功能。

班级管理评价总结阶段的主要工作有：第一，对班级管理评价本身进行质量分析，包括评价方案的检验，修改和评价实施过程，结果的信度、效度检验，及时修正发现的问题和出现的误差。第二，总结经验，表彰和奖励先进评价工作者，分析和诊断存在问题的成因，提出解决问题的办法和改进工作的途径。第三，对评价的方案计划、总结报告以及各种数据资料及时分类、编号、建档、储存，以便为教育工作查证参考，为教育政策的制定、教育科研的开展提供依据和材料。

拓展阅读

改革学生评价制度 焕发班集体生命活力——班级评价改革实例[①]

随着21世纪的到来和素质教育的深化，班集体建设在学校教育和学生素质发展中的地位越来越重要，班集体建设无论在理论和实践方面都面临挑战，需要开拓创新，因此，焕发班集体的生命活力成为21世纪班集体建设创新的新倾向。

初中学生正处在身心成长的关键时期，作为班集体，是一个具有自我教育能力的特殊主体，有自己的需要、情感态度和价值追求，具有自己独特的文化、关系和行为方式。班集体处在不断地发展和完善当中，具有自己的个性、成长节奏和规律。一个良好的班集体应该是可以满足个体精神上的追求，得到关爱，能较好地与同伴交流，一方面学生敢于承担责任，相互合作，能表现自己的个性和创新能力；另一方面，学生通过共同创造的自己集体的文化，并接受集体文化的熏陶，逐步实现个性的社会化。

由此可见，班集体的作用尤其重要，旧式的班级学生评价制度往往局限于一纸考试成绩、一张报告单或班主任的几句评语。这些评价有太多的局限，很难讲清学生的具体情况，并给学生一个合理的评价。

因此，改革班级学生的评价制度尤为重要。现有的教育机制对班级管理提出了更高的要求，它要求班级建设的个性化、班级管理的人性化。下面谈几点关于班级评价制度改革的一些肤浅的看法和几点做法。

一、班级评价制度的几点倾向

第一，改革班级学生评价制度要以促进学生的发展作为目的。无论什么样的班级评价制度都应该以促进学生的身心发展作为目的，让学生在评价制度的促使下更加健康迅速地发展，使他们在德、智、体几方面得到合理有序的发展，使班级发展得到良性的循环。

第二，要随时关注学生评价的发展功能，要与时俱进。在制度应用的过程中，要时刻注意学生评价的发展功能，并在应用的过程中不断加以改进和完善。

第三，淡化分数评比。在对学生进行评价的过程中要淡化分数评比，尽量少用按分数高低论英雄的办法，分数高低只占评比的一个方面，应该多方位、多角度评价一个学生，尽量做到全面到位。

第四，倡导多主体参与的学生评价。评价学生时最好采用多主体参与的学生评价，评价应该既有老师也有学生，既有学生个体也有团体，既有班主任也有任课教师，既有班干部也有一般学生，同时也有家长参与的多方面的评价。

第五，在评价中要关注学生的个体差异。评价的过程中，要注意，每一个学生个体都有自己的个性差异，我们允许这种差异的存在，并且对他们采取合理的公平的评价。

第六，采取多样化的评价方法。在评价时忌讳采用单一的评价方式，方法要多种多样，

[①] 陈洪. 改革学生评价制度 焕发班集体生命活力. http://fzxpj.cersp.com/XSPJ/chzh/200704/2429.html，2010-01-25.

以便做到对学生的合理评价，促进学生健康成长。

二、在改革中的几点尝试

(一)考试科目的评定采用："百分制+等级+特长+评语"

(1) 百分制，是指对语、数、英等原有考试科目的评定，仍实行百分制。过去应试教育的偏差不是考试记分的本身，而是在考试的目的。必须明确：考试是一种检测学生学习效果的有效手段，考试分数仅仅是了解学生掌握知识情况、教师教学得失，从而改进教学的依据。

在这一思想的指导下，考试以后，不排学生名次，只要求教师做好分析试卷，找出薄弱环节，并认真讲评试卷，为学生补上缺漏的知识。在考试命题上，注意测试的评价目标层次与教学大纲要求的层次相一致，力求体现教学目标、培养目标，注重考查学生掌握知识和运用知识的能力。试题的内容上做到覆盖面广，难易适度，编排合理。

(2) 等级评定。是把德、智、体诸方面的要求，具体化为五项素质，对每项分别给予优、良、中三个等级。每月对照五项素质要求中的各个子项目，对照学生的行为进行评定，等级为优、良、中。评定的步骤分别为自评、集体评、任课教师评、班主任评、家长评五个方面相结合。经逐层评定得出每个子项目的等级。分别评出每周之星，每项素质中有四个以上的子项目达到"优秀"就可以定为"优等"。

五项都评为优等的就是"五星级红花少年"，依次类推为"四星级红花少年""三星级红花少年"。等级评定方法，克服了过去一张试卷定乾坤的弊端，使学生可以在若干方面争得优秀、良好。既发展个性特点，又提高了综合素质。同时，锻炼了学生的判断能力，培养学生批评、自我批评的民主作风，便于形成集体的正确舆论和关心他人、团结互助的好风气。

(3) 对学生个人特长的认定。学校每学期都要围绕德、智、体、美、劳开展各项活动，为学生设计许多表现自己展示才能的舞台。并且把这些活动同"五星评比活动"相结合。每开展一项活动，都设立一定数目的"奖章"，如体育节活动，我们就设"体育章""艺术章"，学习竞赛活动就设"学习章"，生活自理比赛就设"自理章"。活动结束后评比、总结、奖励。学期终结时，在"五星级优秀学生"活动和"五星争章"活动中评出的特长生中，结合校内外综合表现，评出本学期本班的"三好学生"及"单项积极分子"。每学期的奖励面要大，以便增强班级凝聚力。

(4) 评语评定。我们每年要对学生进行评语评价。教师要改革评语，不写评判式的评语，而是抓住学生德、智、体、美、劳诸方面表现特长的闪光点，用第二人称的写法，用充满激励性的语言，肯定学生的优点，鼓励学生克服缺点，保护学生的自尊心。如对一个爱好体育运动，但课堂注意力不集中的学生，老师的评语是：某某同学，在运动场上常常能看见你矫健的身影，你曾为学校、为班级争过光，我们以你为荣，同学和老师感谢你。如果在课堂上你能开动脑筋，专心听讲，不做小动作，你的思维一定会像在运动场上一样敏捷，成绩会更好。这样的评语既写出了学生的特点，又亲切易接受，还使学生受鼓舞。同时也拉近了老师和学生之间的距离。

通过对学生的综合评价，使每个学生能客观地分析自己，使教师、家长能正确评价学生，从而有利于教育观的转变，有利于家长从只求高分不管能力的困境中解脱出来，有利于学生从重负中解脱出来，为素质教育的全面实施创造了条件。在实施中提高了教师和家长对素质教育的认识，克服了过去单一的用学习成绩评定学生好坏的弊端。使学生认识自己，发展个性，显示才能，班级里会涌现出许多有个人特长的学生。另外，还会大大增强学生争先进、争星级的积极性。

学生学会了正确评价自己，约束自己。我班吴某经过五项素质评比，在自我批评的基础上又加上大家评议，使其认识到危害性，产生了改正缺点的决心，言行有了很大转变。还参加了学校田径队，训练认真能吃苦。在校外有事能主动跟老师联系，请求老师帮助来解决。学生集体自律精神和主人翁精神增强了，校园文明行为多了，自觉做好事的人多了，违反纪律的人少了，班风班貌改变了，学生综合素质提高了。个人的单项特长会促进全面发展。改革学生评价制度，推动了全面工作。

(二)应用成长记录袋

成长记录袋具有以下一些性质与特点。

1. 成长记录袋的基本成分是学生的作品

成长记录袋中所保存的资料应该是学生一学期或几学期的有关资料，它所记录的是学生成长过程中的有关表现、所作所为或学生在记录期间的成绩或学生的各门学科的进展情况，或学生的手工制作的作品，等等。

2. 作品的收集是有目的、有计划的，而不是随机的

作品的收集是教师在学生成长过程中为其收集的，它应该是有目的、有计划，为学生的良性发展而收集的，一切都是为了学生的发展而准备的。并不是随机抽取、毫无计划的。

3. 成长记录袋关注学生学习与发展的过程

成长记录袋关注和跟踪学生的成长和发展，它注意学生的学习和发展的过程，注重对过程的评价，而不仅仅是一次性的评价。让学生更有学习的信心和毅力。

4. 成长记录袋尊重学生的个体差异

每个学生的发展由于学生的个体不同，其发展也有一定的差异，成长记录袋在记录的过程中不会对学生评价有一刀切的现象，尊重学生个体发展的差异。

5. 成长记录袋提供给学生发表意见与反省的机会

教师要对成长记录袋里的内容进行合理的分析与解释。

(三)对学生个体开出优点单

利用班会课让学生们相互寻找其他同学的优点，并把它们都记录下来，张贴在每个同学的照片边上，对该同学进行优点介绍。让学生充分拥有自信，并在这种自信的鼓舞下不断进行自我完善。

(四)对班级小组进行流动评价

把班级分为若干小组，分别由小组长负责，在纪律、卫生、学习等方面展开竞赛，并在周末以流动红旗的方式表彰。这样使学生增强了集体荣誉感，同时还激励了学生进行竞争，考验了他们的合作能力。

当然，班级建设对于不同班级的学生和不同的班主任又有不同的方法，我们必须从班级的实际情况出发，注重发挥集体的自主性和创造性，同时也要考虑某些传统制度的可行性，在合理继承的基础上制定适合新时期发展的评价措施，实现班级建设的个性化、班级管理的人性化。相信通过我们师生的努力，我们一定能让自己的班级焕发生命的活力！

本 章 小 结

班级管理的评价是指以班级管理为对象，根据班级管理目标，采取一定的测量技术和方法，对班级管理工作过程及效果进行测定，并对班级管理目标的实现程度做出价值判断的过程。本章首先以班级管理评价的一些基本理论如班级管理评价的含义、功能及分类等为基础，进一步阐述了班级管理评价的内容、指标体系以及具体的实施过程。

【推荐阅读】

[1] 郭毅. 班级管理学. 北京：人民教育出版社，2002.

[2] 周鸿辉，马甫波. 中小学班级管理策略集萃. 长沙：湖南师范大学出版社，2005.

[3] 谌启标，王晞. 福州：福建教育出版社，2008.

[4] 齐学红. 班级管理. 武汉：武汉大学出版社，2011.

思考与练习

一、名词解释

班级管理的评价　评价指标　指标权重　评价标准

二、简答题

1. 班级管理评价的内容有哪些？
2. 班级管理评价实施的程序如何？
3. 班级管理评价指标体系的设计步骤有哪些？
4. 试论如何使班级管理评价具有可操作性？

三、案例分析

阅读《××中学班集体发展评价方案(试行)》案例并思考问题。

一、指导思想

强化民主管理和过程管理，实现科学、规范、高效的德育管理目标。坚持继承与创新相结合的工作策略，促进班集体建设，使班集体成为主动和谐发展的学习共同体。

二、评价原则

(1) 继承与发展相结合原则。

(2) 规范管理与民主管理相结合原则。
(3) 过程评价与发展性评价相结合原则。
(4) 量性评价与质性评价相结合原则。
(5) 责、权、利协调统一的原则。

三、评价内容

①常规工作；②卫生工作；③学风建设；④班主任工作；⑤特色发展

四、评价实施

(一)领导小组(略)

(二)评价实施

(1) 各项常规工作的评价实行：负责教师过程指导、评价结果把关签字，学生自主管理，委员会具体落实的办法。

(2) 评价情况的反馈实行：评价过程中提醒制度、日常评价公示制度、定期总结制度。

(三)工作分工

唐××——评价工作的组织、协调与总结。

陆××——学生会自主管理委员会学生的培训、分工、指导，指导值周班。

各年级组长——负责指导本年级日常工作的检查(广播操、升旗仪式、眼保健操、黑板报、晨会课、卫生工作、课间秩序)及每周汇总把关。

厉××——监督各年级护车小队的工作、校园巡视抽查及清堂检查。

冯××——指导、监督、抽查各年级卫生管理情况。

肖××——升旗仪式。

五、评价管理

(一)以年级组为单位，以各班每学期各项工作总评排序情况为依据，确定班级发展评价，等等。

由教导处将"五项量化"情况(常规工作量化总分、学风建设量化总分、卫生工作量化总分、班主任工作量化总分、特色发展分)，按4：3：1：1：1的比率进行折算总评，按总分在年级组排序情况，确定先进班集体、享受先进班集体、文明班集体名单。

①先进班级：各年级组前四名班级；②享受先进：各年级组五至八名班级；③文明班级：班级工作量化总分在60分以上(包括60分)的班级。

(二)当年度区、市各类班集体建设评优、评先的推荐，将以班集体发展评价为依据依次确定。

(三)班集体发展评价与班主任津贴发放办法。

(1) 担任班主任工作，每月发班主任岗位津贴300元。

(2) 按照责、权、利协调统一的原则，以班集体发展评价情况为依据，学期末发班主任绩效津贴。发放办法如下(每年按10个月计)。

先进班级班主任：每月200元。

享受先进班主任：每月150元。

文明班级班主任：每月100元。

(四)班集体发展评价与学生发展激励办法。

先进班集体——增加校三好学生评选名额10%(班级总人数)。

享受先进班集体——增加校三好学生评选名额5%(班级总人数)。

(五)《××中学班集体发展评价方案》试行过程中，若存在明显不合理之处，将由"方案领导小组"提出修改意见，经学校校长办公会议审议后调整执行。

问题：

结合案例谈谈你对班级管理评价各种功能的理解。

【实践课堂】

深入学校某个班级进行观察并制定针对该班发展状况的班集体发展评价方案。从指导思想、评价原则、内容、实施、管理几个方面做起。如有可能，制定详细的考核评价细则。